Die Geschichte von Tiffany
Von der abenteuerlichen Lebensreise einer kleinen Hündin

Für Tiffany
geboren am 20. März 1991
gegangen am 25. Dezember 2010

Abenteuerin – Weltenbummlerin – Copilotin – einzigartige Weggefährtin

Wer nie einen Hund gehabt hat,
weiß nicht
was Lieben und Geliebtwerden bedeutet.
Arthur Schopenhauer

Shawn Ayahuasca Vega

Die Geschichte von Tiffany

Von der abenteuerlichen Lebensreise einer kleinen Hündin

Bibliografische Information der Deutschen Nationalbibliothek:
Die Deutsche Nationalbibliothek verzeichnet diese Publikation in der Deutschen Nationalbibliografie;
detaillierte bibliografische Daten sind im Internet über http://dnb.dnb.de abrufbar.

© 2017 erweiterte Neuauflage, Shawn Ayahuasca Vega
Cover & Fotos Autor
Herstellung und Verlag: BoD – Books on Demand, Norderstedt
ISBN: 978-3-8370-7313-3

Inhalt

Was ist das Leben?
Es leuchtet auf wie ein Glühwürmchen in der Nacht.
Es vergeht wie der Hauch des Büffels im Winter.
Es ist wie der kurze Schatten, der über das Gras huscht
und sich im Sonnenuntergang verliert.
Crowfoot, Blackfoot

Sonnenuntergang

Erwachen & Leere

Zeit? Zeit ist nur eine Illusion. Sie sind schnell verflogen, so eilig verweht, die zwanzig Jahre.

Damals, am Anfang, war alles anders und ich jung und mein Kopf voller Träume, Wünsche, Hoffnungen. Der größte Teil des Lebens lag vor mir. Älterwerden? Keinen Gedanken daran verschwenden. Wo liegt der Sinn, das eigene Dasein in Etappen einzuteilen und vermeintlich kontrolliert ablaufen zu lassen? In Routine und Ödnis? Täglich unter versuchter Manipulation durch Politik und gelenkter Medien, die erklären wie und womit das Leben erst lebenswert wird, eingefangen mit dem Netz Konsumrausch und ruhig gestellt durch allgegenwärtige Regeln, selbst nichts je hinterfragt und so unbemerkt oder, schlimmer, freiwillig in die Falle getappt und in die graue Masse der Lemminge gepresst, ist der Mensch zu einer Zahlenkombination mutiert. Sie hat ein krankes Hirn, jene riesige Kontrollmaschine und duldet ungerne, wenn jemand nicht nach ihrem Willen funktioniert. Uniformität deshalb ringsherum und vom selbst gewählten Wechsel werden Aussteiger aus dem System wie Aliens betrachtet. Freiheit und Individualität? Es ist nur eine Welt aus Trug und Schein.

Bisher gelang es mir schlecht zu funktionieren, ich wollte leben und es war ein lohnenswertes Schwimmen gegen den Strom. Gescheitert hingegen bin ich an dem wichtigsten Lehrsatz Gautamas: Loslassenkönnen.

Nun blicke ich also zurück auf die letzten Dekaden und kann nicht glauben, dass so viel Leben verronnen ist. Nie habe ich die Jahre gezählt und selten nach Gestern und Morgen gefragt. Alles ist endlich, nichts bleibt wie es einmal war, und die Sichtweise auf Gewesenes abhängig von der emotionalen Situation in dem Moment der Erinnerung. Manche Erlebnisse scheinen unendlich weit in der Vergangenheit und das Gelebte ist bewusst. Anderes ist frisch, wie eben geschehen und tatsächlich trennen Ewigkeiten das Heute vom Damals. Die Steigerung dazu ist die stete Herausforderung für Gedanken und Gemüt, das jene unterschiedliche Empfindungen nicht in gut und schlecht unterteilen. Welche Wohltat für die Seele, würde nur Positives bewahrt und Negatives vergessen.

Irgendwann drohen viele Erinnerungen zu verblassen. Wie auf einem langsam vergilbenden Foto erscheinen nur noch wesentliche Konturen deutlicher, Details verwischen immer mehr. Ich versuche gegen die übermächtige Auflösung zu kämpfen, widersetze mich dem Verlust des Gewesenen, des so Geliebten, obgleich ich weiß, dass ich nur verlieren kann.

Mit dem Fortgang einer kleinen, aber großen Seele änderte sich mein Leben grundlegend. Traurigkeit hat Besitz von meinen Gefühlen ergriffen. Der Tag macht das Leben grell und rau und ich laufe der Nacht hinterher. Sie bringt etwas innere Ruhe. Das Dunkel täuscht mit Geborgenheit, die Gedanken kreisen langsamer. Aber entweder gähnt vor dem Bett ein schwarzer Schlund und ein Schaf nach dem anderen stolpert hinein oder ich träume schwer. So vergeht Tag und Dasein.

Hin und wieder frage ich mich, ob es dieses in meinen Erinnerungen lebende vierbeinige Wesen wirklich gab. Existierte es gar nur in meiner Phantasie und in schönsten Träumen? *Ist die Matrix völlig undenkbar?* Denn, niemand fragt mehr nach der weißen Hündin, niemand spricht mehr von ihr. Sie ist vergessen. Verloren in der Vergangenheit. Verweht. So, als wäre sie nie an meiner Seite gewesen. So, als hätte sie nie mit mir gelebt. Und dabei kannten uns alle ausschließlich im Doppelpack… Aber fast jeder hat sich eingemauert im Egoismus. Ist schwer, ihn zu besiegen und dafür setzt es zudem Willen voraus. Mir macht es den Verlust nicht leichter, es verletzt zusätzlich. Manche mögen denken, es war nur ein Hund. Austauschbar wie alles heute. Wie Klamotten, Gegenstände, Smartphones, Menschen, Gewissen. Gezüchtete Wegwerfgesellschaft. In ihrer Gier verliert sie das Entscheidende aus Augen und Kopf: es war eine empfindende Seele und eine Gefährtin durch Tiefen und Höhen für eine lange, eine sehr lange Lebensstrecke. Und dann holen mich ihre Besitztümer, ihre Schätze, welche nun meine sind, zurück in das Jetzt. Natürlich war sie hier und nicht erst Bilder und Urne müssen mir Gelebtes erklären. Aber warum kann ich mich an wichtige Dinge nicht erinnern? Ich bemühe mich immer und immer neu, über Filme von schönen Zeiten in meinen Gedanken, das wieder zu entdecken, was mir verloren ging. Es gelingt nicht und ich hadere mit mir, dem Jetzt, frage nach einem Sinn. Was ist wirklich wichtig?

Alles ist noch von ihrer Gegenwart erfüllt. Die im letzten Lebensjahr notwendig gewordene Leine mit Halsband liegt griffbereit. Auch die Spielsachen. Und die nicht angebrochene Tüte der so sehr geliebten Nascherei Funtastix. Das Wintermäntelchen hängt an der Stelle, wo ich es nach dem letzten Tragen zum Wärmen aufbewahrte. Nicht wissend, aber ahnend, dass ich es der Kleinen niemals wieder würde anziehen dürfen. Das Fach für Futter und Leckereien, ganz unten im Schrank, damit eine aufgeregte Hundenase es kontrollieren konnte, es ist leer und wird es bleiben. Die Schüssel für das Futter steht wie früher im Geschirrfach und die fürs Wasser dort, wo eben ihr Platz ist. Mit frischem Wasser - und ab und zu trinkt vierbeiniger Besuch daraus. Aber der mir einst vertraute angenehme Geruch, das Gefühl beim Streicheln des rauen Fellchens und die weiche kleine Zunge auf meiner Haut - dies ist in mir gelöscht. Dicht aneinander gekuschelt schliefen wir oft, ich die Nase in das Fell gedrückt. Und jetzt weiß ich nicht einmal mehr, wie du gerochen hast. Schleichend ist der ultimative Beweis deiner einstigen Anwesenheit gegangen, irgendwann war er einfach nicht mehr da.

Die entstandene große Leere lässt sich kurzzeitig überdecken, nicht füllen. Ich will sie nicht füllen. Seit dem Abschied von meiner vierbeinigen Lebensgefährtin ist mir deutlich bewusst, dass sich ein Kapitel unwiderruflich geschlossen hat. In jener Nacht ging ein großer Teil von mir und das es so sein würde, war mir lange vorher klar. Was Schmerzlicheres könnte mir widerfahren? Was oder wer sollte mir jetzt noch Furcht bereiten, außer meine eigenen Gedanken? Alles währt nur einen Moment, man ist da, lebt in dem Augenblick und schon ist es Geschichte. Wie Staub verfliegt jede Spur.

Die letzten gemeinsamen Tage pressten tiefe Narben, denn sie waren schwer beladen mit Seelenleid für uns beide. Immer wieder flackerte zaghaft das Flämmchen Hoffnung in mir auf. Bis ich an jenem Dezembertag erschrocken die trüben, leeren Augen sah und sofort wusste, nun ist es soweit, sie wird mich verlassen müssen, meine Wegbegleiterin. Diese Tage bestimmen bis heute unfair mein Denken, dabei hatte ich doch das außergewöhnliche Glück mit der Kleinen so viele Jahre mit so viel Freude verbringen zu dürfen... Ich bin mir sicher, sie ist geblieben so lange sie nur konnte, um mich nicht allein zu lassen. Sie war mein Licht, das wusste sie genau.

Es ist nicht wahr, das mit der Zeit alles leichter wird und der Schmerz vergeht.

Der Sommer ist da, der erste allein. Ich muss nicht die Augen schließen, um auf der Wiese vor dem Caravan ein weißes Fellchen herum stolpern zu sehen. Sie hatte es nicht mehr leicht, halbblind und unsicher auf den kurzen Beinchen. Aber sie ertrug es still und tapfer, im Gegensatz zu mir. Und das Futter schmeckte ihr gar bis zum vorletzten Tag ihres Lebens.

Vor jetzt zwanzig Jahren, im Juli 1991, traf sich mein Lebensweg mit dem des wundervollsten Wesens, welches mir je begegnete.

Dies ist die Geschichte eines kleinen Hundemädchens auf einer abenteuerlichen Reise durch ihr Leben.

Dies ist die wahre Geschichte von Tiffany.

Hundekind

Wendungen - Zwei ist eine zu wenig - Für & Wider - Vorfreuden & Geduldsspiele - Tiermarkt Brüssel - Die Zwergin aus Flandern - Great Belgium Circus

Der Saisonstart in Lüttich lag erst einige Wochen zurück. Wir hatten ein Tournee-Engagement im Great Belgium Circus, dem damals größten Reiseunternehmen der Beneluxstaaten. Ein wirkliches Glück für uns in jenen Tagen und nur durch gute Kontakte möglich geworden. In den Wirren der Wendejahre, in welchen die Menschen der untergegangenen DDR erst einmal mit sich selbst klar kommen mussten, gab es kaum noch Auftrittsmöglichkeiten. Die harte D-Mark hatte die Alu-Chips abgelöst und ungeahnte Möglichkeiten des Konsums eröffnet. Es dauerte eine Weile, bis der gelernte DDR-Bürger verstand, dass nicht alles gut ist, was da unvorhergesehen und geradezu urplötzlich über ihn aus dem Westen hereinbrach. Zuerst einmal waren die Erwartungen jedoch riesig, das vorher begeistert Auf- und Angenommene Schnee von gestern und man ignorierte es hochnäsig mit spontan gewachsenem Überselbstvertrauen. Mit den neuen wunderbaren Seifen konnte nicht nur so mancher Bürger Pilatus seine Hände reinwaschen, auch fast allen anderen gelang es damit die gelebte Vergangenheit abzuspülen und alles neu zu sehen. Im Schein all der Herrlichkeiten wurde Kultur neu bemessen und Bananen, Kluburlaub, Pornos und Monstertrucks bedeuteten Glückseligkeit. Von den in den Osten einflutenden Zirkusunternehmen erwarteten die sich nun frei Glaubenden endlich wirkliche Kunst, Dressur und Artistik von Weltniveau, strömten in Scharen in deren Zelte und mieden gleichzeitig das Altbekannte, für das vorher oft schwer Karten zu bekommen waren, als vermeintlich überholt und erstarrt wie die Welt, welcher es entsprang. Jene Jahre sorgten für das langsame Sterben des Staatszirkus der DDR. Als die Neu-Bundesbürger endlich erkannten das die Zirkusse, bis an einer Hand abzählbarer Ausnahmen, mit all den schön klingenden Phantasienamen, farbenfrohen Chapiteaus, wild zusammen gewürfelten Wagenparks, dürftigen und bedürftigen Tierbeständen und nie gekannten Geschäftspraktiken, wenn überhaupt, dann mittelmäßigen Kinderzirkus mit ihren Großfamilien bieten, jedoch den sauberen Unternehmen Aeros, Busch und Berolina mit deren starken, weltweit beachteten Programmen nicht einmal das Wasser reichen konnten, da war es zu spät. Inzwischen zerschlug die Maschinerie der Treuhandanstalt diese drei Großen in immer kleinere Fragmente, verhökerte Tiere und Material zu Spottpreisen und gerne weniger, nur eben nicht an interessierte ehemalige Staatszirkusleute, und zerbröselte auch penibel die Splitter mit der Walze der bürokratischen Macht, bis nichts mehr blieb, außer den legendären Namen im versiegenden Gedächtnis.

Die Zirkusleute waren auch in der DDR ein eigenwilliger Menschenschlag, mit viel Freiheitsdrang, Identifizierung mit dem Beruf und zu Null tendierendem Interesse an gewünschter politischer Gesinnung. Die Staatsmächtigen wussten nicht richtig mit ihnen umzugehen. Gefährlich waren diese Gratwanderer nicht, das hatte selbst die schnüffelsüchtige Staatssicherheit begriffen, aber unheimlich blieben sie, denn kaum ein parteilicher Hochwürdenträger verirrte sich, trotz Einladungen, in den Zirkus. Dennoch sonnte sich die Einheitspartei bei Bedarf ganz gerne in dessen weltweit legendären Ruf für Spitzenleistungen in Artistik und Dressuren. Deshalb erhielt der Zirkus jedoch keine Sonderkontingente, er half sich selbst, durch teils spektakuläre Aktionen der Generaldirektion, durch Kontaktpflege und Berufsethos, wenn eben aus drei Uralt-LKW ein Funktionierender gemacht wurde. Aber immerhin wurde 1980 der VEB Zentral-Zirkus Berlin (*VEB = Volkseigener Betrieb*), der Name war etwas holprig geraten für internationale Vermarktung und die Generaldirektion hatte leise "etwas vorgearbeitet", in Staatszirkus der DDR umbenannt. Und weil eine Hand oft nicht wusste was die andere getan hatte, stolperte der Mann mit den schrecklich vielen Titeln, darunter auch Staatsratsvorsitzender, genau, *der* Erich Honecker, der also stutzte 1985, als er eine Direktive für ein Gastspiel in Japan unterzeichnete, über jenen Namen, welchen er selbst einst genehmigte. Ihm drängte sich der eventuell nicht unpassende, jedoch in diesem Licht absurde Vergleich zur Bezeichnung für den wirtschaftlichen Zustand der DDR auf, bezog es eben genau auf diese Misere und verbot ihn sofort. Mit Widerstand, erst recht in dem Maße, hatte die Politriege kaum gerechnet. Der Staatszirkus verweigerte eine Umbenennung, war auf Protest gebürstet und hartnäckig. Und gewann die nicht zu unterschätzenden Auseinandersetzung, die Regierung machte einen Rückzieher.

Im "volkseigenen Betrieb" Staatszirkus besaßen fast alle Mitarbeiter einen Reisepass und konnten, bei entsprechenden Angeboten, im "westlichen" Ausland frei und ohne irgendwelche Überwachung durch die Staatssicherheitsbehörden reisen. Artisten und Dressuren kreuzten durch Europa, Südamerika, Japan, teils jahrelang durch die USA. Auch ich hatte die Möglichkeit, regelmäßig durch Jahres-Tourneen mit der großen Elefantengruppe des Zirkus Aeros jenseits des Eisernen Vorhanges unterwegs zu sein und kannte die Zustände in westlichen Zirkussen nur zu gut. Es erwarteten uns immer große Worte, aber ebenso dimensionierte Luftblasen. Dazu ein ständiger Kampf um, vertraglich festgelegt, Tierfutter und Gagen. Deshalb freute ich mich über die Anfrage des belgischen Unternehmens, kannten doch Staatszirkusleute die Direktion sehr gut und machten mir Mut für pünktliche Zahlungen und korrekten Umgang. Damit war es entschieden: meine Frau und ich reisten mit unseren Tieren aus.

Ich ahnte nicht, welch wunderbare Begegnung das Land für mich bereithielt!

Ein buntes Völkchen von Artisten, Dresseuren, Musikern und Arbeitern aus halb Europa traf im Great Belgium Circus zusammen. Unsere Krokodil- und Riesenschlangen-Show wurde als ungewöhnliche Darbietung fast zu Ende der Vorstellung eingesetzt, ein begehrter Auftrittszeitpunkt, weil als Platz für Zugnummern geltend. In Belgien besuchten die Menschen damals gerne einen Zirkus und das Publikum nahm das international besetzte Programm sehr gut an.

Nach den üblichen Anfangsschwierigkeiten liefen die Veranstaltungen nun reibungslos. Der Premierenstadt Lüttich folgten viele kleinere Orte, zwei pro Woche. Viel Arbeit. Jetzt standen die bunten Zelte und Wagen für ein längeres Gastspiel in Namur. Das brachte, trotz der zwei Shows täglich, etwas Ruhephase und Alltag. Eben war die Abendveranstaltung zu Ende, im Chapiteau das Licht bis auf die Notleuchten gelöscht, nur die farbigen Lichterketten zu den Masten und die blinkende Fassade tauchten den Zirkusplatz in ein diffuses Halbdunkel. Ruhe kehrte in die Wagenstadt ein, ab und zu unterbrochen vom Schnauben eines Pferdes und den beruhigenden Worten der Nachtwache im Stallzelt. Ich hatte genügend Wasser in die Krokodil-Poole geflutet, schaltete das Licht im Tierwagen aus und kontrollierte zuletzt die Heizungsanlage. Damit war auch unsere Arbeit beendet und Zeit zum Abendessen im Wohnwagen. Der Fernseher lief, doch keiner sah wirklich hin, beide gingen wir unseren Gedanken nach.

Plötzlich sagte meine Frau, und sie musste es bereits eine Weile mit sich herumgetragen und geplant haben: *Weißt du, es muss sehr schön sein, einen Hund zu besitzen. Den man umsorgen kann, der sich auf uns freut nach der Arbeit. Mit dem wir Spaziergänge unternehmen und spielen können. So ein kleiner Kobold, der würde viel Freude und Abwechslung in den Wohnwagen und unser Leben bringen. Jeder hier im Zirkus hat einen Hund, ich beneide sie. Ich hatte noch nie einen und wünsche es mir sehr! Lass` uns doch ein Hündchen kaufen.*

Sie überraschte mich nicht wenig mit diesem Wunsch. Ich war sofort begeistert, machte aber auf cool. Ich hatte das Glück mit Hunden aufgewachsen zu sein und habe sie sehr gerne. Sie sind gut für die Seele. Und es stimmte, wir zählten zu den absoluten Ausnahmen, welche ihr Räderheim mit keinem bellenden Gesellen teilten. Hier lebten viele Hunde aller Rassen und Kunterbunt-Mischlinge und darunter einige fürchterliche Kläffer und auch Typen, um welche man besser einen würdevollen Bogen zog. Aber einen Hund zu halten bedeutet mehr, als eben mal Trockenfutter in den Napf zu schütten. Es ist Verantwortung für, hoffentlich, viele Jahre. Es erfordert freiwillige Einschränkungen, viel Zeit für Beschäftigung und nicht wenig Kosten für Futter, Zubehör, Tierarzt. Es stand außer Frage - das würden wir mit viel Freude aus tiefsten Herzen tun.

Aber, wandte ich ein, *unser Wohnwagen ist nicht allzu geräumig und ein junges Hündchen braucht Platz zum Spielen, Freiraum für sich. Viel Zeit müssen wir für ihn aufbringen. Nicht einfach, bei der Arbeit mit den Reptilien.*

Wenn wir nur wollen, finden wir Zeit. Wir müssen eben die Aufgaben richtig verteilen. Und Platz? Wo zwei leben, ist auch Raum für einen kleinen Hund. Außerdem brauchen wir nur die Tür zu öffnen und der Zirkusplatz liegt vor uns., erhielt ich als Antwort und musste meiner Frau Recht geben.

Ich machte weiter auf gelassen, war jedoch ganz aufgeregt bei den Gedanken an einen Vierbeiner. Doch muss so eine Anschaffung wirklich wohl überlegt sein, es geht um ein Lebewesen. Der finanzielle Aspekt ist wichtig und wird zu gerne übersehen. Der Kaufpreis und die Grundausstattung, wie ein Körbchen, als ganz persönliches Refugium, Schüsseln, Leine, Halsband, Handtücher, Shampoo, Bürsten und Decken, sind der kleinste Posten. Teurer wird es beim Futter, wenn man seinem Tier wirklich Gutes will und nicht minderwertigstes Futter zu Discounterpreisen in den Supermärkten holt - das hat was mit Gesundheit zu tun. Noch heftiger sieht es beim Tierarzt aus. Jährliche Grundimmunisierung und Gesundheitscheck sollten primitivste Selbstverständlichkeiten sein. Vorausgesetzt, man meint es ehrlich mit der laut artikulierten Liebe zum Tier. Wenn dann der Hund erkrankt, regelmäßige Behandlung benötigt, oder im Alter, wie wir Menschen, viele, oft sehr teure Medikamente einnehmen muss, dann ist *Wer soll das bezahlen können!* eine beliebte, verlogene Entschuldigung für Nichtbehandeln oder "Einschläfern". Flink wird Belastendes entsorgt und die Lücke mit neuer, jüngerer Bequemlichkeit aufgefüllt. Der Unverstand des Homo arrogantia macht auch nicht vor Leben halt.

Ich begann früh für meine Kleine Geld anzusparen - für eventuell erforderliche Operationen und Medizin. Das sollte sich als klug erweisen, denn später, viel später, im hohen Hundealter, war von Letzterem viel Teures notwendig und ich beobachtete sorgenvoll, wie sich die nicht geringe Summe beim Tierarzt und in der Apotheke auflöste. Nie könnte ich mir verzeihen, wenn ich nicht das Allerbeste versucht hätte!

Also, all diese Überlegungen teilte ich meiner Frau mit. Aber sie unterbrach irgendwann meine Bedenklichkeitsliste: *Und, und, und! Du hast ja Recht, viel Geld kommt da in einem Hundeleben zusammen. Doch müssen ausgerechnet wir das diskutieren? Ich bin gerne bereit es auszugeben und trete selbst lieber kürzer. Außerdem soll es ja auch vorrangig mein Hündchen sein!*

Mir ging es auch ganz sicher nicht um das Geld. Der Unterhalt für die Reptilien war hoch, nie machte ich dort Einschränkungen. Ich sah es nicht als Verzicht, mich für die Tiere einzuschränken und sagte: *Ich wollte es nur erwähnt haben.* Und zur Versöhnung: *An welche Rasse hast du denn gedacht?* Ich ahnte nämlich nichts Gutes bei den Gedanken daran, wie sie sich für eine Nachbarshündin begeisterte. Diese trug eine Ganzkörperbehaarung in Weiß, in stets strahlendem Schneeweiß. Wie die Tennissocken und T-Shirts ihrer Zweibeiner. Und das hieß schon etwas, das zeugte tatsächlich von Regsamkeit, bei den wechselnden Bodenverhältnissen gepaart mit Wetterunbilden in einem Zirkus! Chico, die immer Weiße mit der roten Schleife, welche das Kopfhaar bezwang und Chico den

Blick auf Gegenwart und Umwelt ermöglichte. Naja, ein kleinwenig war das Band wohl auch modisches Styling. Wobei dies geradezu harmlos daherkam: damals waren in Belgien Basecaps, gar mit Sonnenbrille über dem Schirm, absoluter Modetrend und nicht wenige Hunde durften dieses Outfit tragen müssen! Also, Chico mit Schleife, sie wurde bei Regen zum "Geschäft-erledigen" ins Vorzelt des Chapiteaus getragen, damit kein Schmutz die weißen Pfötchen beleidigte oder sich gar in den cleanen Wohnwagen mogelte. Erstaunlich, wie sehr sich Wesen, auch Hunde, mit vorgelebter Einstellung zu arrangieren vermögen. Chico benahm sich ganz wie eine Diva, thronte auf ihrem Luxus-Liegestuhl mit der dicken, farblich auf ihr Fellchen abgestimmten Flauschauflage unter dem Vorzelt ihres Wohnwagens und legte null Wert auf Kontakt mit Hunden und Nebenmenschen oder auf einen selbstständigen Ausflug über ihren Kunstrasen hinaus. Bitte nicht so ein Schoßhündchen…

Ich denke an keine bestimmte Rasse. Es soll ein kleiner Hund sein. Mit viel wuscheligem Fell. Weißem Fell.

Da, es durchzuckte mich! Meine Befürchtungen hatten ins Schwarze getroffen, schwärzer ging nicht. Die Vernetzungen in meinem Hauptspeicher glühten auf vom Grübeln, um einen Ausweg aus dem Schlamassel zu finden. Da musste doch was zu machen sein!

Ja, und ich möchte unbedingt ein Mädchen haben, wurde meine Schockstarre unterbrochen. *Sie sind standorttreuer und anhänglicher.*

Hier stimmte ich zu. Eine Hündin zieht ihre Kreise nicht so weit wie ein Rüde. Sie bleibt eher im Wohnwagenbereich und das ist viel sicherer. Auf dem Zirkusgelände lauern viele Gefahren, ganz zu schweigen von dem oft starken Verkehr ringsherum in einer großen Stadt. Auch der ständige Ortswechsel stellt eine Herausforderung dar. Mit der "Anhänglichkeit" verhält es sich hingegen ähnlich, wie mit der Zeit. Sie ist relativ und neigt gerne zum gegenpoligen Geschlecht des Zweibeiners und in absolutem Egoismus zu demjenigen, welcher bei Spiel und Abenteuer mehr Freiheiten erlaubt. Ich dürfte damit nicht die schlechteste Position beziehen...

Ein Hundemädchen also. Das ist schön. Hast du auch bereits einen Namen?

Nein, ich hoffte dir würde da etwas Besonderes einfallen. Du hast auch allen Reptilien tolle Namen gegeben.

Mein Beitrag des Planes. Eine schöne Aufgabe. Wirklich, es freute mich. Ich wollte gründlich überlegen. Bei den Reptilien war das einfach. Unsere Show präsentierten wir im Stil der Inka, da boten sich indianische Namen an. Exotisch genug, hier in Europa. Bei einem Hund fiel mir das schwerer. All diese einfallslosen und üblichen Namen, solche, bei deren Rufen gleich einige Vierbeiner herbeilaufen, obgleich man nur seinen eigenen Hund gemeint hat, solche schloss ich völlig aus. Ich machte es mir nicht leicht, bei allen möglichen Gelegenheiten schwirrten mir ganze Namens-Ranglisten im Kopf herum. Vorhandene wurden gelöscht, neue zugefügt. Dann endlich hatte ich ihn! Eines Tages zählte ich meiner Frau stolz einige Namen auf und fügte wohlbetont meinen absoluten Favoriten ein: Tiffany.

Tiffany? Tiffany. Ja, der klingt wirklich schön! Unser Hundemädchen wird Tiffany heißen! antwortete sie begeistert, ohne viel zu überlegen.

Damit gab es einen Namen und wir kauften für die unbekannte Tiffany Spielsachen, Schüsseln und Futter. Körbchen, Halsband und Leine wollten wir zusammen mit dem Welpen holen. Damit war alles bereit für diejenige, um welche sich die ganze Aufregung drehte. Bereit für den Einzug eines neuen Familienmitgliedes! Die Vorbereitungen und Einkäufe bereiteten uns viel Freude und wir waren ganz kribbelig auf einen kleinen Hund.

Viele Kurzstädte ließen uns aber keine Zeit und verzögerten den Hundekauf. Dann, endlich, an einem Tag im Mai war es soweit! Wir fuhren über einhundert Kilometer in eine größere Stadt. Damals fanden in Belgien jeden Sonntag Tiermärkte statt. Alle möglichen Tiere gab es dort, selbst Reptilien, Zierfische, Papageien, Kleinaffen und andere Exoten. Die Verführungen zu einem unüberlegten Kauf waren riesig und über das Schicksal so mancher gehandelten Seele mag ich nicht tiefgründig nachdenken. Ich hoffe vom Herzen, es möge diese Märkte nicht mehr geben. Was nicht bedeutet, das ein vereinsmäßig organisierter Züchter unbedingt besser sein mag, da klingelt unter der Tarnkappe "Freude an den Tieren" gern die Kasse arg zu laut. Aber unsere damalige Entscheidung, auf einem dieser undurchsichtigen Tiermärkte zu kaufen, ist sicherlich in Frage zu stellen. Wir dachten nicht nach und wir hätten auch nie vermutet, was im Hintergrund Tieren alles angetan wird, um Geld zu machen. Wir waren naiv, weil: jeder kaufte dort, also war es „normal". Trotz der Bitternis über die Umstände des Handels mit Tieren muss ich eingestehen, das auch in mir ein Egoist wohnt: Nur so traf ich Tiffany!

Als wir über den Markt schlenderten, trug ich bei all den angebotenen Tieren viele schmerzende Gedanken mit. Ich konnte mich nicht an den Tierkindern erfreuen. Wünschte nur, wir würden bald wieder abfahren, um dies hier nicht mehr zu sehen. Meine Frau empfand ähnlich und wir durcheilten die unendlichen Reihen mit Hundewelpen auf der Suche nach einem weißen Fell, versteckt in der Masse. Erfolglos. Es gab solche Mengen an Rassehunden und Mischlingen, doch einen kleinen Hund mit wuscheligem, weißem Fell, den fanden wir nicht.

Pass auf schlug ich vor *wir setzen uns ins Auto und fahren schnell in eine andere Stadt. Bis zur Veranstaltung bleibt uns noch etwas Zeit.*

Also fanden wir uns bald in einem weiteren Ort wieder, dank der Größe Belgiens und dem erstaunlichen Eifer seiner Einwohner ihr Land gründlich mit Straßen zuzubetonieren keine übermäßige Herausforderung. Wir durchstreiften erneut das gleiche Elend eines Tiermarktes und hielten nach dem weißen Wunschkind Ausschau. Auch hier gab es in Körben, Kisten, Käfigen und Kartons fast alles was bellen konnte. Angesicht des Angebotes fragte ich mich, woher nur diese vielen kleinen Wesen kommen und wer sie alle kaufen soll. Und was wird mit denen, welche keine Familie finden und zu groß, zu unattraktiv für den Verkauf werden, weil nicht mehr niedlicher Welpe irgendwann...? Wir blieben wieder erfolglos, weiße Hundekinder entdeckten wir nur andeutungsweise als Huskys. Damit endete der geplante Kauftag und hinterließ bei mir bis heute fest eingebrannte traurige Bilder. Wir schwiegen bei der Rückfahrt und waren enttäuscht, ohne Welpen nachhause zu fahren.

Es sollte so sein! Das Schicksal hielt Besonderes bereit. Zufall? Nein. Nein, ganz sicher nicht.

Die an folgenden Sonntagen vom Zirkus gegebenen zusätzlichen Matineen verhinderten Fahrten zu Märkten. Ich erinnere mich, wie meine Frau einmal weinend vor den ausgebreiteten Spielsachen, Futter und Naschereien hockte. Sie hatte sich sehr auf ein Hundekind gefreut. Doch vorerst hieß es sich in Geduld zu üben bis die, von allen Zirkusleuten ungeliebten, Vormittags-Vorstellungen ausliefen.

Anfang Juli war es soweit! Wir stiegen ins Auto und fuhren nach Brüssel-Anderlecht. Unterwegs erklärte mir meine Frau, sie hat sich für einen Hund entschieden. So wie der bei den Nachbarn soll er sein. Wie Chico mit Schleife. Na, da haben wir`s doch! Ich ahnte es ja längst und fand diesen Vierbeiner auch drollig, aber ein wenig mehr "richtiger" Hund wäre mir deutlich lieber. Dafür wollte ich auch nun, sozusagen in letzter Minute, mein Möglichstes tun. Gleich, ob Hündchen meiner Frau...

Befürchtet hatte ich es, aber der Markt in Brüssel übertraf meine schlimmsten Erwartungen. Ein riesiges Gelände auf einem ehemaligen Schlachthof! Und wenn man bei dem Elend etwas positiv sehen wollte, dann, das sich hier die überdachten Areale nach Tierarten unterteilten. Ganz Belgien schien an jenem Morgen zur Besichtigung auf diesen Markt zu strömen. Es herrschte ein unglaubliches Gedrängel, wir mussten kämpfen, um uns in den Menschenmassen nicht aus den Augen zu verlieren. Eine weitere Herausforderung war, überhaupt in Kisten und sonstigen Behältnisse blicken zu können. Im Eiltempo ging gar nichts. Überall wurden Hundebabys auf Armen gehalten, weitergereicht, zurückgegeben. Gestreichelt, begrabscht, befummelt. Händler versuchten, Kindern und Frauen Welpen in die Arme zu legen und dadurch Geschäft zu machen. Erst mal so ein kleines Wesen auf dem Arm, da ist es schwer mit der Vernunft. Über der Szene lag, verstärkt durch die verrosteten Wellblechdächer der Stände, eine unfassbare Lärmkulisse aus Händlergeschrei, Kindergeplärre und Gebelle. Ein Wirklichkeit gewordener Alptraum, der Vorhof zur Hölle! Wenn für Menschen beklemmend, wie mussten erst die Tierkinder, plötzlich ohne Mama, empfinden? Eigentlich wollte ich am liebsten nur wieder fort, doch ich schob mich tapfer mühevoll hinter meiner Frau von Reihe zu Reihe weiter, ständig entgegen gehaltene Hundekinder abweisend. Bloß dabei den Welpen nicht in die erwartungsvollen großen Augen sehen, nur das nicht! Mehrfach blieb meine Frau bei Mischlingswelpen stehen, sie schien bereit zu Kompromissen bezüglich der Grundfarbe, aber den Beteuerungen der Händler, die Elterntiere seien auch "ganz klein" wollte selbst sie nicht trauen. Schließlich standen wir am Ausgang und auch sie wollte nun entnervt und enttäuscht: *Endlich nachhause fahren.* An einer Kiste war meine Frau mehrfach vorüber gegangen, obwohl da drei kleine Hunde mit weißem Fell herumwuselten. Auf meine Frage, warum sie denn diese Winzlinge nicht in Erwägung ziehe, antwortete sie, die Kleinen mit dem kräftigen Körperbau für eine große Rasse gehalten zu haben. Nein, das waren sie nicht! Ich ging mit ihr zu einem Zubehörstand und zeigte einen Aufkleber mit einem erwachsenen Hund dieser Rasse. Doch, der gefiel ihr, zögerlich, weil *Die werden wirklich nicht größer?* Sie misstraute mir, hatte mich wegen des von ihr favorisierten Chico-Doubles längst durchschaut. Ich entdeckte ein Poster am Nebenstand. Davor standen wir nun. Ja, dieser Hund gefiel ihr, auch ohne dem gewünschten Wuschelfell. Dafür aber mit keck nach oben stehenden Pinsel und spitzen Ohren. Westhighland White Terrier. Und wir hatten den Segen diese Rasse für uns zu entdecken, bevor sie der Werbung und dem Unverstand der Menschen sei Dank, zum überzüchteten Modehund wurde, mit allen damit verbundenen Krankheiten und Leiden für Körper und Seele.

Wir schoben uns zurück und rangierten zielsicher durch Menschenschlangen dicht heran an die Holzkiste mit den hohen Wänden. Zwei der kleinen Gesellen hüpften wie Gummibälle daran empor, den vielen hereingehaltenen Händen entgegen, um Liebkosungen zu erheischen. Ein dritter Zwerg kauerte in eine hintere Ecke gezwängt und beobachtete das wilde Treiben vor sich nur müde, mit ängstlich gesenktem Köpfchen, das Näschen auf den Boden gepresst, völlig unbeeindruckt von der überquellenden Lebensfreude der Geschwister. Nun, dieser Welpe war das einzige Mädchen. Kaum Interesse bekundet, griff der Händler das kleine Ding, drehte es wie ein Stoffwesen, zeigte das pralle Bäuchlein, die klaren Augen, die Zähnchen und die Haut unter dem Fellchen. Mich schaudert noch heute bei der Erinnerung daran, wie ich versuchte meiner Frau den Kauf auszureden, weil sich die Kleine im krassen Gegensatz zu ihren Brüdern so ruhig verhielt. Womöglich sei sie krank. Doch, meine Frau hatte sie bereits in den Arm gelegt bekommen, strahlte vor Glück, knuddelte sie und war für nichts in der Welt bereit sie wieder herzugeben. Sie verschloss sich gegen meine Einwände und verbarg das Hundekind unter der extra angezogenen Strickjacke, so dass nur eben das Köpfchen hervorragte. Welch unbeschreibliches Glück! Schicksale entscheiden sich in Sekunden. Was wäre mir in diesem Leben entgangen! Also, entschieden: die oder keine! Die weiße Zwergin aus Flandern war kräftig und wir hofften, ihre Zurückhaltung, auch auf dem Arm, würde nur von dem tosenden Lärm und der beängstigen Unruhe ringsherum kommen. Da lagen wir richtig. Erst im hohen Alter erkrankte dieses kleine Wesen zum ersten Mal und wurde immerhin neunzehn Jahre und neun Monate alt.

So, der ersehnte Augenblick. Wir erhielten eine kleine Terrierin mit Impfpass, kauften hektisch an einem Zubehörstand das passende Körbchen nebst Leine und Halsband und hasteten zum Auto. Das Hündchen ließ alles mit sich geschehen, hielt einfach nur still und schützend halb unter die Jacke gesteckt, trug meine Frau es glücklich und sichtlich stolz hinfort, weg von diesem schrecklichen Ort.

Unterwegs, im Gehen, wir konnten ja nicht stehen bleiben, mussten eilen, um all das gerade Erlebte weiter und weiter hinter uns zu lassen, und womöglich wollte uns jemand dieses, unser, Hündchen streitig machen, also, so in der Hast musste ich die Kleine unbedingt zärtlich streicheln. Bis heute erinnere ich mich ganz klar und deutlich, wie sie mich mit ihren großen braunen Augen lange tief und fragend ansah. Deutlich war in ihnen zu lesen: wer seid ihr, wohin werde ich gebracht und was geschieht mit mir? Ich vergesse diese Minuten niemals, niemals diesen ersten Kontakt. Zutiefst rührte mich ihr Blick, während ich das raue kurze Terrier-Fellchen kraulte. Ich sagte damals: *Hey, Kleines. Du bist jetzt unser Hundchen und du wirst es immer so gut wie nur möglich bei uns haben. Viele, viele Abenteuer wirst du erleben. Wir geben dich nicht mehr her. Und wir werden dich sehr, sehr lieb haben! Willkommen zuhause, Welpe Tiffany.*

Ja, für mich war es die sagenhafte Liebe auf dem ersten Blick. Ich spürte: Tiffany ist etwas ganz besonderes, eine außergewöhnliche Seele lebt in dieser kleinen, wunderschönen Hündin. Ich irrte mich nicht, an jenem Sonntagvormittag in Brüssel.

Während der einstündigen Rückfahrt hütete meine Frau den erworbenen Schatz weiterhin unter der Jacke. Tiffany bewegte sich überhaupt nicht. Vielleicht ängstigte sie sich, vielleicht fühlte sie sich nach dem furchtbaren Stress auf dem Hundemarkt aber auch, so angekuschelt, geborgen. Da saß sie und blickte regelmäßig wechselnd meiner Frau und mir lange in die Augen. Was mochte in ihrem Köpfchen vorgegangen sein?

Endlich im Zirkus, legte ihr meine Frau das Halsband um und setzte sie ins Körbchen. Ein wenig verloren wirkte sie da und ich machte das erste Foto von ihr allein. Wir hockten uns auf den Rasen und freuten uns über das neue Familienmitglied. Wenig später hielt meine Frau dem Hundekind die gefüllte Futterschüssel unters schwarze Näschen. Tiffany schnupperte zaghaft, hatte sogleich Appetit und stolperte aus dem Körbchen der angebotenen Mahlzeit hinterher. Sie leerte die Schüssel ohne aufzusehen, langsam und gründlich. Danach kletterte sie von allein zurück ins neue Lager. Von dort betrachtete sie sitzend die vor ihr liegende fremde Welt und uns Gaffer. Und dann musste sie, fast wie auf dem Markt, sich erneut begutachten lassen. Nur viel entspannter, in Ruhe. Es sprach sich schnell herum, dass wir endlich ein Hündchen mitgebracht hatten und nun wollte es fast der ganze Zirkus sehen und begrüßen. Der Great Belgium Circus war, wie der Name erahnen lässt, ein großer Zirkus... Wir saßen unter dem Vordach des Caravans, es war schönstes Sommerwetter und für Tiffany gab es so viel zu sehen. Irgendwann blinzelte sie müde, biss ein wenig auf ihrer Quietschmaus herum, zaghaft, selbstvergessen und still. Während wir sie beobachteten, mit hochschlagenden Herzen, schlief sie ein, über all der Fülle von Erlebnissen und Aufregungen der vergangenen Stunden. Das gefüllte Bäuchlein mag auch seinen Teil beigetragen haben. Vorsichtig stellten wir Körbchen mitsamt dem hiervon unbeeindruckten Inhalt in den Wohnwagen.

Viel zusätzliche Aufregung und Verantwortung zog mit der kleinen Weggefährtin ein, welche genau wie wir, Freude und Leid empfand und einfach nur Liebe und Geborgenheit im Leben suchte.

Sie war angekommen in meinem Leben. Im Frühsommer 1991.

Hundemädchen Tiffany.

Die Weite dieser Welt

Fremde - Welpen-Tage - Entdeckungen & Erkenntnisse - Wirbelwind Cassy - Hundegang - Rampensau - Great Belgium Circus

Nach der Spätvorstellung, am Abend des ersten Tages unserer neuen Zeitrechnung, staunten wir Zweibeiner nicht wenig über die Selbstverständlichkeit, mit welcher Tiffany, als es ihr nicht mehr gelang die Müdigkeit zu verdrängen und das Köpfchen immer wieder ab nickte, in das Körbchen kraxelte und sich zusammenrollte als wäre es nie anders gewesen. Es war ihre erste Nacht bei uns, in der Noch-Fremde und wir rechneten damit, dass sie die Geborgenheit ihrer Geschwister und Mama vermissen würde. Doch die vielen, vielen Geschehnisse, welche über sie hereingebrochen waren, so erbarmungslos, an jenem entscheidenden Tag in ihrem jungen Leben, sie ließen Tiffany die Nacht fest durchschlafen. Wir hingegen blieben lange im Bett wach, tuschelten begeistert nur über die Kleine und beobachteten das schlafende Hundebaby, wie es tief in das Kissen eingekuschelt ruhig atmete. Wir konnten kaum realisieren, dass dieses wunderschöne Wesen nun zu uns gehörte und wir waren sehr glücklich.

Heute, viele Endlichkeiten später, erinnere ich mich genau an das wohlige Gefühl dieser Nacht mit dem weiß befellten Fremdling, spüre ich meine Erregung, wie in Kinderzeiten vor der weihnachtlichen Bescherung in freudiger Erwartung auf das Kommende.

Wir erwachten von einem fremden Geräusch im Wohnwagen. Vorsichtig blickten wir auf. Dort unten tapste ein kleiner Welpe herum und hielt prüfend überall sein schwarzes Näschen ran. Wir verhielten uns so ruhig als möglich, um lächelnd und aufgeregt zu beobachten, wie Tiffany vorsichtig das Unbekannte erkundete. Aber ein leises Rascheln der Bettdecke reichte dann aus, um ihre Entdeckungstour prompt abzubrechen. Sie stutzte, forschte nach dem Ursprung der Bewegungen, trippelte herbei und blickte zu uns empor. Meine Frau sprach sie an, der Kobold jedoch zeigte keinerlei Reaktionen. Kein Wackeln mit dem steil stehenden Pinselchen, kein Laut, nur interessiertes Beobachten mit braunen Knopfaugen. Schließlich kam sie näher und meine Frau hob sie zu uns hoch. Wir streichelten die Kleine und redeten freundlich auf sie ein. Tiffany sah uns dabei wieder mit tiefen Blicken in die Augen und ließ die Streicheleinheiten still und geduldig über sich ergehen. So begann der erste gemeinsame Morgen.

Tage kommen und gehen schnell auf einer Zirkus-Tournee. Es gibt reichlich Arbeit während des Reisens von Stadt zu Stadt, mit den üblichen zwei Gastspielorten in der Woche. Es ist ein ständiges Ein- und Ausräumen. Dazu die täglichen Shows und die Betreuung der Tiere, da bleibt nicht viel Freizeit. Für uns war die kleine Terrierin Tiffany zum Mittelpunkt des Lebens geworden. Deshalb mussten unsere "alten" Pfleglinge und Showpartner nicht zurückstehen, auch sie forderten ihre Zeit, aber zugegeben, ich beeilte mich schon mit den Reinigungsarbeiten, um schneller wieder bei Tiffany zu sein. Zusätzlichen Stress verursachte unsere Tierschau im Reptilienwagen. Wir mussten bereit sein, wenn interessierte Besucher am Caravan klopften. Oft war das ein Kommen und Gehen und man kam nicht zur Ruhe. Es brachte jedoch zusätzliche Einnahmen, auf welche wir nicht verzichten wollten und konnten.

Tiffany ahnte nichts von den Krokodilen und Riesenschlangen im Spezialhänger in ihrer unmittelbaren Wohnnähe. Woher auch? Wie sollte ein Hundekind, welches so frisch wie sie auf der Welt war, ahnen was alles an merkwürdigen anderen Lebewesen existiert! Erstmal gab`s ja hinreichend Neues allein im Sichtbereich. Bei einer unheimlichen Situation zog sie sich flink ins Körbchen zurück. Auch, wenn ob der Fülle von Ereignissen die Müdigkeit Tiffany besiegte, kletterte sie in ihr Nestchen, um zu schlafen und Kraft zu tanken für noch mehr einstürmendes Neues. Der Korb mit dem Kuschelkissen bildete einen Fixpunkt in dem plötzlich riesigen Dasein. Das war ihr kleines, sicheres Reich. Auch wenn sie ja nun alleine in diesem Nestchen lag, ohne Wärme und Nähe von Geschwistern und Mama, es erinnerte an jene beruhigende Geborgenheit und sie übertrug dieses Gefühl in das neue Leben und war überzeugt, das ihr hier niemand etwas würde antun dürfen. Später entdeckte sie, wie hervorragend er sich zum Bunkern von Schätzen, wie Spielzeug, Naschereien oder Knochen, eignet. Dieses Körbchen aus Welpentagen blieb viele Jahre ihr Besitz. Zugegeben, es war dann ein wenig gekennzeichnet von versunkenen Zeiten, weil hier und dort angeknabbert, aber für ein Nickerchen zwischendurch war das ziemlich bedeutungslos. Dann zog Tiffany die gemütliche Sitzecke an meiner Seite vor und das Körbchen nutzte sie ausschließlich zum Einlagern wertvollen Eigentumes. Irgendwann war es auch dafür nicht mehr gut genug, denn die Hundeschätze ließen sich weit sicherer hinter Kissen und Polster der Sitzecke oder im großen gemeinsamen Bett horten. Da waren die Versteckmöglichkeiten unendlich vielfältiger und ich hatte öfter unerwartete Begegnungen beim zu Bett gehen. Weil es seine einstige Bedeutung als Mittelpunkt der Terrier-Welt vollständig verlor, trennten wir uns schließlich davon und ein Hündchen von Bekannten wurde darin groß.

Vorerst war daran natürlich nicht zu denken!

Von morgens bis abends saß Tiffany unter dem Vordach oder, weit lieber, im Eingang des Wohnwagens. Dort saß sie höher und somit war die Übersicht entschieden besser. Sie spielte ruhig und schüchtern mit uns und dem Ball oder der Quietschmaus, aber sie wusste sich auch ganz allein mit dem Spielzeug zu beschäftigen oder hingebungsvoll mit simplen, wippenden Grashalmen. Höhepunkte stellten unangefochten die Mahlzeiten dar, drei am Tag in den Welpen-Monaten. Die Kleine fiel über den Futternapf her, als wäre sie in ihrer Geschwistergemeinschaft stets zu kurz gekommen - wogegen allerdings ihr Babyspeck sprach.

Kaum das Tiffany sich an den Anblick der Wiese unmittelbar vor ihrem Körbchen gewöhnt hatte, folgte eine neue, wichtige Lektion. Am Abbautag veränderte sich die Kulisse vorm Caravan dramatisch. Wagen verschwanden, das Chapiteau schrumpfte, war schließlich einfach abgetaucht, und der Horizont weiter. Wir räumten unsere Wagen ein und spät abends setzten wir in die nächste Stadt um. Nichts mit Schlafen… Tiffany reiste bei meiner Frau im Kleinbus auf dem Beifahrersitz in ihrem Körbchen mit. Welche Aufregung! Zirkus ist ganz schön stressig für ein junges Hundekind. Schließlich war man nicht einmal vier Monate alt und was sich in den vergangenen Tagen bei uns zugetragen hatte, das gab es in der ganzen Zeit davor nicht. So schlief Tiffany erneut tief und fest und später, am Ziel angekommen, mit Körbchen im Wohnwagen. Die Umsetzungen in neue Städte lernte sie zu lieben, ebenso ihre Autos. Neue Plätze bedeuteten dann stets Abenteuer und viel Arbeit für eine Hundenase!

Von Tag zu Tag dehnte die Zwergin die Erkundungen ihrer Welt aus. Dabei kreiste sie vorerst unmittelbar im Wohnbereich und schob nur ab und an den Kopf unter dem Vorzelt hindurch. Wegen der Neugier. Und des Rundumblickes. Aber, nur den Kopf! Der größere Rest verblieb in bekannter Geborgenheit. Auf Sicherheit war sie von ganz alleine bedacht! Das blieb ihr Leben lang unverändert und machte den Umgang mit ihr so einfach. Auch wanderte Tiffany jetzt gerne unter dem Caravan entlang, um derart getarnt und gesichert mal einen Blick von die vierte Seite der Umgebung zu erheischen. Wir behielten sie dabei im Auge, oft genug auf dem Bauch liegend, denn wir wussten ja nicht, wie sie auf dies oder jenes reagieren würde. Gefahren lauerten für einen unerfahrenen Welpen überall.

Schon nach wenigen Tagen verstand die Kleine, mit Hilfe von Leckerbissen, dass mit Tiffany eben sie gemeint ist. Und das man etwas will von ihr, wenn man den Namen rief. Es war dann gut zu kommen, weil irgendein Ereignis anstand, wie Spielen, Bürsten, oder gar Naschen. Sie lernte auch allein im Wohnwagen zu sein, wenn wir an die Vorbereitungen oder in die Show mussten. Das war immer nur kurz und damit Kleinigkeit für Tiffany, aber eine Regelmäßigkeit im Tagesablauf. Bald freute sie sich ausgelassen, wenn wir wieder da waren und sie mit Naschen belohnten, lobten und knuddelten. Ganz wild entwickelte sich jedoch die morgendliche Begrüßung nach dem Aufwachen, da hatten wir uns doch solange nicht gesehen! Dazu durfte sie aufs Bett, wurde geliebkost und es folgte ein ausgelassenes Toben in Decken und Kissen. Ich stieg schnell zu Tiffanys Favoriten auf - bei mir durfte sie gröber sein, sich auch mal vergessen, in Polster, Bettzeug und mich beißen. Ihre spitzen Welpenzähnchen waren schmerzhaft. Ich trug an Händen und Armen Kratzer. Mehrfach „verzierte" sie gar meine Nase und die Kollegen dachten, warum auch immer, ich wäre von einer unserer Schlangen gebissen worden. Ging es mit der weißen Zwergin richtig durch, ermahnte ich sie und so lernte sie wieder und ihre Grenzen kennen. Die hatte auch das Spielen, denn als wir es einmal zu lange ausdehnten, das wilde Gerangel im Bett, da konnte die kleine Blase dem Druck nicht wiederstehen und wir das Hundekind nicht schnell genug auf den Fußboden setzen. Damit lernten auch wir: nicht zu lange ausreizen, das bringt Ärger und Arbeit. Tiffany bemerkte wohl, dass da was nicht ganz richtig war und verhielt sich ruhig abwartend. Wir selbstverständlich trugen dafür die Verantwortung. Und wir streichelten sie um zu zeigen: alles in Ordnung, kleiner Hund, alles ist in Ordnung.

An einem Vormittag entdeckte Tiffany, bei einer heimlichen Beobachtungsaktion unterm Caravan hervor, da, gleich nebenan, etwas Wunderbares: ein anderes Hundekind! Welche Freude! Die Yorkshire-Hündin war bereits einige Wochen vorher, auch von einem Tiermarkt, in den Zirkus gekommen. Cassy war geradezu winzig, unglaublich quirlig, doch selbstsicher und sie kannte schon Alles und Jeden im nahen Umfeld. Cassy zeigte Neuankömmling Tiffany jetzt die ihr bekannte Welt. Die beiden balgten und spielten Greifen mit einer Hingabe, das wir und Zuschauer uns fragten, woher diese kleinen Hunde so viel Power nehmen. Cassy besaß knapp die Hälfte von Tiffanys Statur und unterlag damit stets beim Ringkampf. Dafür aber raste sie voller Lebensfreude mit fliegenden Haaren wie ein Staubwedel in Kreisen über die Wiese, unter Wagen hindurch und um Tiffany herum, das diese immer Anschluss und Überblick verlor. So sehr sie auch ihre Beinchen bemühte, dazu mit ausgestrecktem Hals, angeklappten Ohren - wegen der Windschnittigkeit - und mit abgebogenen Schwänzchen vor Anstrengung, Sprinterin Cassy war nicht einzuholen. Mit Glück und Zufall trafen sie an Schnittpunkten ihrer Kreise aufeinander und nun wurde erneut gebalgt, da bekam unsere Kleine ihr Erfolgserlebnis. Selbst beim wildesten Toben stoppte Tiffany öfter, zögerte, sah sich um, kontrollierte wo sie sich befand und suchte mit Blicken wenigstens einen von uns und hielt Sichtkontakt. Das war typisch Tiffany und so blieb es in ihrem ganzen Leben. Ich denke, es waren sehr glückliche Zeiten für Tiffany und Cassy. Wilde Spielkameraden für eine Saison, bis sich danach die Wege auf Grund unterschiedlicher Engagements trennten. Das Yorkshire-Mädchen wurde nicht alt. Sie verunfallte schon wenige Jahre darauf. Angeleint auf der Veranda ihres Wohnwagens, hatte sich die Leine eingedreht und verhakt und als Cassy beim selbstvergessenen Spielen hinunterfiel, war die Leine nicht lang genug um mit den Beinchen den Boden zu erreichen. Es lief eine Zirkusveranstaltung und niemand bemerkte das schreckliche Unglück rechtzeitig. Ich habe dich nie vergessen, Cassy.

Mit der Horizonterweiterung dank Wirbelwind Cassy verließ Tiffany jetzt auch allein die Sicherheitszone ihres Wohnwagens und sie kannte sich schnell perfekt aus in dem Zirkusbereich zwischen unseren Wagen und denen der, auf jedem Platz gleichen, Nachbarn. Damit entdeckte sie auch die auf ihrem Liegestuhl unter dem Baldachin thronende Diva Chico. Diese war weit älter, pingelig gegenüber unnötigen Pfotenwegen und da sie zudem häufig getragen wurde, hatte Tiffany sie vorher nicht wahrgenommen. Jetzt freute sich die kleine Forscherin ausgelassen zu der Feststellung, dass eine weitere Artgenossin in der Nähe wohnt. Tiffany flitzte um den Liegestuhl, sprang mit den Vorderbeinchen hoch und tanzte auf den Hinterbeinen, um auf sich aufmerksam zu machen und um mehr erkennen zu können von der liegenden Dame. Aber Chico legte keinen Wert auf Kontakt zu dem jungen Hüpfer und zeigte es durch missmutiges Knurren und Aufbellen. Tiffany und Cassy konnten sich in ihren Versuchen um Sympathie noch so abrackern, Chico blieb hart. Niemals biss sie nach den Zweien, doch für wildes Geflitze und Gerangel war sie zu alt. Sie wies die Unbändigen manchmal lautstark deutlich in die Schranken, und ein junges Hündchen muss lernen wo diese sind, aber zumeist erduldete sie die freundlichen Kontaktversuche durch Nichtbeachtung. Tiffany mochte Chico trotzdem offensichtlich sehr, besuchte sie immer wieder, auch einfach zum Hallo-Sagen. Ihre Zuneigung fand keine Erwiderung, der Altersunterschied stellte eine Barrikade. Ob Tiffany Erinnerungen an Chico in sich trug, als sie dann, im gleichen Alter wie Chico, ebenfalls mürrisch junge Artgenossen abwies?

Tiffany lebte jetzt einige Wochen mit uns und jagte jeden Morgen im Bett herum. Sprachen wir sie an, hüpfte sie an uns mit wild wackelndem Schwänzchen und leuchtenden Augen empor. Sie sauste und balgte sich mit Cassy, aber: sie gab nicht einen Laut von sich. Kein Bellen, kein Knurren oder Winseln, nichts. Sonst hatte sie sich gut entwickelt, war gewachsen, kräftig und ausdauernd. Und obgleich ihres zurückhaltenden Wesens, trug sie einen unbändigen Entdeckerdrang in sich. Kollegen wunderten sich bereits länger über Tiffanys Schweigsamkeit und schürten damit unsere Sorgen. Immer wieder forderte ich sie heraus beim Spiel in der Hoffnung auf, bitte, einen Laut. Ohne Erfolg. Tiffany blieb stumm und wir fanden uns, bedauernd, irgendwie damit ab. Aber dann! Etwa fünf Wochen nach ihrer Ankunft in unserem Leben, da brachten wir ihr wie immer aus der Tierabteilung des Supermarktes eine Überraschung mit. Diesmal ein weiteres Spielzeug: eine halbaufgerichtete rote Raupe, mit angebissenem Blatt in den Händen und genüsslichem Grinsen auf den dicken Backen. Tiffany durfte die Einkaufstaschen gleich im Auto nach Mitbringsel durchsuchen und das tat sie rabiat gründlich! Gefährdete Dinge galt es vorher auszusortieren, sollten sie nicht vom Terrier geplündert oder verschlungen werden. Das schnell gefundene, niedliche Spielzeug entzückte die kleine Tiffany dermaßen, dass sie vor Begeisterung aufbellte. Einmal, ganz kurz. Wir glaubten unseren Ohren nicht zu trauen, so überraschend kam es. Wir sahen uns fragend an und lachten! Sie hat gebellt, ja das war sie, wirklich! Dann schwenkten, wedelten und quälten wir die Raupe, bis selbst dem geduldigen Gummiwesen die Puste ausging und das Quieken heiser wurde. Tiffany war hingerissen und vollführte einen nicht enden wollenden Freudentanz auf vier und zwei Beinen. Aber ihr ein weiteres Bellen, wenigstens einen kurzen, gern auch leisen Laut, zu entlocken gelang nicht. Ja, dann erhielt sie ihre Raupe eben so. Sie wetzte mit der Neuerwerbung unter den Caravan und ließ dort, stellvertretend für sich, das wundervolle Spielzeug ertönen. In uns keimte aber die Hoffnung, das Tiffany doch einmal richtig bellt. Tat sie dann auch bald und manchmal gar zu viel des Guten und dann mussten wir ermahnen die vorwitzige, freche Schnauze zu halten. So ist das eben.

Die Raupe blieb Tiffanys wertvollstes Spielzeug bis zu ihrem Fortgang. Dann ging es in meinen Besitz über und ist mir ebenso wertvoll, wie der Kleinen früher. Gebrauchsspuren erinnern mich, das da oft Zähnchen eines geliebten Wesens tätig waren.

Die Selbstsicherheit der jungen Hündin wuchs. Die Welpentage nach ihrer Geburt, geborgen mit den Geschwistern bei der Mama, waren in ihrer Erinnerung geblieben, doch die unbändige Lust aufs Leben und die täglich so vielen Abenteuer verdrängten diese Zeit in ein hinteres Kästchen, verschlossen im Gedächtnis. Die Last der schlimmen Erlebnisse der Hundemarkttage und sicher auch der unerwarteten, einschneidenden Veränderung in ihrem Leben, urplötzlich ganz allein in der Fremde zu sein, diese Last schien sie abgeworfen zu haben. Wir bemühten uns sehr um sie, versuchten Tiffany das Neue leichter zu machen und boten die Geborgenheit und Liebe einer Familie. Anders sicher, als jene des verlorengegangenen Nestes, aber nicht minder intensiv.

Vielleicht dachte sie in ruhigen Momenten zurück, vielleicht wurde die frühe Welpenzeit in ihren Träumen lebendig, wenn sie mit den Beinchen trappelte, den Ohren und dem Schwänzchen wackelte und dabei fiepte. Wer weiß, wo sie dann war? Es ist typisch menschlich überheblich, dies grundsätzlich bei Mitgeschöpfen zu verleugnen. Der Zweibeiner spekuliert mal gerade erst ziemlich wirr über die Psyche seiner Art, wie kann er sich da anmaßen über andere Wesen zu urteilen?

Tiffany wusste inzwischen was genau zu ihrem Zuhause gehörte, welche Bereiche und Fahrzeuge. Nun strolchte sie gerne in diesem erweiterten Bereich herum, um bei einer für sie nicht abschätzbaren und somit unheimlichen Begegnung, mit flinken Füßchen, hängendem Pinsel und anliegenden Ohren sofort wieder in der Sicherheit des Caravan-Vorzeltes oder unserer Nähe einzutauchen. Stubenrein, oder treffender, wohnwagenrein wurde sie blitzschnell von ganz allein. Sicher wurde das erleichtert durch die vielen Aufenthalte im Freien. Das fand sie toll, hier war so viel los! Der Zirkus baute auf und ab, Leute liefen hin und her, Autos rangierten. Direkt vor uns, gleich dort wo Cassy wohnte, lebten vier Braunbären. Gab das ein Getöse im Käfigwagen, wenn die sich balgten oder ihr Futter erhielten! Daneben trabten Pferde zur Probe ins Chapiteau. Und erst die vielen anderen Zirkushunde, alle viel größer als sie oder gar Hänfling Cassy, die vorbeizogen und sie meist freundlich begrüßten! Sensationell, wenn ein paar von denen sich wieder mal prügelten, um einen aus einem Großkatzenwagen gefallenen Knochen oder irgendeine Lappalie, und daraufhin selbst Prügel bezogen von der Direktorin, zu welcher sie gehörten, mit viel Geschrei von beiden Parteien, bis sich der Tumult auflöste. Man, welch Spektakel! Welche Aufregung! Und Tiffany reckte oft den Hals um ja kein Ereignis zu verpassen! Gierig sog sie jedes kleinste Detail auf, so lernt man fürs Leben. Kurz und gut: draußen war es viel besser als im Wohnwagen zu sitzen. Allein schaffte sie es vorerst nicht auf die Sitzecke zu springen, um aus den Fenstern blicken zu können. Musste also betteln, um hochgehoben zu werden. Diese Abhängigkeit war ihr nichts. Mühevoll trainierte die kleine Hündin über den Tritt in den Caravan zu kraxeln. Zuerst richtige Anstrengung, bei den Mini-Körpermaßen gepaart mit Welpen-Tapsigkeit! Doch es lohnte! Der Überblick von dort war viel weiter und bei einer für Tiffany nicht erklärlichen Situation bot das Zuhause hinter ihr hinreichend Beruhigung. Hinaus ging`s einfacher, zwei kurze Hopser, oft, zu Anfang, mit abschließendem Sturz auf die schwarze Nase. Egal! Bald hatte sie diese Probleme überwunden und vergessen. Selbstständigkeit war Tiffany schon in den Kindertagen wertvoll. Auch das änderte sich niemals.

In jenen ersten Wochen stellte Tiffanys Größe für meine Frau und mich eine Hilfe dar: wenn wir einmal kurz nicht nach ihr sehen konnten, wurde sie in den Wohnwagen gehoben und der Tritt entfernt oder wir setzten sie in den Liegestuhl. Entkommen unmöglich. Sie musste weder angebunden noch eingesperrt werden und konnte weiterhin die Welt oder uns uneingeschränkt beobachten. Wir waren stolz auf unsere raffinierte Art der Problemlösung! Ewig würde das nicht funktionieren, das war uns klar. Ein junges, gesundes Hündchen, dazu verfressener Terrier, wächst zügig. Und wenn es dazu lernbegierig, pfiffig und bereit zu Abenteuern ist... An einem hektischen Aufbautag spielte Tiffany mit der Raupe im Vorzelt. Meine Frau arbeitete im Tierwagen, ich musste jetzt die Show-Requisiten reinigen und griff auf den Liegestuhltrick zurück. Nahm Wassereimer und Putztücher und eilte zum Requisitenzelt. Unterwegs drehte ich mich noch einmal um. Tiffany saß artig auf dem Stuhl und blickte mir hinterher: ein weißes Fellchen mit drei schwarzen Punkten, für Augen und Nase, einem links spitzen und einem rechts geknickten Ohr. Jenes wollte sich lange nicht aufstellen, erst nach einem Jahr stand es ebenso vorwitzig wie das baugleiche Gegenexemplar. Im hohen Alter knickte es dann wieder ein und erinnerte an die Welpenzeit. Ich verschwand im großen Vorzelt, vollgestapelt mit Requisiten der verschiedensten Darbietungen des Programmes. Ganz hinten, nahe der Schleuse zur Manege, standen unsere Krokodilkästen aus Plexiglas und die Nachbildung der Riesenmuschel für die Schlangen und meine Frau zum Auftakt unserer Show. Ich wusch den Schmutz des letzten Platzes ab, bezog die Polster in den Krokodilkästen frisch und streifte Golddecken und Schutzhüllen über. Automatisierte Abläufe. Bis mich plötzlich etwas von hinten ansprang! Nun habe ich im Zirkus schon wahrhaft Seltsamstes erlebt und ich fiel vor Schreck fast in den Eimer. Blitzschnell drehte ich mich um - und traute meinen Augen kaum! Die kleine Tiffany hüpfte auf den Hinterbeinen und ihre Äugelein blitzten und strahlten: *Gefunden! Ich habe dich gefunden!!!* Und sie tollte aufgedreht zwischen den Requisiten herum: *Los, spielen!!!* Da war die Kleine vom Liegestuhl gesprungen, gewiss mit harter Landung, und über den halben

Zirkusplatz hierher gelaufen! Sie konnte vorrangig nur meiner Spur gefolgt sein, denn hier war sie nie zuvor gewesen.

Tiffany war ungemein stolz mich aufgestöbert zu haben, welch ein Erfolgserlebnis. Und ich war stolz auf sie! Zeigte ihr erst das Vorzelt, dann das große Chapiteau für 1.500 Zuschauer und die Manege mit den frischen Sägespänen. Welche Aufregung, Tiffany sah sich gründlich um. Fortan, und weil ich mich so sehr auf diesen gerade mal fünf Monate alten Vierbeiner verlassen konnte und sie mir zudem ungern von der Seite wich, durfte sie mich überall hin im Zirkus begleiten. An jenem Tag, als sie den Liegestuhl besiegte, war sie erwachsener geworden, vertraute sich und mir mehr als vorher. Jetzt kannte sie sich bald überall zwischen den bunten Wagen aus, wusste wo wer wohnt. Doch die größte Faszination übte, auch in ihrem weiteren Leben, das Zirkuszelt und die Manege auf sie aus. Da wollte sie immer zu gerne hinein. Bald lief sie nicht mehr hinter, sondern vor mir, mit kerzengerade aufgerichteten Abenteuerpinsel. Die vielen tollen Gerüche in den Sägespänen verstrahlten pure Magie für eine Hundenase und langsam lernte sie auch die zu den Düften gehörenden Tiere kennen. Unser Weg führte nun stets vorbei am Stallzelt mit den Pferden, Kamelen, Lamas, Ziegen und Schafen, dem Zelt mit den riesigen Elefanten und der langen Reihe Auflieger mit Löwen, Tigern und Bären. Welche Sensationen! Da musste man zum näher herantreten erst überzeugt werden und häufiger zwischendurch vor Nervosität die Blase leeren. Na bitte aber auch! Wie hätte man als kleiner Terrier vorher etwas derart Großes, und Lebendiges dazu, wie einen Elefanten auch nur vermuten können. Oder die Löwen! Das laute Gebrüll kannte sie, weil überall im Zirkus hörbar. Nun aber wusste sie wer es erzeugt, und das der Lärmpegel weit bedrohlicher wirkte, wenn man unmittelbar vor den kraftprotzenden Urhebern stand. Tägliche Gänge brachten Routine und Gelassenheit und die Erkenntnis, kaum etwas ist so schrecklich wie es zuerst erscheint.

Als wir Zwei einmal, kurz vor Beginn der Veranstaltung in das Requisitenzelt gingen, weil ich, wie im Zirkus beliebt, durch den Vorhang zu den sich füllenden Publikumsreihen blicken wollte, mag sich Tiffany gefragt haben wieso ich hinter dem Vorhang stehenblieb, wenn man schließlich davor besser sehen kann. So tippelte sie unten hindurch, bis hinein in die Manegenmitte und schaute sich in aller Ruhe das Publikum genauer an. Dieses reagierte entsprechend. Man rief ihr zu, lachte darüber wie sie so professionell reihum blickte und schließlich klatschten hunderte Besucher vor Begeisterung, pfiffen und trampelten auf den Holzböden. Das war dann aber doch zu viel und Tiffany trollte sich davon, sicherheitshalber im Rückwärtsgang - und um die Neugier über das Unerwartete zu stillen. Das Orchester, welches bereits zum Einlass spielte, machte einen Spaß und gab einen Tusch, dem sogleich ein Beifallssturm folgte, auf welchen zweibeinige Akteure mit umfangreicherer Darbietung durchaus neidisch sein konnten. Ich war entsetzt über das Geschehene, aber die tierliebe Direktorin, bereits im Auftrittskostüm, lachte und sprach die über das Erlebte sichtlich erstaunte Tiffany freundlich an. Nie hätte ich vermutet, dass die kleine Teufelin das jemals wieder wagen würde. Doch sie tat es. Immer und immer wieder, bei jeder sich bietenden Gelegenheit und in jedem weiteren Zirkus. Sie baute später ihr Programm gar aus. Als die länger gewordenen Beine es erlaubten sprang sie, nach dem üblichen gründlichen Kontrollblick, links auf die Piste und lief eine Runde um die Manege, auf Augenhöhe mit den in den Logen sitzenden Besuchern. Sie blieb auch schon mal stehen, wenn da gegessen wurde und sah neidisch genauer hin. Ja, sie stellte sich auf die Hinterbeine um alles zu erkennen! Am anderen Ende, je nach Laune manchmal auch vorher, hüpfte sie herunter und rannte heraus, ohne sich umzudrehen. Dieser für einen Artisten unübliche Abgang war dem Publikum völlig egal, das kleine Hündchen hatte alle erobert und erhielt immer kräftigen Applaus. Die kleine Rampensau! Was daran bereitete ihr wohl Freude?

Natürlich unternahmen wir auch Ausflüge außerhalb des Zirkus, um selbst mehr zu sehen als nur durch das Autofenster bei der Umsetzung in der Nacht. Auch das begeisterte Tiffany und sie hüpfte wie ein Gummiball, wenn nur die Autoschlüssel klimperten! Zuerst hielt sie die Spaziergänge durch Städte und Parks nicht lange durch und wir trugen sie des Öfteren. Doch wir wollten ihr zeigen, dass sie fest in das Rudel gehört und nur ganz selten alleine bleiben muss, wie beim Einkaufen oder während unserer Show.

Von Anfang an stellte für die ganz kleine Tiffany das Autofahren einen Höhepunkt dar. Sie saß auf dem Schoß des Beifahrers, wurde sicher gehalten und konnte hervorragend aus dem Fenster schauen. Aber wo sollte die Kleine bei Umsetzungen bleiben? Im Caravan eingeschlossen entfiel und bei mir im LKW ging es ebenfalls nicht. Da blieb nur: im Körbchen auf dem Beifahrersitz des Kleinbusses. Ideal fanden wir die Lösung nicht, weil es ein wenig kippelte. Tiffany jedoch besaß absolutes Vertrauen zu ihrem Nestchen, staunte ein wenig über das Gewippe, ertrug es aber tapfer. Bei den ersten Touren schlief sie gar fest ein! Bald ließen wir das Körbchen weg, denn wir fürchteten, es könnte in einer brenzligen Situation mitsamt Inhalt vom Sitz stürzen. Sie erhielt als Ersatz eine zur Mulde geformte Decke. Auch dies nahm das Hundekind gelassen, sie schlief ja soundso nicht mehr, sah jetzt viel lieber aus dem Fenster. Man sollte meinen das die nächtlichen Fahrten nicht wirklich interessante Momente da draußen boten, doch Tiffany war es alle Male wert genug um wachzubleiben. Schon die vielen vorbeigleitenden Lichter hatten wohl ihren Reiz und davon bot Belgien ja ausreichend: alle Straßen beleuchtet, einschließlich der Autobahnen und dann ist besonders Flandern von Ansiedlungen zugebaut, das Ortsausgangsschild ist oft gleich das Eingangsschild des nächsten Dorfes. Den verlorenen Schlaf holte Tiffany mit doppelter Gründlichkeit nach. Kaum hatten wir den Wohnwagen im neuen Gastspielort gestellt, bekam sie ihr Körbchen. Da stieg sie schlaftrunken hinein und ratzte durch bis in den frühen Nachmittag. Sogar das Frühstück vergaß sie dabei.

Das Autofahren blieb ihre Leidenschaft. Sie wusste den Unterschied zwischen Autoschlüssel und anderen zu erkennen, stand stets als Erste und mit aufgeregt wackelndem Pinsel vor der Fahrertür. Copilotin Tiffany.

Aus dem kleinen Fellchen wurde langsam eine Halbstarke und bellen konnte sie ja inzwischen auch. Und meckern und knurren, mit ungeahnt tiefer Stimme, wenn jemand in Wohnwagennähe kam. Richtiger Hund eben, ich war stolz. Unseren Bereich verließ sie nur bis Sichtweite allein, selbst wenn die Hundemeute des Zirkus, angeführt von den Belgischen Schäferhunden der Direktorin, beim Kontrollgang an unseren Wagen vorbei patrouillierte und Tiffany sich eingliederte, um eine Weile anerkanntes Mitglied des vielköpfigen Haufens zu sein. Sie wurde freundlich akzeptiert oder auch ignoriert, ihrer Begeisterung dazu zugehören tat Letzteres keinen Abbruch. Sie war das kleinste Bandenmitglied, denn Cassy durfte da nicht mit, die konnte bei ihrer Spillrigkeit in dem Gerangel verletzt werden und für die eitle Chico, die mit der Schleife im Haar und den immer sauberen Pfoten, für die war das nicht der richtige Umgang. Tiffany leuchtete als weißer Fleck stets mittendrin und zog die Meute auf Abenteuersuche weiter in entferntere Zirkusbereiche, stoppte sie, schaute eine Weile hinterher und kehrte nachhause zurück. Spielte die Gang Fangen, gab es stets das gleiche Bild: ein vorbeihetzendes Hundegewusel, einige Meter nichts, dann Tiffany. So sehr sie sich abplagte, mit den langen Stelzen der anderen konnte sie nicht mithalten. Wenn die eilten, musste sie bereits wetzen. Und wenn die rannten - hoffnungslos für das Hundekind. Aber Tiffany entdeckte ihren Vorteil! Tobten die anderen Hunde um die Wagen herum, glich sie ihren Abstand kurzfristig aus indem sie ungebremst unter den Wagen hindurch sauste. Das konnte nur sie, die Kleinste. Es war zu schön, ihr dabei zuzusehen, in ihrem Eifer und Glück.

Unsere vielen Rundgänge machten sie vertraut mit allen anderen Tieren, doch die meisten beachteten den weißen Klecks in der Landschaft nicht einmal. Tiffany war trotzdem interessiert, aber sie hatte Respekt, besonders vor den grauen Riesen mit den beweglichen langen Nasen, aus denen die dicken Dinger manchmal feucht nach ihr pusteten und sie hielt besser etwas Abstand. Aber Angst? Die kannte sie nicht mehr. Mit einem gewissen Grusel, aber viel Neugier, folgte sie mir zu den Großkatzen. Die rochen ja schon bedrohlich, brüllten laut und standen, bedingt durch die Höhe ihrer Auflieger, auch weit über Tiffany! Wenn die ihre Mahlzeiten erhielten, dann tobte dort ein Inferno. In Erwartung der Fleischportionen sprangen sie an den Gittern empor, das die Auflieger bebten und sie brüllten schrecklicher als vorher. Dann rutschte dem Terriermädchen doch schon das Herzchen ganz nach hinten und sie sprang an mir hoch, wollte auf den Arm, denn zusehen musste sie unbedingt bei diesem Tumult! Von hier oben gab`s einen genaueren Überblick und Sicherheit obendrein. Man weiß ja nie! Im Gegensatz zu den anderen Hunden ist sie niemals innerhalb der Besucherabsperrung an Raubtierwagen herangegangen, um zu schnuppern oder nach heruntergefallenen Knochenresten zu suchen. Das war ihr nicht geheuer, die Riesenkatzen so über ihr. Wie die sich immer aufführen! Womöglich sehen die Unholde in ihr einen leckeren Zusatz-Snack. Nein, also...! Da gingen wir doch lieber in den Pferde- und Exotenstall. Hier war es ruhiger und der herrliche Geruch... Zu gerne nahm Tiffany davon nicht nur ein Näschen, sondern als Erinnerung auch ein Fell voll mit nachhause. Wälzte sich hingebungsvoll im frischen Stroh und lieber, ach viel lieber in dem mit Pferdemist. Einmal achtete ich nicht genug auf sie, da war`s passiert und die weiße Terrierin mit bräunlicher Scheckung eingefärbt. Tiffany bekam Ärger von mir, ich von meiner Frau. Derart getönt und parfümiert ging es nicht in den Wohnwagen, sondern in die Wanne. Wieder eine neue Erfahrung! Ich trug die duftende Zwergin in unser warmes Badeabteil. Dort ließ sie sich artig in die Wanne stellen, nicht wissend was nun über sie hereinbrechen würde. Woher denn auch? Wenig später aber stand es bald bauchtief im Wasser, das Schmuddelkind, und die braunen Augen quollen hervor, bis dicke weiße Ringe sie umrahmten. Nie hätte Tiffany vermutet, dass es so viel Wasser in der ganzen Welt zusammen geben könnte. Ich duschte sie vorsichtig mit wohlig warmen Wasser, schamponierte die kleine Stinkbombe und spülte gründlich nach. Mit sinkenden Wasserstand rutschten auch die Augen wieder in die naturgegebene Halterung zurück. Ich rubbelte sie mit dem Handtuch, das löste ihre Anspannung, das fand sie toll. Gekuschelt in ein weiches großes Badetuch schlief sie unter der warmen Luft aus dem Föhn schließlich fest ein und merkte nicht wie ich sie in den Wohnwagen trug und aufs Bett legte.

Im gemeinsamen Spiel und bei den Streifzügen erlernte Tiffany die Bedeutung erster wichtiger Begriffe. Ihren Namen kannte sie ja längst und das Wort für ihre Fütterungen. Wobei dieses eher nebensächlich war: sie wusste die Zeiten genauer als jede Uhr und forderte gegebenenfalls ihr Recht auch lautstark ein. *Sitz, Platz, Hierher, Halt, Ab nachhause!* merkte sie sich schnell. Es folgte: *Vorsicht,* als Signal mehr Respekt bei einem Abenteuer zu haben, sich einem Pferd nicht zu sehr zu nähern, einem Auto oder einem Abhang. Daneben gab es viele, viele andere Signalwörter, eher zur Beschäftigung, wie: *Schimpfen* = böse bellen, *Putz ihn/sie weg* = jemanden bellend und freundlich entgegenlaufen - und hier entschied sie ganz alleine über Lautstärke und Eifer. Es konnte auch bedeuten eine entwichene Ratte zu fangen - in so einem Fall nahm Tiffany das Kommando durchaus wörtlich. Einem Terrier liegt jagen eben im Blut. Doch ansonsten verhielt sie sich jeden gegenüber offen und freundlich, nie aufdringlich, das verhinderte die ihr angeborene Besonnenheit, was nur gut war und die gemeinsamen Jahre einfach machte. Als ausgelassener Welpe war sie wild auf alle sich bietenden Kontakte. Sie tollte oft in der Tierschauzeit draußen herum und gab man keine Acht, spielte sie begeistert mit fremden Leuten. Im Gegensatz zu jenen und auch seltsamerweise meiner Frau fand ich das nicht lustig, griff ein und holte sie zurück. Ich machte mir Sorgen! Sie war ein so niedliches Hundekind, aufgeschlossen zu jedem, wie schnell und leicht hätten man sie mitnehmen können! In einer überfüllten Tierschau wurde sie bereits nach wenigen Metern zwischen den Menschenbeinen unsichtbar! Ich erinnere mich an den Platz, wo ich Tiffany in panischer Sorge hektisch im Umkreis suchte, als sie sich nicht mehr im unmittelbaren Sichtbereich unserer Wagen aufhielt. Unbeachtet von meiner Frau war sie in die Besuchermenge eingetaucht. Endlich entdeckte ich die Kleine beim Spiel mit sich entfernenden Kindern, bereits auf der anderen Straßenseite und weit abseits des Zirkusplatzes. Mein Rufen ignorierten Tiffany und Kinder, die Eine vor Eifer und Spaß alles weitere vergessend, die Anderen womöglich nicht ohne Hintergedanken. Ich weiß nicht ob es richtig war, aber als ich sie endlich einholte, griff ich sie im Nacken, es gab einige Klapse auf das hängende Hinterteil und ich trug sie, quietschend und winselnd nachhause. Ich habe die Bilder noch im Kopf, ich höre ihre Stimme. Und immer noch tut es mir leid so grob gewesen zu sein, ich hatte aus furchtbare Sorge um sie derart gehandelt. Von da ab durfte sie zu den Tierschauzeiten nicht mehr aus dem Caravan. Mit zunehmendem Alter und wachsenden Erfahrungen legte Tiffany auf Streicheleinheiten von Unbekannten keinen Wert, sie ging einfach weg. Niemals biss sie, tat jedoch ihren Unmut mit Knurren kund. Und wenn das nicht verstanden wurde, weil da jemand meinte, sie sei ein kleiner Hund und habe sich gefälligst auch so zu verhalten und angrabschen zu lassen, dann war der Terrier in ihr da! Nicht anfassen! Sie machte ihren Unwillen durch lautes knurrendes Aufbellen, auf Abstand gehen und eisigem Fixieren deutlich. Das verstand nun jeder!

Die Namen ihres Spielzeuges kannte sie natürlich ebenfalls und brachte es entsprechend herbei. Sie lernte gleich im ersten Jahr *Mach schön* = gerades sitzen mit erhobenen Vorderbeinchen, *Rolle* = seitliche Rollen, *Tanzen* = drehen auf zwei Beinen, *Erzähl mal* = sitzend erzählend bellen - nicht kläffen - und vieles weitere. Alle Kommandos entstanden ohne jeglichen Zwang, schlicht aus der Entwicklung in einem Spiel. Tiffany lernte leicht, es bereitete uns Dreien viel Freude. Anfangs, als die Begriffe beständig mehr wurden, da verwechselte Tiffany schon mal etwas. An unserer Reaktion *Nein* erkannte sie, das sie falsch lag und korrigierte. Und geriet im Eifer mal alles außer Kontrolle, wusste sich der Terrier zu helfen: im Schnelldurchlauf sämtliches Erlernte abspulen, eins musste ja richtig sein und wurde mit *Brav, Gut, Ja* oder *Toll* von uns belohnt. Tiffany lernte ohne Mühe wichtige und unwichtige Begriffe, es fiel ihr zu. Ihre stets wachsamen Augen vermochten auch schnell Gesten zu deuten und wir entwickelten daraus eine gemeinsame Sprache. Das schüchterne Wesen vom Tiermarkt war auf dem Weg ganz genau der Hund zu werden, den ich so wünschte: anhänglich, freundlich, abenteuerlustig und mutig.

Wenn auch Tiffanys Bereitschaft den Sinn vieler Wörter und Hinweise zu verstehen groß war, blieb das Schönste am Tage doch das Toben, Spazierengehen und natürlich das Fressen. Neben den üblichen Mahlzeiten reichten wir Naschereien, welche Beiß- und Kautrieb befriedigten und als wunderbare Nebenerscheinung für saubere Zähne sorgten. Später kam das Zähneputzen dazu, mit spezieller Hundezahnpaste. Diese Zahnhygiene bewies sich als hervorragende Maßnahme: bis zum 19. Lebensjahr hatte die Kleine alle Zähne und nie Zahnstein! Die Kau-Naschereien brachten Tiffany zudem Beschäftigung und sie verschonten unsere Einrichtung. Klar, man biss und nagte hier und da mal dran herum, richtig zerstört hat sie nur einmal etwas.

Zu meinem Tagesablauf gehörte die Versorgung der für die Schlangen erforderlichen Futtertierzucht. In den Kellerkästen des Tierwagens wohnten Kaninchen und Meerschweinchen. Was erst einmal düster klingt, war es keinesfalls. Nur für die Umsetzungen schloss ich die Klappen, sonst gab es Gittertüren zu den Boxen, welche bautechnisch durch die Breite des Tierwagens bedingt, erheblich großräumiger waren, als die üblichen Kaninchenställe in Gärten. Gerne folgte Welpe Tiffany mir nicht nur zur Grünfuttersuche, sondern auch zu dieser Truppe, da war stets Stimmung! Stellte sie sich auf die Hinterbeinchen, konnte sie auf Augenhöhe die hier wohnenden Wesen beobachten. Weder die herumwuselnden, auf Vorfreude über das zu erwartende Futter laut pfeifende

Meerschweinchen-Gang, noch die wild hoppelnden Hasen fürchteten sich vor dem sie aufmerksam betrachtenden Terrier da zu ihren Füßen. Ich nahm Tiffany oft auf den Schoß, das fand sie wegen der perfekten Übersicht toll und hätte so Stunden verharren können. Naja, bis zur nächsten Mahlzeit nur, aber das versteht sich von selbst! Auch alleine stand sie häufig mit den Vorderbeinchen auf dem schmalen Bodenrand vor den Türen und musste auch schon mal auf zwei Beinen hochspringen, um tiefer hineinsehen zu können - dann, wenn die Bande da drinnen sich ganz hinten aufhielt. Das ständige Gepfeife und die ewig aktiven Gesellen faszinierten sie! Und wenn ich Tiffany dann gar bei geöffneten Boxentüren die genüsslich und völlig entspannt am Futter kauenden Hasen und Meerschweinchen beschnuppern ließ - was für eine Begeisterung. Da wackelte das Schwänzchen und sie fiepte, das konnte sie inzwischen. Die Zeit der Stille lag hinter ihr. Eines Tages setzte ich die Kleine in eine Box. Sie war hingerissen, kontrollierte den Stall und jeden Bewohner ohne Jagdinstinkt, nur mit dem ihr eigenen freundlichen Interesse Neuem gegenüber. Besonders angetan hatte es ihr der weiße Rammler Rudi, der war von fast doppelter Größe wie das Hundekind, aber ebenso unbefangen zu ihr. Die zwei nebeneinander zu sehen bot einen lustigen Anblick. So bürgerte es sich ein das Tiffany die einzelnen Boxen besuchte, während ich säuberte und fütterte. Ein absoluter Terrier-Spaß. Ganz anders wurde die Situation aber, wenn ein unvorsichtiger Junghase oder ein Schweinchen aus der Box fiel! Dann schlug die Stimmung sofort um, dann war Tiffany Jagdhund durch und durch! Wir hatten Mühe die Wildgewordene zu bändigen und ihr beim Fangen zuvor zu kommen. Da war`s vorbei mit Freundlichkeit und Vorsicht. Sie war flink, nicht nur beim Fassen des Entflohenen, auch beim Töten. Das blieb auch so, in ihrem langen Leben. Richtiger Hund...

Als ähnlich aufregend erwies sich die Fütterung der weißen und bunten Ratten. Tiffany folgte mir auch hierher, überhaupt hielt sie sich bevorzugt bei mir auf: da gab`s immer Abenteuer und man wurde nicht gegängelt, wie beim Frauchen *Du machst dich schmutzig, komm her!* oder *Das darfst du nicht, komm her!* Also, die Ratten, das war schon was, überhaupt der ganze Raum wo sich die Käfige befanden! Die standen nämlich auf der überdachten Ladefläche des LKW, neben allerlei Kisten und Material. Was konnte man da rumstöbern! Die Ratten, als Futtertiere für die Schlangen, ließen sich anfassen. Sie waren gewöhnt, ab und an eine Leckerei durch die Gitter gesteckt zu bekommen. Dabei hatte es sich als Ratte bewährt, möglichst schnell zu zupacken, um als erster den Schatz zu erwischen. Das wurde Tiffany zum Verhängnis. Nichts Böses ahnend, trat sie beim ersten Mal schwanzwackelnd und freundlich an das Völkchen heran, um dann wie bei den Meerscheinchen und Hasen zu schnuppern. Die Ratten betrachteten die Situation aus einem anderen Blickwinkel, machten keinen Unterschied zwischen Keks und gegen das Gitter gepresste Hundenase und zwackten umgehend beherzt hinein. Tiffany sprang entsetzt mit allen Vieren hoch, ging auf Abstand und grübelte was sie wohl falsch gemacht haben könnte. Und als sich der junge Terrier auch beim zweiten Kontaktversuch eine blutige Nase holte, war es vorbei mit der friedlichen Gesinnung! Welch ein Pack da drinnen, mit so viel Boshaftigkeit! Tiffany zeigte Wut und Kampfbereitschaft.

Von jenem Tag blieb dieser Hass. Keine Ratte, auch keine richtig große und wilde, entkam ihr. Nie wurde sie je wieder von einer gebissen. Jetzt biss sie zu, blitzschnell, gezielt und tödlich. Tiffany folgte mir weiter auf den LKW um zu stöbern, zu beobachten und dem verachteten Gesindel da in den Kästen, mit wenigen Zentimetern Distanz am Gitter stehend, laut kläffend ihren abgrundtiefen Hass mitzuteilen. Die Ratten zeigten sich unbeeindruckt, umklammerten weiterhin mit der Vorderbeinchen die Gitterstäbe und steckten die Nasen hindurch. Ich verstand nicht, wie sie den hohen Dezibel-Pegel ertragen konnten. Ab und an musste ich bei dem sich steigernden Tumult ermahnend eingreifen.

Das Zirkusleben forderte den kleinen Hund und brachte prägende Erfahrungen. Jeden Tag Abenteuer und Abwechslung, schon im Alltag. Aber erst beim Abbau. Was gab es da nicht auf den leer gewordenen Stellflächen zu schnuppern! Die Gerüche sagten ihr deutlich, wer einmal wo stand. Und der neue Zirkusplatz, soviel Unbekanntes für eine wissensdurstige Halbstarke! Bald hielt es sie nicht mehr im Auto. Die Müdigkeit, wie noch vor wenigen Wochen bei einer Umsetzung, war der Entdeckerfreude gewichen und die Zeit des Wartens, während wir unsere Wagen stellten, erschien ihr bestimmt wie eine Ewigkeit. Sie musste sich gedulden, denn beim Rangieren der schweren Fahrzeuge war es viel zu gefährlich, wie schnell konnte da so ein Winzling übersehen werden, auch in weißer Tracht! Danach aber: Raus, raus! Wir hoben die vor Ungeduld Zappelnde aus dem Auto und los ging die Erkundung. Meist wartete schon Cassy auf ein mitternächtliches Spiel und auch die Hundegang kam immer vorbei, um zu sehen, ob wir drei auch wieder da seien. Dann drehte Tiffany mit der coolen Truppe im nahen Umkreis eine erste Orientierungsrunde. Sie blieb in der Gemeinschaft die Kleinste, gehörte aber schlicht dazu, zum Zirkuspersonal. Für uns war ihre Fellfarbe erhebliche Hilfe, um sie im Halbdunkel zu orten.

Gerne erinnere ich mich an den Tag während des Gastspieles in Brüssel. Der Great Belgium Circus stand am Atomium und hier gelang Tiffany wieder Entscheidendes. Es spielte in der gleichen Liga wie der Sieg über den Liegestuhl. Sie bezwang die hohen Treppen hinauf zum geöffneten Tierwagen. Welche Herausforderung für die kurzen Hinterbeine. Zwar war sie auf dem Arm meiner Frau schon einige Male kurz im Wagen gewesen, aber was konnte bei einem derartigen Abstecher, ohne schnuppern zu dürfen, schon im Köpfchen hängen bleiben? Ein großes Geheimnis musste da oben verborgen sein - so oft, wie wir dort täglich ein und ausgingen! Ja, gut, den Heizung- und Badbereich hinten durch eine andere Tür hatte sie notgedrungen schon kennenlernen müssen, nach der wunderschönen Aroma-Fellpflege im Pferdestall. Da legte sie auch auf eine neuerliche Besichtigung nicht wirklich wert. Aber der andere Raum, was wohl wurde da vor ihr versteckt? Nun, tatsächlich besiegte Tiffany die nicht eben Jungterrier gerechten Stufen und stand mit stolz aufgerichteten Pinsel im Tierwagen. Ich staunte wieder einmal über diesen hartnäckigen kleinen Wunderhund. Zuerst begutachtete sie ausgiebig ihren zurückgelegten mühseligen Aufstieg und danach die grandiose Aussicht. Was konnte sie von hier alles überblicken! Nein, da konnte der Türeingang des Caravan nicht mithalten, der mit seinem lächerlichen Tritt - den nahm Tiffany inzwischen mit links. Hier überblickte sie das Centrum des Zirkus, mit all dessen Geschäftigkeit und Wundern. Und die Gefährten der Hundemeute! Die waren viel kleiner, jetzt sah sie zu ihnen herab und die gafften mit erhobenen Schnauzen auf langen Hälsen nach oben. Oft erkraxelte sie von da ab alleine die höchste Stufe vor der Tür zu diesem guten und sicheren Beobachtungsposten. Mit jedem Mal leichter und schneller! In der ersten Zeit erwies sich der Abstieg als das größere Problem, aber wir waren ja bereit um zu helfen. Tiffany wäre aber nicht sie selbst gewesen, wenn sie nicht immer wieder probiert hätte. Oft kugelte sie dabei die letzten Stufen hinunter, ließ sich von derart unangenehmen Landungen aber wenig irritierten. Die Hundezwergin fand eine Lösung: nicht langsam hinunter auf einzelne Stufen steigen, weil da in einer Phase das dicke Hinterteil den Schwerpunkt gefährlich nach vorne zu verlagern droht und bei nicht genauer Balance die Purzelbäume folgen, sondern mit gewagten Schwung und ohne stoppen alle Stufen herunterhoppeln. Sie brachte es auf eine beachtliche Geschwindigkeit und ein ziemlich langes Auslaufende bis sie zum Stehen kam. Es sah zu komisch aus und wir mussten immer lachen. Doch welch Mut und welch akrobatische Leistung! Niemals hätten wir sie zu so etwas in dem Alter animiert. Tiffany jedoch war nicht zu stoppen bei ihrem Training.

Der geheimnisvolle große Raum, oben im Wagen, der erwies sich vorerst als Riesenenttäuschung. Da war nichts los! Nichts! Weder geschäftige Meerschweinchen und Hasen oder wenigstens boshafte Ratten die man bezanken musste. Nicht mal Unordnung und wundersame Gerüche. Und die Schlangen erst, welche ich ihr durch das Glas zu zeigen versuchte! So ohne Bewegung gehörten die für Tiffany schlicht zur Einrichtung. Langeweile pur. Abwechslung bot nur der Bindenwaran Nebucadnedza, zu dessen Anlage konnte sie allein hineinsehen und er bewegte sich, stieg ins Geäst oder Wasserbecken. Nebucadnedza war völlig zahm und kannte keine Scheu. Er züngelte durch den Maschendraht Tiffany ab, was sie erstaunte, aber keineswegs beunruhigte. Das war es dann auch schon. Naja... An die niedrige Holzwand mit dem aufgesetzten Zaun, als Absperrung einer weiteren Anlage durfte sie nicht heran, die war tabu für sie und mein *Vorsicht !* verwies auf eine dort lauernde Gefahr. Auf dem Arm zeigte ich ihr die drei Krokodile dahinter. Diese verharrten im Wasser und Tiffany wusste auch sie nicht einzuordnen. Dann aber bewegten sich die vermeintlichen Einrichtungsgegenstände und schwammen langsam näher. Tiffany war erst einmal sprachlos zu diesem Wunder und glotzte nur. Plötzlich spurtete "Ticaal", das Kaiman-Mädchen, von weit hinten nach vorne, sprang fauchend mit den Vorderbeinen am Gitter hoch und löste damit eine Kettenreaktion in ihrer Gruppe und bei Tiffany aus. Die einen dachten eine Fütterung verpasst zu haben, die andere erschrak maßlos und empörte sich lautstark über den Vorgang. Diese lebenden Holzstämme zeigten sich ja noch boshafter und hinterhältiger als das nasezwickenden Rattenpack! Nichts mit Freundschaft, wie mit dem Nager-Clan im Tiefgeschoss und hier besonders mit Rudi Rammler, der sie sogar putzte und die Ohren sanft beknabberte. Das hier war am obersten Ende der Ärgernis-Skala! Nun hegte die Kleine Interesse an denen da im Wasser und die verrückten Kaimane am

Hundekind - mit völlig anderen Überlegungen. Instinktiv spürte Tiffany die drohende Gefahr und sie blieb grundsätzlich auf Abstand zu dieser Anlage. Um später alleine nach den Krokodilen sehen zu können, nutzte sie den Absatz am Waran-Abteil und hatte damit Überblick ab dem mittleren Teil deren Anlage. Oder sie stellte sich auf die Hinterbeine, mit Abstand zur Trennung. Also, beide Varianten funktionierten, brachten jedoch den Nachteil, nicht zu wissen, was im nicht einsehbaren Teil unmittelbar vor ihr ausgeheckt wurde. Die Krokodile blieben ihr unheimlich und das war klug, denn einmal die Nase durchs Gitter stecken wäre schlimmer als bei den Ratten geendet. Nur unter unserer Aufsicht durfte Tiffany in den Tierwagen, niemals alleine. Als Hunde-Abenteuerspielplatz ungeeignet, mussten wir uns angewöhnen, grundsätzlich die Tür zu schließen um nur kein Unglück herbei zu führen. Bei dem vorwitzigen Terrier-Mädchen! So ist sie mit Großreptilien aufgewachsen und alt geworden und niemals gab es eine Gefahrensituation.

Der erste Sommer in Tiffanys Leben ging und der Herbst überzog das Land. Warmen Oktobertagen folgte überraschend ein Temperatursturz. Blätter verfärbten sich und regneten bunt von schnell kahler werdenden Bäumen. Das Entdeckerhündchen war nun ein halbes Jahr alt. Unsere Spaziergänge führten durch raschelndes Laub. Wie spannend! Tiffany jagte ausgelassen durch die trockenen, aufwirbelnden Blätter Phantomen hinterher oder ihrem Schwänzchen oder am liebsten mir. Das kleine Wesen war glücklich über Dinge, welche wir in der Abstumpfung der vergangenen Jahre nicht mehr bemerkt hatten. Erst durch Tiffany mit ihrer Art sich über kleinste Dinge zu freuen, kehrte die Natur in unser Bewusstsein zurück. Sie veränderte unsere Welt.

Die Temperaturen fielen, die Nächte wurden kalt. Öfter froren schon die Wasserschläuche ein und wir mussten diese abends einrollen, um am nächsten Tag wieder Wasser aus der Wand zu haben. Für den Reptilienwagen lebensnotwendig. Schläuche ein- und ausrollen wurde mein tägliches Ritual. Tiffany fand den rutschenden Schlauch ausgesprochen lustig, sie packte gerne mit an und fand es toll daran zu ziehen. Immer wieder rollte sie den halben Schlauchwagen in ihrem Übermut ab. Dann und wann musste ich reparieren, weil ihre Zähnchen Löcher in den Schlauch geknipst hatten. Das merkte ich zumeist erst, wenn sich der Wasserdruck aufbaute und die einstige Wasserzufuhr zur Beregnungsanlage umkonstruiert war. Bei Frost ärgerlich und zusätzliche Arbeit. Meckern konnte ich nur mit mir, hatte ich doch erst mit meinen "Schlauch-Provokationen" Tiffany zu solchen Handlungen motiviert...

Eine Sorge in der kalten Jahreszeit stellte die Elektroheizung unseres alten Eigenbau-Wohnwagens aus DDR-Zeiten dar. In Orten mit wenigen Spieltagen sparte der Zirkus und betrieb ein riesiges Aggregat, welches ab Mitternacht bis zum Vormittag abgestellt wurde. Da half nur ein eigener Stromerzeuger oder das zu einem nahen Haus gelegte Kabel, deren Bewohner sich einverstanden erklärten. In einer Kleinstadt standen wir außerhalb der Stadt, keine Häuser in der Nähe. Nachts wurde es richtig kalt im Caravan. Wir kuschelten uns tief in die Betten, doch konnten wir beide nicht schlafen.

Du sagte meine Frau *ob die Kleine bei der Kälte nicht frieren wird?*

Ich bin mir nicht sicher antwortete ich und dachte an das Körbchen auf dem Fußboden. *Es hat draußen gefroren und Tiffany ist doch ein Welpe.*

Ich ahnte sehr wohl, worauf sie hinaus wollte. Von Anfang an hatte ich erklärt, dass ein Hund nicht ins Bett kommt. Gut, zur Morgenbegrüßung. Ausnahme. Jedoch nicht zum Schlafen! Jetzt tat mir das Hündchen leid, dort vor der kalten Heizung und ich sagte gönnerhaft: *Lass uns die Kleine ins Bett holen, sie kann sich am Fußende zusammenrollen. Bevor sie uns womöglich krank wird.*

Meine Frau war glücklich und rief nach Tiffany. Diese hatte sich bereits schlafen gelegt, kam aber langsam und erwartungsvoll, mit vor Müdigkeit hängenden Köpfchen und Ohren, artig zu uns getapst. Sie schaffte es noch nicht aufs Bett zu springen und musste hoch gehoben werden. Zwischen unseren Füßen erhielt sie eine Decke und nun saß sie fragend da, bis die Äugelein nicht mehr offen bleiben wollten. Sie rollte sich zusammen, Beinchen angezogen, Nase unterm Schwänzchen. So schliefen wir Drei ein. Morgens war Tiffany stets als erste wach und lauerte auf kleinste Bewegungen von uns. Dann sprang sie herbei und wie ein Ping-Pong-Ball am Bett empor, um endlich den Tag auf üblicher Weise zu starten. Dieser Morgen begann anders: ich drehte mich um und hatte urplötzlich eine nasse Nase und Zunge im Gesicht und wenig später den Terrier auf dem Bauch. Von meinem *Ufff!*, wurde die dritte im Rudel geweckt und sogleich stürmisch begrüßt. Auf den Betten ausgelassen hüpfend, glücklich dass wir endlich ausgeschlafen haben, forderte Tiffany zum Spiel. Also, es war sichtlich zu schön für das Hündchen, die ganze Familie in einem großen Körbchen! Am nächsten Abend nämlich stand sie bereits erwartungsvoll vor dem Bett. Artig stieg sie auf ihre Decke am Fußende, um wieder unbemerkt in der Nacht zwischen uns bis auf Brusthöhe hoch zu krabbeln. Hier war es ja viel kuscheliger.

Den Tag darauf bauten wir in einer neuen Stadt auf und es gab dauerhaft Strom. Die Gemütlichkeit im großen Lager - beendet für Tiffany. Wir legten uns hin und löschten das Licht. Einige Zeit darauf flüsterte mir meine Frau ins Ohr: *Ich glaube die Tiffany steht immer noch vorm Bett und wartet.*

Wir sahen nach unten. Da stand sie, wenige Tapsen entfernt, um besser hoch sehen zu können, und das Schwänzchen wackelte erwartungsvoll.

Nein sagte ich streng *Nein, Tiffany. Geh` in dein Körbchen.*

Sie ging nicht. Der Pinsel senkte sich nur und wedelte nicht mehr. Aber die Augen sahen uns erwartungsvoll groß an.

Tiffany, nein! wiederholte meine Frau, und zu mir: *Jetzt müssen wir Härte zeigen. Lass uns hinlegen, irgendwann gibt sie auf.*

Sie tat es nicht!

Ewigkeiten später wollte ich vorsichtig nachsehen, meine Frau schlief auch nicht und flüsterte. *Ich bin mir sicher, sie steht noch da.*

Ja, sie stand einfach da, wie ein Stoffhündchen und verstand die Welt nicht. Was hatte sie getan, um nicht mehr beim Rudel schlafen zu dürfen? Wir beide blickten uns an, dann Tiffany, bei welcher sofort Hoffnung aufkeimte, denn die Augen wurden größer und der Pinsel wedelte zaghaft.

Na, dann komm schon her sagte ich und nahm sie hoch. Die Kleine war begeistert und musste unbedingt ihre Freude durch wildes Gehüpfe über Betten, Kissen und uns kundtun. Bis Müdigkeit sie übermannte, sie zum Fußende stieg und sich mit einem tiefen Seufzer niederlegte. Ihre Welt war wieder im Lot!

Und von da an schlief sie grundsätzlich im Bett. Tiffany pflegte sich nach Hundeart und wir bürsteten sie täglich, bei Bedarf wuschen wir schnell die Pfötchen - kein Problem. Sie wurde größer und sprang dann alleine hoch, zur Nachtruhe, oder auch fürs Nickerchen zwischendurch. Das Körbchen degradierte zum Bunker für gehamsterte Kostbarkeiten. Ich, der nicht mit einem Hund im Bett schlafen wollte, fand das wunderschön, so angekuschelt und wir behielten es bei, bis zu ihrem Fortgang.

Eines Morgens im November, als wir nach dem üblichen Gerangel die Gardinen beiseiteschoben, war die Welt weiß. Eine feine Schneedecke lag über dem Zirkus. Für Tiffany war das, was sich da vor der Tür befand, eine Sensation. Immer musste sie neugierig vor uns aus dem Caravan, jetzt zögerte sie und ließ besser mir den Vortritt. Da mir sichtlich nichts passierte, folgte sie mit vorsichtigen Schritten. Ja, man konnte darauf laufen. Man konnte das seltsame Weiß gar kosten. Und wie vorher im knisternden Herbstlaub, flitzte sie im feinen Schnee herum und wälzte sich ausgelassen. Auch für Freundin Cassy war es der erste Winter im Leben und völlig durchgeknallt wirbelten beide durch das weiße Wunder bei ihren Greif- und Balgenspielen. Sicher zu ihrem Bedauern, dafür unserer Freude, hielt der Schnee nur wenige Tage und es blieb bei diesem einen Mal in jenem Winter in Belgien.

Vor uns lagen die letzten Tourneestädte. Erneut Lüttich, dann Weihnachten und Neujahr in Gent. Dort standen wir nahe am Centrum, komplett umgeben von engen Häuserreihen und Straßen. Auf dem Chapiteau leuchteten bunte Lichterketten. Von der Kasse bis zum Restaurationszelt standen dichte Reihen geschmückter Weihnachtsbäume und das große Zelt war festlich dekoriert. Auch viele Wohnwagen zeigten Lichterketten, Kerzenbögen oder Tannenzweige in den Fenstern. Bei uns stand gar ein kleiner Weihnachtsbaum im Vorzelt. Wenn am Nachmittag die Zirkus-Restauration öffnete, verbreitete sich der Duft von gebrannten Mandeln, Zuckerwatte, frischen Popcorn und Glühwein. Am Heiligen Abend gab es eine Vorstellung, sonst wie üblich zwei. So verbrachten wir die Festtage als normale Arbeitstage und doch lag über all dem dieses gewisse Etwas, dieser Zauber, den es nur Weihnachten gibt.

Wie wohl überall, wurden auch in Gent zum Jahreswechsel schon Tage vorher Feuerwerkskörper gezündet, deren Knallerei sich auf dem Marktplatz und in den Straßenschluchten vervielfachte und unser Hundekind in Angst und Schrecken versetzte. Freiwillig setzte sie kein Pfötchen mehr vor die Tür. Einer musste mit raus und dann tippelte sie eilig bis vor unser Vorzelt um schnell ihr Geschäft zu erledigen und nichts wie zurück. Sie fürchtete sich sehr. Ganz schlimm wurde es zum Feuerwerk an Silvester. Wir betrieben nie eines, aber der Zirkus stand ja mitten in der großen Stadt Gent! Und hier brach um Mitternacht die Hölle auf. Tiffany saß als zitterndes Häufchen Elend unterm

Tisch. Sie starrte auf den Boden und reagierte auf keine Ansprache. Ihr kleiner Körper flog so stark und ihre Vorderpfötchen knickten ständig ein, dass sie kaum sitzen konnte und immer wieder mit der Nase auf den Boden stupste. Als ich zu ihr kroch, steckte sie das Köpfchen tief unter meine Jacke. Es war das Entsetzlichste, was sie in ihren neun Monaten Erdendasein erlebte, dagegen erschien sogar der Hundemarkt als harmloser Ort. Silvester blieb ihr solange ein Gräuel, bis das Gehör nachließ, dann ging dieser Schrecken.

Anfang Januar verließ der Great Belgium Circus Gent und reiste zum 14 - tägigen Abschlussgastspiel nach Charleroi. Hinter uns lagen zehn Monate Tournee und es wurde Zeit für eine Ruhephase. Überall spürte man die Saisonmüdigkeit, der Ton war rauer geworden im Zirkus. Auseinandersetzungen wegen Unbedeutendem wurden bereits zur Normalität. Nichts lief mehr so glatt wie vorher. Wegen solcher und ernsterer Konflikte hatten schon am Neujahrstag einige Artisten und Dresseure den Zirkus überstürzt verlassen. Mit ihnen verschwand auch Cassy aus der unmittelbaren Nachbarschaft und unserem Leben. Die nun in Gent und Charleroi fehlenden Darbietungen brachten neue Probleme. Ich zählte die Tage zur Abschiedsvorstellung, und war damit kaum alleine.

Und dann war es soweit. Abschied von Menschen, mit denen wir fast ein Jahr eng gearbeitet und gelebt hatten. Zum Zirkusstamm gehörten neben den vielen hauseigenen Pferden, Exoten, Großkatzen und Hunde, welche alle von dem Direktionspaar vorgeführt wurden, nur wenige fest angestellte Arbeiter. Zeltarbeiter, Kraftfahrer, Kapelle, Artisten und weitere Dresseure waren nur für die Saison engagiert. Man vermag nie zu sagen, ob man sich jemals wieder begegnet und zugegeben muss das auch nicht mit jedem sein. Aber das wiederholt sich jedes Jahr und lange Trennungsszenen gibt es nicht. Im Zirkus ist man Abschied gewöhnt. Wünsche werden ausgetauscht, dann steigt man ins Auto und braust mit angehängten Wagen davon. Bereits in der Nacht, während das Chapiteau abgebaut wurde, dröhnten Automotoren. Als Tiffany und ich am Morgen vor die Tür traten, standen neben den kahlen Zeltmasten nur vereinzelt Wohnwagen. Die Pferde wurden eben auf Transporter verladen, ihre Stallzelte eingepackt. Der Zirkus löste sich auf, für mich immer ein beklemmend trauriges Bild. Ich dachte an vergangene Monate, es war eine gute Tournee gewesen. Tiffany hielt dies sicher für eine übliche Umsetzung und wusste nicht, das viele Hundefreunde längst mit ihren Familien auf einer Autobahn unterwegs zu einem neuen Anfang fuhren. Irgendwo in Belgien, Holland, Polen, Frankreich oder Deutschland.

Wir begannen nach dem Frühstück einzuräumen. Wasserschläuche, Stromkabel, Requisiten. Meine Frau bereitete den Caravan für die Reise vor, ich senkte den Tierwagen ab, leerte die Krokodil-Poole und Schlangenbecken, feuerte den Zentralheizungskessel nach und sicherte ihn für die Fahrt. Tiffany half mir bei der Fütterung der Meerschweine und Hasen, danach musste sie in den Bus, weil wir nun die Fahrzeuge ankoppelten. Wir stiegen in die Autos und rollten hupend vom Gelände. Ehemalige Kollegen winkten uns nach, bis wir hinter der Biegung verschwanden.

Meine Hoffnung auf eine zweite Tournee mit dem Great Belgium Circus, geweckt durch konkrete Anfragen der Direktion, erfüllten sich leider urplötzlich nicht und die Absage wurden auch nicht erklärt. Einige Jahre darauf erfuhr ich zufällig von der Direktorin, dass der Grund das Verhalten meine damalige Frau war.

Der Great Belgium Circus ging in dieser Größenordnung nur noch wenige Jahre auf Tournee, verkleinerte sich, gab auf, startete erneut in kleiner Dimension. Den Kampf um ihren Zirkus und ihre vielen geliebten Tiere gab Direktorin K. Range nie auf, den gegen den Krebs verlor sie vor wenigen Jahren. Damit hörte auch der Great Belgium Circus auf zu existieren und wurde Teil der Geschichte.

Vor uns lagen zweihundert Kilometer Fahrt. Wir blieben in Belgien. Mit einem Freizeitpark hatten wir einen Engagements-Vertrag für zwei Jahre abgeschlossen. Vorrangig auf Drängen meiner Frau, welche nach bereits einem Jahr Reisen etwas "ruhiger leben" wollte. Da braute sich was zusammen, aber das sah ich zu dem Zeitpunkt nicht.

Am frühen Nachmittag würde das Ziel erreicht sein und ein neuer Lebensabschnitt beginnen. Auch für Tiffany, welche davon nichts ahnte und stolz kerzengerade auf dem Beifahrerplatz im Kleinbus saß und durch die Fenster neuen Abenteuern entgegen blickte.

Reptilien, Flusspferde und andere Tiere

Halbstark & Erwachsenwerden - Seltsame Wesen & Spielkameraden - Stachel-
schweindeserteure & Wunderbär - Monster & Maulwurfwiesen - Ende des Ge-
wohnten - Olmense Zoo & Circus

Der zugewiesene Platz im Freizeitpark war schön. Unser Fuhrpark stand unmittelbar am Chapiteau unter hohen Eichen, gleich dahinter begannen Felder. Das Leben sollte deutlich ruhiger werden in den Monaten. Ohne Umsetzungen von Ort zu Ort, kein schweres Requisitenverladen und ständig Strom und Wasser. Zwei Nachmittagsshows waren angesetzt, gleich hintereinander. Die Parkbesucher konnten den weitläufigen Zoobereich erkunden, in der großen Cafeteria verweilen, eine Bootsfahrt auf dem angrenzenden Schiffskanal bis Antwerpen unternehmen und die Zirkusveranstaltung erleben. Im Vergleich zu dem Zelt des Great Belgium Circus kam dieses hier mit maximal 500 Plätzen geradezu zwergenhaft daher, doch der Direktor hatte ein zweistündiges internationales Programm eingekauft. Als wir eintrafen, lebten bereits Dresseure aus Frankreich mit Hunden und Niederländer mit Schimpansen am Ort. Nach uns reisten weitere Artisten und Dresseure an: eine Zwerg-Clownesse mit Gänsen und Enten aus der Schweiz, Clowns und Artisten aus Polen, sowie Seelöwen aus Russland. Zusätzlich kamen belgische Artisten täglich zu ihren Auftritten. Wieder eine bunte Truppe.

Der Olmense Zoo & Zirkus konnte Busausflugsreisen organisieren, wodurch die Saison bereits Ende Februar startete. Erste Kollegen begannen mit den Proben. Wir verzichteten darauf, da unsere letzten Shows gerade hinter uns lagen. Nachdem wir uns eingerichtet hatten, fuhr meine Frau zu einem Besuch von Familie und Freunden nach Deutschland. Ich blieb bei den Tieren, zusammen mit der kleinen Tiffany.

In den folgenden Tagen unternahmen wir beide viel. Wir erkundeten das Zirkuszelt, den Wirtschaftshof und spazierten täglich in den Zoo des Parks. Das gefiel dem Terrier-Mädchen ganz besonders! Soviel unbekannte Tiere! Durch einen schmalen Gang gelangten wir schnell dorthin. Gleich hinter der Tür lag die Flusspferde-Anlage. Oft standen an diesem strategisch idealen Engpass der erwachsene Bulle "August" mit seiner

Gefährtin "Augustine", um entweder mit weit aufgerissenen Mäulern vorbeigehendes Personal anzubetteln oder zu attackieren, je nach Laune. Bei unserer ersten Begegnung war Tiffany, sie ließ mir den Vortritt weil wir unbekanntes Terrain eroberten, völlig entsetzt über die unmittelbare Nähe und Wuchtigkeit dieser unbekannten Erscheinungen. Auch eine Woche später fegt sie noch, nach längerem Zögern um die Lage zu sondieren und den geeigneten Zeitpunkt für eine Querung zu finden, wie eine Blitz und laut knurrend durch das Nadelöhr, um danach aus sicherer Entfernung von der breiten Besucherzone genauer hinzusehen, auf das Übel jenseits der Pforte. Von dort verfolgte sie, aufgekratzt hin und her hüpfend, meine Versuche der Kontaktaufnahme zu den grauen Monstern mit den riesigen Futterluken. Nun kannte sie die viel größeren Elefanten und der befellte Winzling bestaunte bei denen die gewaltigen Säulenbeine und die sich für sie im Himmel verlierenden Körpermaße in kaum fünf Terrier-Sprüngen Entfernung, wenn sie gemächlich und fast lautlos an uns vorbei zur Arbeit in die Show oder zurück in ihr Stallzelt schritten. Angst hatte sie, durch die Ruhe und Gelassenheit der grauen Riesen, dabei keine. Aber, diese Wuchtbrummen hier, zwar kleinwüchsiger jedoch unvergleichlich pummeliger, benahmen sich ja total daneben! "Augustine" boxte böse geräuschvoll schnaubend häufig über das Gitter oder rannte herbei und stieß gegen die Zugangabsperrung, das die Eisen dröhnten und schepperten. Damit präsentierten sich diese Schwabbelwesen mit je einer Tonne Gewicht und gewaltig aufgerissenen Mäulern, in welchen gleich ein paar Brote zeitgleich verschwanden, schon als unheimliche Erscheinungen für ein Hündchen mit nicht einmal sechs Kilogramm! Man bedenke: anstelle der Brote hätte es allemal locker mit einem Schnapp in die Fressluke gepasst. Na, vielen Dank aber auch! Mit dem Geprotze waren die Flusspferde vorerst beim Terrier durch. "Augustines" tägliches Attacken-Ritual strapazierte Tiffanys Nervenkostüm, doch da es ohne körperliche Auswirkungen blieb, schaffte es Gewohnheit und verkümmerte zum Bluff. Zudem fühlte ich mich ein wenig von den beiden Dicken angezogen und hielt mich dort unter der aufmerksamen Beobachtung meiner Weltenbummlerin länger auf. "August" war von einen Pleite gegangenen Zirkus in den Park gekommen, "Augustine" halbverhungert aus einem polnischen Zoo. Der Bulle ließ schnell meine Streicheleinheiten an Hals, Ohren und Maul zu, er schien sie zu genießen. Anders "Augustine", die immer wieder den Zaun rammte, mit dem Kopf nach mir boxte und gar zu beißen versuchte. Niemand vom Personal traute sich auf die Anlage. Stand dort eine Reinigung an, gab es ein Problem wenn "Augustine" sich nicht bereit erklärte freiwillig in den Stall zu gehen. Denn auf darin verteiltes Lockfutter verzichtete sie gerne zugunsten einer Machtdemonstration. Ich begann mich beliebt zu machen, klaute in der Futterküche Brot, Äpfel, Mohrrüben oder Salat als Mitbringsel für die Zwei. So kann man sich Freunde machen und irgendwann stieß "Augustine" nicht mehr nach mir, dann durfte ich sie anfassen, gar am Maul streicheln. Später gestattete sie mir den Zutritt ins Gehege, wobei ich eine gewisse Distanz zu achten hatte, sonst folgte ein blitzartiger Angriff, welchen ein Laie den schwerfällig anmutenden Tieren kaum zutrauen würde. "August" jedoch watschelte hinter mir her, ließ sich durch Drücken in diese und jene Richtung lenken und zeigte sich von ausgeglichenem Gemüt. Durch meine häufigen Kontakte mit den Flusspferden entschärfte sich auch Tiffanys Haltung ihnen gegenüber und sie stolzierte dicht am Gehegezaun entlang oder sah ihnen beim Fressen zu, bestimmt erstaunt über die Futterberge welche die Dicken schmatzend locker wegkauten. "Augustine" ihrerseits gewöhnte sich an den kleinen Hund. Bei Reinigungsarbeiten bürgerte es sich ein, mich zu holen, um die Tiere zu beruhigen und ein oder um zusperren. Ständig wechselndes Personal ist eben keine Basis für die Tierpflege, Vertrauen muss wachsen.

Gegenüber den Flusspferden lebten Straußenvögel. Die zeigten sich von dem weißen Fellkobold fasziniert und rannten uns am Zaun hinterher. Tiffany fand das klasse und stellte fest, dass man mit den großen Federzweibeinern sogar spielen kann. Sprang sie am Gitter bellend auf und ab, dann rannten die Nandus mit abgewinkelten Flügeln und verrückt schwenkenden Köpfen auf unendlich langen Hälsen in wilden Tänzen auf der Anlage einen Kreis. Das steckte offensichtlich an: Tiffany raste ebenso durchgedreht herum. Trafen sich alle am Gitter wieder, begaffte man sich eine Weile, dann ging es von vorne los. Also, die mochte Tiffany. Bis zu jenem Tag, als ein Unhold unter den befiederten Schnellläufern durch eine Zaunlücke nach ihr schnappte. Nur mit einem beherzten Sprung in die Luft wie ein Hase, konnte sie verhindern ins Hinterteil gezwickt zu werden und ließ nur ein paar Haare im Schnabel. Tiffany konnte nicht wissen, dass die dreisten Nandus fürs Zuschnappen berüchtigt waren, entweder um aus reiner Neugier an etwas zu zupfen oder auf Diebestour nach etwas geglaubt Fressbarem. So mancher Besucher machte damit Bekanntschaft und verlor Popcorntüte, Eis, Handtasche oder Brille. Es war übliche und geübte Praxis bei den Laufvögeln. Tiffany nahm den Schnappversuch aber sehr wohl persönlich, kündigte die Freundschaft und strafte das freche Volk ab sofort mit Missachtung derer Anwesenheit. So nicht mit dem Terrier, so nicht! Da konnten die ihre Hälse egal lang recken und ihre durchgeknallten lustigen Tänze aufführen! Einen leichten Hingucker, so beim Vorbeilaufen, gut, den war das schrille Schauspiel schon wert. Mehr aber nicht!

Es lebten schließlich viele, viele andere Tiere im Zoo und bald standen die Affen in der Beliebtheitsskala ganz oben. Die flinken Gesellen ließen sich auch gerne herausfordern und erwiderten Tiffanys Spielangebote. Unsere Sympathie galt aber nur den Pavianen, Gibbons, Kapuzinern und Rhesusaffen. Die Schimpansen verloren sie bereits am ersten Tag. Am frühen Vormittag hielten sich keine Besucher im Zoo auf. Als ich die Menschenaffen im Außenkäfig entdeckte, steuerte ich umgehend dorthin. Tiffany, wie üblich bei neuen Wegen, blieb hinter mir. Sie war eben klug, schickte mich besser vor. Während ich mich der Besucherabsperrung näherte, zogen sich die Schimpansen in die hinterste Ecke zurück. Ich vermutete, sie warten auf Einlass in die warmen Innenräume. Nein, Irrtum! Was jetzt folgte war professionell und das Ergebnis unendlicher Erfahrung. Ein Schimpanse rannte auf den Hinterbeinen herbei, sprang unmittelbar vor mir am Gitter hoch, rüttelte mit Füßen und einer Hand wild daran und schleuderte mit der anderen eine Ladung Dreck und Abfälle zielgenau nach mir. Ich besaß nicht Tiffanys

Reaktionstempo, die meterweit davonflitzte. Treffer! Ich bekam den gesamten Unrat ab. Die verzogenen Affen bejubelten den gelungenen Erstschlag mit lautem Gekreische und stampfenden Kriegstänzen. Tiffany, weit hinter mir, hatte sich nach dem ersten Schrecken gefasst, tobte vor Zorn und bellte wütend nonstop. Während ich mich schüttelte, sprang der zweite Schimpanse hinten auf. Doch da gab ich ähnlich wie Tiffany tüchtig Fersengeld. Ich befürchtete, die Wurfgeschosse könnten Übleres als nur Dreck sein. Nicht zu Unrecht, wie ich später von den Pflegern erfuhr. Bei meinem Sprint aus dem Wurfbereich erweiterte Tiffany zeitgleich umgehend ihre Distanz. Als ich stehen blieb und mich reinigte, lief sie herbei und musterte mich interessiert. So etwas hatte sie noch nie erlebt! Ich schimpfte laut und mein Hündchen pflichtete mir weit gründlicher bei. Das Gegröle der Schimpansen übertönten wir nicht. Nie wieder haben wir sie besucht, das gelangweilte Schmuddelpack.

Die Kleinaffen waren uns lieber, besonderes die zwei unheimlich fetten Rhesusaffen, welche sich tagaus-tagein richtig über das Hündchen ärgern konnten. Meist erwarteten sie uns schon auf dem höchsten Aussichtspunkt. Kamen wir in ihre Nähe, hüpften sie ans Gitter und schimpften und keiften, ohne dass wir irgendetwas provozierten. Das Hundemädchen merkte sehr schnell, das keine Gefahr bestand. Der Käfig zeigte den Fettleibigen die Grenzen, Wurfgeschosse flogen hier keine und überhaupt: die waren viel kleiner, nicht pechschwarz mit Fratzengesichtern und ihre Laute nicht ohrenbetäubend schrill. Die Äffchen kletterten nebeneinander im Eiltempo meckernd an den Stäben hoch und runter und hoch und runter. Mit unsagbarem Eifer und Durchhaltevermögen und nur unterbrochen vom Grabschen durch das Gitter und Grimassen schneiden. Wir zwei sahen einfach nur staunend zu und folgten mit den Köpfen der Artistik. Hoch und runter. Hoch und runter. Ließen Tempo und Gezeter der Äffchen zu wünschen übrig, schritt Tiffany langsam an der Absperrung entlang. Das reichte und die mobbeligen Rhesusmädels steigerte sofort die Geschwindigkeit. Gitter hoch, Gitter runter...Blieben sie sitzen, sprang die kleine weiße Teufelin bellend an den Besucherzaun und das Spiel startete neu. Man konnte sich darauf verlassen, wie mit einem Tastendruck bei einem Computerspiel. Meist unterbrach ich schließlich, aus Respekt vor der enormen Körperfülle. Diese täglichen Spektakel waren reine Show, die Zwei hatten Spaß daran, es brachte Abwechslung in ihren trostlosen Winzig-Käfig und dem monotonen Leben. Ich überraschte sie regelmäßig mit Zweigen, als Beschäftigung zum Zerbrechen und Zerpflücken und zum Fressen der Blätter und abgepuhlten Rinde.

An den Freizeitpark grenzten Wiesen, ein schmaler Waldstreifen und der Schiffskanal. Ideales Gelände für Tiffany und mich. Und weil es vom Park dorthin kein Tor gab und der Weg außen herum weder schön noch nahe, kletterte ich stets über den Objektzaun. Auf der anderen Seite zog ich den Maschendraht hoch und Tiffany kroch hindurch. Wir hatten da schon bald unsere ausgenuddelte Stelle! Sehr ängstlich verhielt die Kleine sich im wild verwachsenen Wald. Hinter jedem Baum vermutete sie Ungeheuer. Sie klebte so dicht an meinen Fersen, dass sie häufig darüber stolperte. Ja nicht den Anschluss verlieren, an diesem verwunschenen Ort voller Dämonen. Einmal, das Hundekind war kurzzeitig abgelenkt, gelang es mir mit großem Schritt hinter einen Baum am Wegesrand zu verschwinden. Als Tiffany mich nicht sah, brach sie in Panik aus, rannte den Waldweg ein Stück zurück, sah sich hektisch um und flitzte heimwärts in Richtung Park. Nein, soweit konnte ich wohl doch nicht gekommen sein! Vielleicht war ich gar schon weiter gegangen? Sie stoppte und drehte sich wieder um, blickte in meine Richtung und erneut in die andere. Plötzlich als kleiner Hund allein im tiefen Forst zu stehen, versetzte ihr solchen Schrecken, das sie nicht ihre so toll funktionierende Nase nutzte. Das brachte nämlich das Problem einer eingeschränkten Sicht, das schwarze Ding am Boden! Und das bei den vermuteten Monstern ringsherum! Nein! Besser nicht! Stattdessen drehte sie sich kopflos mal in diese, dann die andere Richtung, stellte sich gar auf die Hinterbeine - wegen des weiteren Horizontes. Ich beobachtete sie die ganze Zeit hinter meinem Baum, Tiffany bemerkte mich nicht. Irgendetwas musste ihr dann eingeflüstert haben, das ich nicht auf dem Rückweg sein konnte und sie entschloss sich tapfer auf dem schmalen Pfad tiefer in den Wald des Grauens zu laufen. Mit hängendem Schwänzchen, angelegten Ohren und panisch nach links und rechts sehend, trappelte sie hastig einen Meter entfernt an meinem Baum vorbei, rein in den gruseligen Tann. Zehn Meter weiter stoppte sie, um besser doch in Richtung zuhause zu galoppieren. Nun tat die Kleine mir leid, ich wollte ihr entgegen gehen, trat hervor und sprach sie an. Da war sie in ihrer Eile schon wieder kurz vor meinem Baum. Tiffany, die im Halbdunkel der Bäume und Sträucher so überhaupt nichts Gutes vermutete, erschrak fürchterlich über die hervortretende Gestalt, kreischte auf und beschleunigte auf vollen Schub. *Raus aus den Wald! Bloß raus! Und besser nicht umdrehen, nur weg!* Mich hatte sie nicht erkannt. Ich rief, ich schrie ihren Namen, weil sie sich weit entfernte. Schließlich rannte ich laut rufend hinterher. Endlich blieb sie stehen und drehte sich um. Wir befanden uns bereits auf Höhe des Parkzaunes, kurz vorm Schlupfloch. Jetzt erkannte mich die Zwergin, bellte auf und raste herbei, dass ich meinte, sie müsse bald vom Boden abheben. Sie sprang an mir hoch, umrundete mich stürmisch und sprang immer wieder an mir empor. Welche Last fiel dabei von ihr ab! Sie war doch noch ein Hundekind, nicht einmal ein Jahr alt! Von da ab hängten wir an unseren Zoobesuch immer einen Waldgang an und die wilde Natur verlor ihren Schrecken. Mich hinter Bäumen suchen und jagen wurde ein Riesenspaß. Nun setzte sie auch ihr Näschen ein, für den richtigen Weg! Die Monster hatten sich verflüchtigt.

Im Winter lagen die Wiesen öde und kahl. Ideal für das beliebte Ballspiel. Wir tobten, bis Tiffany sich auf den Bauch warf und alle Viere von sich streckte. Bis dahin brauchte es jedoch viele weite Würfe. Woher nahm dieser Hundezwerg nur die Kraft? Manchmal spazierten wir am Kanal zurück in den Park. Da waren die vorübergleitenden Binnenschiffe der Renner. Langsam dümpelten sie schwerbeladen mit großem Tiefgang in Richtung Antwerpen. Dann blieben wir stehen und blickten zu ihnen hinüber. Reisende wie wir. Oft winkten uns freundliche Menschen zu und riefen einen Gruß übers Wasser. Das galt uns, das wusste auch Tiffany, denn sie wedelte mit dem Pinsel. Meist wohnten Hunde auf den Schiffen und beide Parteien tauschten Neuigkeiten aus und schauten einander lange nach.

Diese Ausflüge sind meine schönsten Erinnerungen an Belgien. Auch wenn die Wege keine große Abwechslung boten, allein die Jahreszeiten brachten viele Veränderungen.

Im Frühjahr prägten Maulwurfshügel die Wiesen. Viele freiwillig auferlegte Schachtarbeiten für Tiffany. Sie grub und baggerte sich durch die halbe Wiese. Bei einer frischen Spur wühlte sie so tief, bis nur das Hinterteil mit dem aufgesetzten Pinsel aus dem Loch ragte. Der Jagdinstinkt war geweckt und auch wenn sie nie einen lackschwarzen Unterweltler erwischte, ihr Eifer blieb ungebremst.

Im Sommer wuchs das Gras mächtig hoch, das Ballspielen wurde unmöglich. Bis an die Hüften reichte der herrliche Wildwuchs. Tiffany sah nicht mehr, als das was direkt vor ihrer Nase lag und um sich besser zu orientieren sprang sie regelmäßig mit allen Vieren federnd in die Höhe wie eine Antilope. Oder sie stellte sich auf die Hinterbeine und äugte wie ein Hase über das Gras. Zumeist verließ sie sich aber auf ihr Riechorgan, um zu erfahren, in welche Richtung ich denn unterwegs war.

So wuchs Tiffany in den Kindetagen in freier Natur auf und stets ohne Leine, nur mit einem Halsband mit Kapsel, welche einen Zettel mit unserer Adresse und Telefonnummer einschloss. Sie kannte keine Häuserschluchten einer Stadt, musste sich nicht mit anderen Hunden um die wenigen Bäume streiten, nicht auf Bürgersteigen um öde Blocks laufen. Wann immer sie wollte, durfte sie ins Freie. Die Tage waren übervoll mit Abenteuern! Neues, immer wieder! Sie wurde körperlich und geistig stark gefordert und dies prägte Tiffany für ihr ganzes Leben.

Als meine Frau aus Deutschland zurückkehrte, hatte "ihr" Hündchen viel gelernt. Tiffany kannte sich in Park und Umgebung bestens aus und konnte stolz zeigen wo es lang geht, zu den interessantesten Wegen und schönsten Wiesen. Sie war immer noch ein Hundekind, aber jetzt lief sie voraus!

Kurz vor ihrem einjährigen Geburtstag erfolgte der ersten Tierarztbesuch in einer Praxis. Wir wollten eine gründliche Untersuchung und Impfungen waren fällig. Voller Tatendrang betrat unser Hündchen, artig an der Leine, was für sie auf Ungewöhnliches hinwies, den Warteraum der Arztpraxis. Da saßen Hunde mit ihren Zweibeinern und sahen dem kleinen Neuankömmling entgegen. Diese kannte keine Scheu und begrüßte alle freundlich mit Schwänzchen wedeln und Beschnuppern. Die Wartezeit überbrückte Tiffany mit Besichtigung des großen, mit viel Pflanzen gestalteten, Raumes. Als wir aufgerufen wurden, lief sie vor uns in das Behandlungszimmer. Ohne Argwohn und offen wie sie war, begrüßte sie den ihr unbekannten Doktor und seine Assistentin wie alte Bekannte. Die schnupperten zwar seltsam, zeigten sich aber freundlich, denn die Kleine wurde gestreichelt und geknuddelt. Und dann gab es auch prompt Überraschungen: einen kleinen Begrüßungskarton mit Dosenfutter für junge Hunde und verschiedensten Proben von Naschereien und, viel besser, leckere Kaustreifen, gleich so, zum Genießen. Danach setzte ich Tiffany auf den Behandlungstisch und der Doktor tastete sie behutsam ab, untersuchte Haut, Augen, Ohren und Zähnchen. Tiffany fand es toll, derart im Mittelpunkt zu stehen. Zum Schluss gab`s die Spritze, welche sie kaum bemerkte und ganz artig stand. Damit "verdiente" sie sich erneut lobendes Krabbeln und weitere Kaustreifen. Sie lernte weiter nur freundliche Tierärzte kennen, unsensible Viehdoktoren habe ich auch mit bereits aufgezogener Spritze und passenden Worten stehengelassen. Damit ging sie stets ohne Scheu zum Doktor. Wovor sollte sie sich fürchten?

Später dann, viele Jahre, 18 Jahre später, in den letzten Monaten ihres Lebens nahmen die Tierarztbesuche zu, wurden sehr häufig und unangenehm. Da wollte sie nicht mehr in eine Praxis hinein und ich musste die kleine, gebrechliche Alte tragen, welche sich fest in meine Arme schmiegte.

An einem Vormittag liefen, unter Leitung der Direktion, die Generalproben für das Programm und am nächsten Tag startete die Saison. Der übliche Zirkusalltag begann. Für uns war es leichter, als im Jahr zuvor. Ich musste die Reptilien nur wenige Meter vom Tierwagen in das Requisitenzelt tragen, um sie dort in die Showbehältnisse zu legen. Bei den Körpergewichten einzelner Tiere ein spürbarer Gewinn. Schon vor gut zehn Jahren hatte ich mit der Haltung von Reptilien begonnen. Zu Anfang mit Riesenschlangen als Haustiere im Wohnwagen. Damals reiste ich bereits Jahre mit der großen Elefantengruppe des Zirkus Aeros, meinem Stammbetrieb beim Staatszirkus der DDR, durch halb Europa. Dann lernte ich meine Frau kennen, gab das Reisen vorerst auf und wir beschlossen eine eigene Reptilienshow aufzubauen und der Bestand wuchs um weitere Riesenschlangen und Krokodile an.

Insgesamt liefen die Veranstaltungen dort im Olmense Zoo & Circus schlecht. Das Publikum war in dem Park eine anderes als im Zirkus. Dieser stellte eben nur einen Teil des Angebotes dar und so war Laufpublikum mit entsprechender Unruhe vorprogrammiert. Oft war es ein Kommen und Gehen im Chapiteau. Ich setzte durch, das während unserer Show die Eingänge kurzzeitig geschlossen blieben, um Ruhe für die Arbeit mit den Krokodilen zu wahren. Manches Mal, bei schlechtem Wetter, blieben die Besucher aus und die Artisten der ersten Programmdarbietungen standen dann im Kostüm und warteten, ob gespielt oder abgesagt wird. Wir anderen beobachteten erst einmal. Besonders uns blieb Zeit, da wir erneut als Schlussnummer auftraten. Bereithalten mussten wir uns alle, denn wenn auch nur eine Familie das Zelt betrat, lief die Veranstaltung. Die Leute hatten mit dem Eintritt für alle Attraktionen bezahlt. Anders als bei Wanderunternehmen, wo erst dann gearbeitet wird, wenn die Einnahmen wenigstens die Ausgaben decken, musste im Park zu ausgeschriebener Zeit die Show laufen. Es war hart und demotivierend, vor eine Handvoll Leute sein Bestes zu geben. Viel Freude an der Arbeit ging verloren. Mir fehlte das Reisen und ich dachte oft an die Stimmung in den vollen Chapiteaus des Zirkus Aeros mit seinen 2.500 Plätzen und an die immerhin 1.500 im Great Belgium Circus.

Hier baute sich fast bürgerlicher Alltag auf, ein Tag wie der andere. Ohne Abendveranstaltung blieb Zeit für viele Grillabende vor dem Wohnwagen. Es war herrlich, vor dem Feuer unter den mächtigen Eichen zu sitzen. Auch Tiffany liebte diese Stunden. Weniger wegen der rauschenden Bäume vermute ich, wohl eher wegen des Bratenduftes und der abfallenden Köstlichkeiten. Bereitete ich den Grill vor, saß sie schon neben mir und sah mir sehr genau zu. Ihr Ärgernis waren nur die immer wieder auftauchenden Hunde. Die konnten sonst gerne zu Besuch kommen, aber nicht zum Grillen! Das war alleine ihr Fest. Wie in der Branche normal, lebten hier ebenfalls viele Hunde. Mit allen war sie gut Freund, doch beim Grillen zählte das für Tiffany nicht. Der Duft zog natürlich andere Vierbeiner in Scharen an, also viel Arbeit für den Terrier. Sie belauerte abwechselnd Grill und den schmalen Zugang zu unserem kleinen Hof. Schob sich dort eine lange Fellnase um die Ecke, fegte Tiffany wütend tief knurrend und bellend dahin, um den unerwünschten Zaungast wenigstens für die nächsten Minuten zu vertreiben. Sie zog das mit beeindruckender Selbstsicherheit durch, dabei war sie, wieder einmal, die Zweitkleinste auf dem Platz und 15 Monate jung. Doch alle respektierten sie. Niemals betrat ein Hund unseren Bereich, wenn wir dort am Feuer saßen. Selbst ihre beste Freundin Dunja, ein lustiger kleiner Mix von polnischen Artisten, hatte dann keinen Zutritt. Ansonsten verbrachten die Zwei den halben Tag zusammen. Sie besuchten sich gegenseitig bei den Wohnwagen und zogen gemeinsam über den großen Wirtschaftshof und durch den Wagenpark oder tollten wild herum. Eine berührende Tierfreundschaft, gleich vom Tag der ersten Begegnung an. Sie hielt die Saison. Danach fuhr das polnische Hundemädchen mit ihrer Familie über Winter zurück in die Heimat und als sie im Frühjahr wiederkehrte, taten beide als hätten sie sich nie gesehen und ignorierten einander völlig. Wir wunderten uns sehr über diese krasse Wendung.

An einem jener gemütlichen Abende begannen wir spät mit dem Grillen und saßen lange draußen. Es war tiefdunkel, als wir essen konnten und wir zogen uns in das beleuchtete, bis auf den Eingang verschlossene, Vorzelt zurück. Durch die Panoramafenster sahen wir die Glut der Kohle, deren Licht die nahen Bäume, Büsche, LKW und Tierwagen rötlich flackernd bemalte. Plötzlich huschte in dem schwachen Schein eine dunkle Gestalt am Fenster vorbei. Ich dachte an den großen Hund von nebenan, der die Gunst von Tiffanys Abwesenheit, sie saß ja nun bei uns neben dem Tisch, nutzen und nach Resten suchen wollte. Im gleichen Moment stutzten wir, denn Tiffany knurrte tiefer als sonst, starrte zum Eingang, lief aber nicht hinaus. Nein, das konnte auf keinen Fall ein Hund sein! Das war eine ihr unbekannte Bedrohung. Ich kramte nach der Taschenlampe, als der Schatten erneut am Zelt erschien, nun nicht vorbei lief, sondern vor dem Zelteingang verharrte. Dann trat das Wesen zu uns herein. Wir glaubten zu träumen und Tiffany verschlug es das Knurren! Da stand ein ausgewachsenes Stachelschwein. Der Neugierige blickte in die Runde, klapperte drohend unsicher mit den Zähnen, rasselte tüchtig mit dem Stachelkleid, legte den Rückwärtsgang ein und tauchte in der Dunkelheit unter. Wir liefen auf den Hof, Tiffany sofort knurrend und bellend nebenher. Nein, wir enttäuschten sie, hier durfte sie nicht mit. Das war viel zu gefährlich. Meine Frau packte das widerborstig zappelnde Hundetier, setzte es in den Caravan und schloss die Tür. *Ja, so etwas aber auch! Jetzt wo es spannend wird und die Jagd beginnt!* Tiffany tobte vor Wut im Wagen hin und her, rauf auf die Sitzecke zum Fenster, wieder runter zur Tür und erneut hin und her. Wir hörten ihr Getrappel, untermalt von lautem Bellen und verzweifeltem Jaulen. Dieses eine Mal ging es mit ihr durch, denn während wir auf Stachelschwein-Suche zogen, riss sie vor Enttäuschung über das entgangene vermeintliche Lynchkommando die Lederverkleidung der Innentür in Fetzen. Wir stöberten derweil mit Taschenlampe vier Stachelschweine zwischen unseren Wagen auf. Die Tiere hatten sich unter dem Gehegezaun durchgegraben, waren auf Nachtwanderung in den Zoo getrippelt und durch den schmalen Gang mit einladend geöffneter Tür, an den Flusspferden vorbei, auf dem Wirtschaftshof angelangt. So zogen sie irgendwann an uns vorbei. Wir schlugen Alarm, um mit vereinten Kräften die wehrhafte Rasselbande einzufangen. Nur im Schein von Taschenlampen und bei den vielen Versteckmöglichkeiten in Gebüschen, Kistenstapeln, unter Wohnwagen, Transportern und Autos erwies sich das als ausgesprochen schwierig. Das der Zoo nicht einmal einen großen Kescher oder ein Fangnetz besaß, verschob die Erfolgschancen zusätzlich zugunsten der Stachelschweine. Und zu viele unerfahrene Helfer verbessern die Lage auch nicht. Nach Fehlversuchen gelang es mühevoll zwei Ausreißer in eine Ecke und dort in Kisten zu treiben, der Rest nutzte diese Aktionen zum Unsichtbarwerden. Am folgenden Tag zeugten Spuren von ihrer Anwesenheit im Zoo, die Tiere selbst blieben unauffindbar. Vier Tage später gelang es einem auf Lauer liegenden Pfleger das Duo zu stellen. Die Stachelschweine machten es ihm leicht: sie hatten genug erlebt, waren des Freiganges überdrüssig und wollten in die Sicherheit ihrer Anlage zurück. Auch Tiere wissen Bequemlichkeit zu schätzen! Was ist all die scheinbar große Freiheit wert, wenn man mühevoll nach Futter suchen muss, soviel verschiedene Köstlichkeiten wie im Zoo jedoch trotz größter Anstrengungen nicht aufzutreiben sind. Spätestens dann versteht man von einer Abhängigkeit in eine andere geraten zu sein. So ist das im Dasein: man begehrt das was man ständig sieht und hat man es, dann ist es auch nicht richtig. Die schon in der ersten Nacht eingefangenen Artgenossen lebten in der rückwärtigen Hauptanlage, die Tür zum Vorgehege stand offen. Da trippelte der Truppenrest alleine hinein und der Pfleger zog hinter ihnen in aller Ruhe die Tür zu.

Im Spätherbst schloss der Zoo & Circus seine Pforten für die Saison, nur an Wochenenden blieb der Zoobereich geöffnet. Wie die anderen Dresseure mit ihren Tieren überwinterten auch wir im Park. Die Artisten hingegen reisten nachhause. Wir Verbliebenen arbeiteten täglich einige Stunden im Zoo, um die lange Durststrecke bis März zu überbrücken. Und wie einst nach dem Saisonende, sehnten wir uns nun nach dem Saisonstart mit Hoffnungen auf besser besuchte Zirkusveranstaltungen. Sie sollten nicht erfüllt werden und für mich kam es im neuen Jahr ziemlich dick.

Die kurzen Tage der Wintermonate vergingen ruhiger und gleichförmiger als die Monate davor. Einzig die wundervollen Ausflüge mit dem niedlichen Hundekind, das schon richtig erwachsen sein konnte und so ausgebufft, waren eine Abwechslung und nie langweilig. Für ein paar Tage nur fiel Schnee, das zweite Mal in Tiffanys Leben. Auf den verschneiten Wiesen sprang sie voller Lebensfreude wild herum, machte "verrückter Hund", spielte Greifen mit Phantomen und uns, wälzte sich, sauste Schneebällen nach, welche uns die Bälle ersetzten und zerbiss sie. Entdeckten wir Hasenfährten, verwandelte sich die Kleine zum Jagdhund. Regelmäßig spürte sie die sich hinter verdorrten braunen Grasbüscheln abduckende Tiere auf. Das war der Höhepunkt. Sie raste den flüchtenden Hasen hinterher, war aber mit den ihr von Geburt mitgegebenen kurzen Beinchen ihrer Rasse bei den Sprüngen und geschlagenen Haken chancenlos. An ihrem Jagdeifer änderte das wenig. In diesen Situationen lernte sie nie zu weit fortzulaufen. Niemals verlor sie bei der Hatz die Orientierung, nach einer gewissen Distanz stoppte sie und kehrte zurück. Wir forcierten das mit Rufen und, wenn sie wieder bei uns war, mit Naschereien. Selbst im Unterholz des Waldes, da fürchtete sie sich ja längst nicht mehr, blieb sie stets mit uns in Kontakt und ließ sich regelmäßig sehen. Den Rufen folgte sie umgehend. Tiffany machte es einfach sie zu erziehen.

Im März rückten nach und nach die Artisten wieder an und brachten mehr Trubel auf den Hof. Es gab viel zu erzählen und auch die anwachsende Hundeschar war ganz aufgekratzt, gemeinsam empfing man anrollende Wohnwagen um nach weiteren Artgenossen Ausschau zu halten. Im Chapiteau begannen erneut die Proben und das Leben kehrte allmählich in den Freizeitpark zurück.

Für einige Aufregung sorgte die Anreise einer Dressur aus Russland mit Longen-Bären. Wir alle waren sehr verwundert, über den haltenden winzigen japanischen Kleinbus. Er schien für ganz besonders kleine Japaner konstruiert worden zu sein, aber zu unser aller Erstaunen entstiegen ihm ein großer kräftiger Mann, eine dicke Frau und zwei fette Kinder. Einen Wohnwagen hatten sie nicht, diesen stellte der Park und jetzt begann der seltsame Clan Mengen an Gepäck auszuladen.

Wann kommen denn die Bären, wollten wir wissen.

Bären? Nein. Ein Bär!

Ein Bär...Wann kommt also der eine Bär?

Bär ist doch da hinten im Auto, in Kiste.

Die anderen Dresseure, die Direktion und wir hatten nie zuvor einen derart kleinen, hageren, aber erwachsenen Braunbären gesehen! Und wie nur konnte die merkwürdige Reisegesellschaft die tagelange Fahrt von Moskau in diesem Zwergentransporter überstehen?

Magerer Bär also in niedlicher Kiste. Hm. Der Direktor zeigte sich sichtlich irritiert und wollte wissen, wo der Bär denn bleiben solle. Wie wir alle, hatte er natürlich einen Tierwagen erwartet.

Nein, lachte der große Mann, *nix Wagen. Kiste!*

Bitte? Wie das, Kiste?

Na da, Kiste! Bär wohnen Kiste.

Wir staunten. Die Kiste hatte man entweder exakt seiner Körpergröße angepasst oder umgekehrt der Bär sich der Kiste. Vorne eine Gittertür. Rückwärts reingehen. Stehen oder liegen. Drehen unmöglich. Die Direktion bot umgehend einen Käfig im Zoo für den Bären an, aber der Russe weigerte sich entschieden. *Wie solle er den Bären da wieder herausbekommen?* Ahh ja...

Nein, Bär wohnen in Kiste. Gut. Das er kennen. Gut. Und: In Russland sei das normal und für Bären sowieso, es sind bekanntlich Höhlenbewohner.

Wir Dresseure kamen aus dem Staunen nicht heraus und waren empört, doch die Direktion fügte sich und so blieb der Bär tatsächlich in seiner Zelle.

Ich dachte an die Reaktion der Direktorin des Great Belgium Circus, als die für das Weihnachts- und Neujahrsgastspiel in Gent und Charleroi engagierte neue Elefanten-Nummer auf dem Platz eintraf und sie erfuhr, dass es für die Tiere kein Stallzelt gibt, sondern sie in den Aufliegern bleiben. Die erwärmen sich allein durch die Körpertemperatur der zwei Elefanten, nur müssen die Türen möglichst viel geschlossen bleiben, so die Erklärung der Besitzer. Da stritt sie mit dem Dresseur-Paar herum und brüllte und tobte - das konnte sie beeindruckender als ihre Mähnenlöwen. Jedoch fügte sie sich in Anbetracht der Unmöglichkeit, kurzfristig eine andere Elefantenshow zu bekommen. Dann aber, wenige Tage darauf, wir hatten vor Gastspielbeginn eine Woche spielfrei, entdeckte die Direktorin bei einem ihrer üblichen Rundgänge, das am Mittag der Elefantentransporter noch immer mit dicken Vorhängeschlössern gesichert war und der PKW der Dresseure fehlte. Niemand wusste etwas und als am frühen Abend die Situation unverändert blieb, ließ sie umgehend die Schlösser aufbrechen und die Tiere versorgen. Zwei Tage später trafen die Vermissten ein, sie waren eben mal zur Familie nach Deutschland gefahren. Wo bitte lag das Problem? Die Elefanten hatten es doch warm, genug Heu für die Zeit bekommen und bei Kälte trinken sie eh kaum etwas... Die Direktorin schrie so laut, das nur das Feuerwerk zu Silvester einen höheren Pegel erreichte. Sie ließ umgehend die Zwei ihre Fahrzeuge an Wohnwagen und Elefantenhänger koppeln und verwies sie des Platzes. Vertrag? Egal!

Mit dem aerodynamischen Höhlenbären aus der vorsibirischen Pampa erlebten Tiffany und ich Wochen später eine Begegnung der ungewöhnlichen Art. Seine Kiste stand abseits in einer Ecke des Wirtschaftshofes. Wir gingen dort selten vorbei, aber diesmal entdeckte ich Haarsträubendes: den einen Riegel, welcher die Gittertür der Kiste verschloss, sicherte ein zusammengedrehter Draht. Russischer Verschluss! Sowas kannte ich von Tourneen dort. Mit entsprechend dickeren Drähten koppelte man tatsächlich genau so, zu unserem Grauen, die Zirkuswagen an einheimische Miet-LKW, weil die Systeme andere waren (und die Totalschadensquote war dafür bei den oft unbefestigten Serpentinen im Kaukasus, mit zwei angehängten Wagen und zumeist ohne Druckluftbremsen, erstaunlich niedrig). Bären sind äußerst kluge und geschickte Persönlichkeiten. Die mir bekannten Bärenkäfige verfügen über bis zu drei Sicherungen mit Schlössern. Als ich den Dresseur darauf ansprach, lachte er. Nein, sein Bär ist artig, andere Sicherungen sind nicht notwendig. Artig... Eher apathisch, ohne jegliche Beschäftigung. Sitzen oder liegen. Und dreimal am Tag auf den Hinterbeinen ins Zirkuszelt, einmal zur Probe, zweimal zur Show. Welch Dasein. Im Zelt der begeistert beklatschte Manegen-Star auf dem Schlappseil, mit roter Halskrause und passendem Mini-Röckchen (...), und hinten Isolationshaft.

Diesen einen späten Abend verhielt er sich nun weder apathisch noch artig. Ich war unter der Dusche beim Einseifen, als Tiffany draußen ein wildes Gebell anstimmte.

Jeder staunte über die unerwartet tiefe Stimme der Kleinen. Jetzt klang es weit tiefer und aggressiv, wie im Jahr zuvor bei den Stachelschweinen. Da stimmte etwas nicht! Also raus aus der Dusche und so wie ich war, aus Sorge um Tiffany, raus aus dem Duschabteil in die Dunkelheit. Als ich, dem Gezeter hinterher, rechts um den Wagen bog, kam mir die kleine Rabaukin rückwärts entgegen, die Hinterbeine breit zur Kampfstellung auseinander. Gerade wollte ich sie anschnauzen endlich ruhig zu sein, als ich keine fünf Meter vor uns in dem engen Gang zwischen Tierwagen und LKW eine mannshohe Gestalt auf uns zukommen sah. Aber es war kein Mensch, sondern der auf Hinterbeinen laufende Bär! Ich packte Tiffany und rannte ins Duschabteil zurück. Wir waren kaum die Stufen hoch, da stand der Bär schon vor der Treppe und brüllte uns an. Ich schlug die Tür zu und konnte durch das Bleiglasfenster erkennen wie er sich erneut aufrichtete, um nach uns zu sehen. Dann verschwand er und ich öffnete vorsichtig die Tür einen Spalt um nach Anatoli, dem Dresseur, zu rufen. In dem Moment sprang der Bär um die Ecke und ich zog hektisch die Tür zu. Der Petz war Artist genug, kannte sich aus und als er an der Türklinke fummelte, schloss ich ab und schaltete das Licht aus. Der Drücker bewegte sich mehrfach launisch nach unten, es folgte tiefes Schnauben an der Türritze und schlagartig Ruhe. Ich atmete auf, dass dem Bär nicht die Idee gekommen war die Festigkeit der Glasscheibe zu testen. Kein Geräusch klang von draußen und durch das farbige Glas war auch nichts zu erkennen. Tiffany gebärdete sich weiter wie verrückt, ständig musste ich sie ermahnen die Schnauze zu halten. Erneut die Tür zu öffnen wagte ich nicht, die Chance ein weiteres Mal fixer als der Bär zu sein stufte ich als eher gering ein. So stieg ich auf den Heizkessel, öffnete das Dachfenster und rief aus Leibeskräften nach Anatoli. Sein Wohnwagen stand in der Nähe und endlich reagierte er. Das kleine Außenlicht ging an, er erschien im Schlafanzug und blickte erstaunt zu mir, wie ich da mit einer Hand das Fenster stemmte, den Kopf nur knapp über dem Dach. Ich rief, sein Bär sei los. Da lachte er *Nein! Bär in Kiste schlafen!* Ausgerechnet jetzt blieb der Bär natürlich im Dunkel verschwunden und Anatoli wollte mir nicht glauben, schüttelte den Kopf. Mein Rufen hatte andere Artisten und Arbeiter geweckt und vor die Wagen getrieben. Als sie hörten, der Bär sei nicht in seiner komfortablen Höhle, sondern irgendwo in der Nähe, schlugen alle Türen blitzartig zu und Gesichter lugten hinter Gardinen hervor.

Meine Hartnäckigkeit stimmte Anatoli nun doch nachdenklich und er ging endlich zur Kiste, kehrte schnell zurück und sagte *Kiste leer. Bär weg, nicht schlafen.*

Ja, sag` ich doch!!!

Ich flitzte mit dem zeternden Terror-Terrier auf dem Arm rüber in den Wohnwagen. Anatolis Rufe nach dem Bären erklangen mal aus der Nähe, mal aus weiterer Umgebung. Erstaunlich schnell wurde es still und wenig später kam Entwarnung: *Bär in Kiste schlafen!* Und als wir alle am nächsten Morgen nach dem Bären sahen, gab es ein neues Wunder. Das wertvolle Stück verrosteter Sicherungsdraht war nicht mehr auffindbar gewesen und weil Anatoli weder in eine Kette noch in ein Schloss investieren wollte, fand er eine kostengünstige Lösung und parkte seinen winzigen Japaner-Bus rückwärts an der Kiste. Jetzt konnte der Bär gar überhaupt nichts mehr sehen, aber dafür vor und nach den täglichen drei Freigängen stets ein wenig Abgase schnuppern. Den Riegel vermochte er zu öffnen, nicht jedoch die Tür, das verhinderte das Auto. Diese erstaunliche Sicherung hielt perfekt die restlichen Wochen bis zur Rückreise nach Russland.

Langsam neigten sich zwei Jahre Engagements im Freizeitpark dem Ende entgegen. Mein Bedarf an Standorttreue war ausreichend gedeckt, ich freute mich auf eine Tournee. Wie andere Kollegen hatten wir Angebote erhalten, uns aber bisher nicht entschieden. Es war ja erst Frühherbst.

Dann jedoch brach von einem Tag auf den anderen, völlig unerwartet, ein Ereignis über mich herein, das alle weiteren Pläne bedeutungslos werden ließ. Mit der letzten Veranstaltung trennte sich meine Frau von mir, den Reptilien und sogar von Tiffany, dem ehemaligen Wunschhund.

Die Kleine war zweieinhalb Jahre alt und ein wunderschöner Westhighland White Terrier. Die Kleinfamilie, in welcher sie vom Welpen zur Erwachsenen geworden war, löste sich auf. Als meine Frau ging, muss Tiffany gespürt haben, das etwas anders war. Vielleicht, weil unser Auto weiter an seinem Platz stand und sie ja zusah, wie das Frauchen mit viel Gepäck davonging und in ein fremdes Auto stieg, ohne zu fragen ob sie vielleicht mit möchte, zu neuen Abenteuern. Das war schon ungewöhnlich genug! Aber sie verstand nicht die wirkliche Situation, wartete auf die Rückkehr von Frauchen und lauschte an dem Abend nach jedem Motorgeräusch, bis die Müdigkeit siegte.

Morgens, gleich nach dem Aufstehen, lief der kleine Terrier zum großen Tor an der Straße, da wo Frauchen gestern abfuhr. Dort würde sie also wiederkommen. Bestimmt mit Naschereien oder neuem Spielzeug, wie sonst. Fast ununterbrochen saß sie da, ich musste sie immer wieder zum Caravan holen. Auch die nächsten Tage ging Tiffany zum Tor, setzte sich hin und wartete mit einer ihr sonst unbekannten Geduld auf das Frauchen, welches sie ja einmal unbedingt haben wollte und so liebevoll unter der Jacke verborgen von dem fürchterlichen Tiermarkt gerettet hatte.

Doch sie kehrte nicht mehr zurück.

Sie begann mit einem neuen Partner ein anderes Leben in Belgien und vergaß Tiffany. Wir sahen sie niemals wieder.

Leben ist das was abläuft,
während du eifrig bemüht bist
andere Pläne zu schmieden.
John Lennon

Weggefährten

Zweisamkeit - Jungartistin, ausgebuffte Terrierin & Privatvorstellungen - Elefantenfrühstück & Federvolk - Seegrundstück & Sternennächte – Family-Park Gent

Unser Leben änderte sich grundlegend.

Es gab nur noch Tiffany und mich. Und es dauerte eine Weile, bis wir es begriffen. Da stand ich nun mit dem jungen Terrier und meiner Reptilienshow, die keine mehr war. Ohne Hilfe bei den großen, schweren Riesenschlangen und Absicherung bei den Krokodilen blieb als Alternative einzig ein Konzept für die Umstellung der Darbietung auf eine Soloarbeit zu entwickeln. Der bisherige Ablauf ließ sich nicht halten. Ich würde im Umgang mit den Tieren allein auf mich gestellt sein, im Pflegebereich und, weit kritischer, in der Manege. Wollte ich überleben, musste ich irgendwie ganz neu beginnen. Die Park-Administration, erstaunt über die Ereignisse, gestattete mir solange im Park zu stehen, bis ich wieder reisefähig war. Der Direktor schlug gar vor, für die nächste Saison zu bleiben. Ich bedankte mich für dieses freundliche Entgegenkommen, wollte jedoch lieber fort.

Wenige Wochen darauf verstarb Direktor Mr. Roofthoft unerwartet und niemand wusste wie es weiter gehen würde. Die Leidenschaft des alten Herrn für Zirkus und Zoo teilten seine Frau und Kinder nicht und so wurde sein Lebenswerk nur im Notbetrieb gefahren und über weitere Maßnahmen beraten.

Ich begann die Probenarbeit mit den Reptilien, arg behindert durch eine in den letzten Tagen der Saison erlittene Verletzung. Während der Show hatte sich Kaiman Xanadou in meine rechte Hand verbissen. Nur durch gemeinsamen Einsatz gelang es Xanadou zu fixieren, um sein Reißen zu verhindern und in dieser Bedrängnis ließ er mich tatsächlich los. Die Hand konnte ich nicht mehr bewegen und sie blutete stark. Wir setzten mühevoll die Krokodile in ihre Showkästen zurück und brachen unsere Darbietung ab. Am Sattelgang stand bereits der aufgeregte Direktor mit Auto, um mich zur Notaufnahme zu fahren. Während dessen gelang es meiner Frau mit Hilfe anderer Dresseure die Reptilien in ihren Wagen zu schaffen. Meine Wunde wurde mehrfach genäht, die gebrochenen Finger erhielten Stabilisierungen und am nächsten Tag stand ich mit Verband wieder in der Manege. Xanadou arbeitete nicht mit, er war immer ein Raufbold und meine Frau kam nicht mit ihm klar. Nun probte ich also mit ihm. Er wusste genau worum es ging und das ich ihn nicht halten konnte wie früher. Später arbeitete Xanadou wieder im Programm mit, aber erst einmal trug er den Sieg davon. Seinen ständigen Angriffen war ich nicht gewachsen. Es galt zuerst gegenseitiges Vertrauen aufbauen, doch dazu blieb Anfang November keine Zeit. Ich wechselte seinen Part mit dem Bindenwaran aus. Kurz zuvor hatte mir ein Zirkusdirektor die Zusage zum Engagement für sein Weihnachtsprogramm in Antwerpen abgerungen. Er kannte die alte Arbeit und glaubte fest daran, dass ich auch allein eine Show zustande bringen würde. Täglich mehrmals probte ich Abläufe, spielte Ideen durch, veränderte Ausstattung, Kostüme, Musik.

Trotz der vielen Arbeit vernachlässigte ich Tiffany nicht. Ihre Welt war ja ebenso wie meine völlig aus den Fugen geraten. Ein Familienmitglied fehlte, am Tor durfte sie wegen meiner Sorge um sie auch nicht mehr sitzen und mehrmals am Tag musste sie länger allein im Caravan bleiben. Ich versuchte dies mit ausgiebigen Spaziergängen durch Zoo, Wald, Wiesen und am Kanal gut zu machen. Das Leben ließ uns in jenen Tagen enger zusammen rücken. Oft saßen wir dicht nebeneinander nur da, nachts schlief Tiffany bei mir auf Brusthöhe eng angekuschelt. Sie freute sich unendlich zu mir, selbst wenn ich nur kurz fort war und sie ließ mich kaum aus den Augen. Vielleicht sorgte sie sich, dass auch ich aus ihrem Leben verschwinden könnte. *Nein, kleines Mädchen, du kannst dir sicher sein, wir sind unzertrennlich!*

Vier Tage vor Weihnachten stand ich mit klopfenden Herzen allein in der Schleuse hinter dem Manegenvorhang des Circus Melody. Ich kämpfte mit der Aufregung. Wie würde meine Soloarbeit mit weniger Krokodilen ankommen? Was, wenn die Tiere Probleme bereiten? Es durfte nichts aus dem Ruder laufen, an jenem Abend in Antwerpen. Es war Premierenvorstellung, das Chapiteau voll besetzt, dazu geladene Presse und Stadtfernsehen! Ich zupfte zur Beruhigung am Federschmuck herum, dann wurde meine Show angekündigt. Wie immer ging ein Raunen durch die Besucher: Reptilien sind nicht eben häufig im Zirkus. Die Musik lief an, es blieb Zeit mehrmals tief durchzuatmen, dann teilte sich der Vorhang und mit den ersten Schritten verflog jegliches Lampenfieber. Ich habe keine Erinnerungen an die Show, nur das alles ablief wie geplant. Sicherlich nicht flüssig und routiniert, aber der Applaus zwischendurch und lange am Schluss war ein gutes Zeichen. Ein neuer Anfang und nicht einmal schlecht.

Durch die drei Wochen Winterzirkus erhielt ich gleich zwei Engagementsangebote für die bevorstehende Saison. Der französische Circus Alexander Bouglione zeigte Interesse und verhandelte mit mir. Doch auf Grund seines Tourneeplanes sagte ich schließlich ab: drei Monate lang pro Woche bis zu vier Ein-Tages-Plätze und nur am Wochenende an einem Ort. Dazu täglich zwei Veranstaltungen, nachts die Umsetzungen. Ich musste die Touren ja zweimal fahren: LKW mit 12m-Tierhänger, irgendwie zurück zum alten Platz und dann Kleinbus mit Caravan. Diesen Druck glaubte ich nicht gewachsen zu sein und ich entschied mich, wieder, für einen Freizeitpark in der Nähe. Auch wenn ich dem erneuten Stehen an einem Ort nicht viel Begeisterung entgegen brachte, ich hielt es in meiner Situation, auch um innerlicher Ruhe zu finden, für die bessere Lösung.

Der Family-Park Malter am Stadtrand von Gent startete erst in seine zweite Saison. Der Eigner hatte seinen Circus Piste aufgegeben und auf dem, um einen See gelegenen, Gelände einen winzigen Erlebnis-Zoo erschaffen. Dazu Fahrgeschäfte, ein Westernzug welcher den gesamten Park durchfuhr und als Besonderheiten das Kamel- und Elefantenreiten. Als Hauptanziehungspunkte galten die Show-Zelte. Ein Zirkusprogramm gab es nicht. Für meine Reptilienshow stand ein eigenes Zelt bereit, mit gewöhnungsbedürftiger Auftrittsfläche und weniger Besucherplätzen als im vorigen Park. In so kleinem Ambiente war ich nie zuvor aufgetreten, so hatte man es mir auch nicht gesagt. Gleich nach dem Weihnachtsgastspiel setzte ich dorthin um und nun stand ich da, mit Tiffany und Reptilien und es hieß das Beste daraus zu machen. Unser Stellplatz lag dafür wunderschön: eine vom Besucherverkehr durch dichtes Gehölz kaum einsehbare Wiese am Seeufer. Der Tierwagen stand direkt am Vorführungszelt, davor der Caravan. Wir verfügten hier über eine eigene kleine Welt.

Wie zur Unterstreichung unseres Neubeginnes hatte ich kurz vor dem Wintergastspiel einen großen, modernen Caravan gekauft, mit Umluftheizung und dick isolierten Boden. Die kleine Hündin fand sich sehr schnell mit dem neuen zuhause ab. Sie untersuchte den hintersten Winkel, musste in jeden Schrank auf Augenhöhe nicht nur einmal hineinschauen und auch die Gemütlichkeit des größeren Bettes testen. Die für sie optimalen Neuerungen nahm sie umgehend in Besitz. Von der großen Rundum-Sitzecke entdeckte sie sofort die perfekte Sicht in drei Richtungen durch die breiten Fenster. Und vom Bett aus konnte sie die fehlende Richtung überwachen, dazu flitzte sie mal eben schnurgerade durch den Wagen. Tiffany wurde im März drei Jahre alt und somit erwachsener, großer Hund. Und wenn auch die Beinchen kurz geblieben waren, diesen scheinbaren Makel glich sie spielend mit bemerkenswerter Sprungkraft aus. In der Sitzecke gibt es zwei gemütliche Kuschelrundungen. Eine sollte mein Stammplatz werden, wegen der guten Sicht zum Fernseher. Aber für jenen entschied sich auch meine kleine Gefährtin als den für sie idealen Tagesliegeplatz, wegen der guten Sicht zum Eingang, welchen bei schönem Wetter ausschließlich ein Vorhang verdeckte. Somit war ich den Platz los und fand meinen daneben, ich überließ Tiffany gern die Ecke. Es blieb ihr Leben lang ihr Lieblingsplatz. Hier schlief sie auch für immer ein. Und ich rückte auch dann nicht nach, in diese Ecke.

Also, wir fühlten uns beide wohl im neuen Caravan. Eine Wohnung als zuhause lernte das Terrier-Mädchen nie kennen. Manchmal frage ich mich, wie wohl ihr Leben verlaufen wäre, hätte meine damalige Frau sie mitgenommen. Kein Zweifel, mein Leben wurde durch Tiffany unendlich reicher. Aber sie? Ein festes Heim wäre ihr Domizil geworden, ein geräumiges Haus mit Grundstück, ein geregeltes Leben. Nicht so chaotisch wie bei mir. Vielleicht hätte es ihr besser gefallen? Aber ein Hündchen wird nicht gefragt und so blieben Häuser und Wohnungen unbekannte Dimensionen. Ab und an mal zu Besuchen bei Bekannten und Jahre später und wieder in Deutschland, dann regelmäßig bei meiner Mutti. Ja, bei solchen Tagesabstechern war sie natürlich mit. Doch, nachdem das Neuland langsam und ohne den sonst üblichen Eifer erkundet war, fing es an zu quengeln, das Zirkuskind. Es langweilte sich, wollte raus und überhaupt: nachhause. Eine Wohnung war zu eng. Anfallende Spaziergänge in der Stadt ertrug sie, nie zeigte sie dabei ihre legendäre Abenteuerlust. Höchstens, wenn mal ein Stadthund auftauchte. Was sonst war das schon? Ein Wald von Menschenbeinen und betonierte Wege. Und obendrein musste sie an die Leine, welch ein Gestolper für uns beide darin Unerfahrenen! In ihrem rollenden Kleinreich öffnete ich nur die Tür und die Natur lag vor uns. Gut, manchmal auch in Gestalt eines Schlammplatzes oder, ganz wundervoll, als roter Sportplatz, welcher Tiffany geduldig zielstrebig rosa einfärbte. Aber das hielt sich in Grenzen und Grünflächen waren auch dann nie weit.

Die freien Wochen bis zum Saisonbeginn überbrückte ich mit Hilfsarbeiten im Park. Es gab viel zu tun: Säuberung der Wege, Anlagengestaltung, Errichtung von Kinderspielgeräten, die Fertigstellung der Kamel-Reitanlage. Mein mutiges Hündchen, immer an meiner Seite, war ausgelastet mit Erkunden, Untersuchen und Beobachten. Sie blieb dabei in unmittelbarer Nähe und da das Gesamtgelände zudem umzäunt war, musste ich nicht übertrieben auf sie achten. Für zweimal am Tag übernahm ich die Versorgung der parkeigenen Elefanten, welche kein fester Pfleger betreute. Ich verfügte durch meine Tätigkeiten im Zoo und im ehemaligen Staatszirkus über einige Elefantenerfahrung und wusste sehr wohl von den vielfältigen Problemen in Haltung und Umgang mit ihnen. Die erwachsene asiatische Elefantin Chamba und die kleine Afrikanerin Suzi standen in einem beheizten, sauberen Stallgebäude auf dem Wirtschaftshof. Die junge Suzi verhielt sich aufgeschlossen und freundlich, die 28-jährige Chamba hingegen war als erfahrenes Zirkustier mit allen Wassern gewaschen und bisher noch mit jedem Pfleger fertig geworden. Während der Direktor und ich bei ihr standen, fummelte sie an mir herum, ließ sich streicheln und zeigte größte Nettigkeiten. Tiffany, vorsichtig in solchen Momenten, hielt sich zurück und äugte um meine Beine. Chamba blieb ruhig und gehorsam. Auch, wenn ihr Chef sich nicht im Stall aufhielt, sie ihn aber auf dem Hof hörte oder den Motor seines PKW, dann wusste sie ihn auch anwesend. Ich konnte ihren Bereich säubern, Futter und Wasser reichen. War er offensichtlich nicht in der Nähe, verwandelte sich Chamba in ein grau-grässliches Ungeheuer, welches nach mir griff und schlug, an der Hinterbeinkette zerrte und sich wie verrückt gebärdete. Ich waltete ihr gegenüber mit äußerster Vorsicht, deshalb trafen mich ihre Aktionen selten unerwartet. Einmal jedoch gelang es Chamba mir die Schubkarre zu entreißen, mit welcher ich gerade das Grünfutter brachte. Sie gab dem Ding ein anderes, flacheres Design, bog an Griffen, Stützen und Rad bis sie abbrachen, schleuderte die Einzelteile durch die Halle und sah mich frech und siegessicher an. H. Malter erklärte mir, Chamba *sei, nun ja, nennen wir es, ein wenig schwierig.* Das war selbst bei neutralster Sichtweise untertrieben, denn ich erfuhr, dass einige schwerverletzte Pfleger auf ihr Konto gingen. Seinem Rat, mich durchzusetzen, wies ich ab. Warum sollte ich mich mit einem Tier anlegen, das ich nur nebenbei für kurze Zeit versorgte? Also parkte der Direktor sein Auto am Stall, ließ sich kurz bei den Elefanten sehen, dann den Motor laufen und gaukelte Anwesenheit vor. War ich mit den Arbeiten fertig, schaltete ich den Motor aus. Darauf fiel Chamba mit bedauernswertem Stumpfsinn stets herein. Aber ich behielt dennoch Vorsicht und vermied jeden Körperkontakt. Meine in der ersten Zeit mitgebrachten Leckerbissen, als Bekehrungsversuche, nahm sie gerne, um bei passender Gelegenheit ungehemmt nach mir zu boxen. Bei so viel Starrsinn stellte ich die Mitbringsel ein. Später, während der Park-Saison, trug Chamba Besucher in einer Pagode auf dem Rücken spazieren, geführt von ihrem Chef und freundlichst zu allen Leuten. Die kleine Suzi wurde nebenher auch dafür ausgebildet. Aber schon in der Saison übernahm sie Eigenarten der Großen, testete und tyrannisierte ihren neuen Pfleger und probte den Aufstand. Damals schreckte sie noch das darauf folgende Echo.

Tiffany kannte Rüsseltiere seit ihren Welpentagen. Hier stand sie ganz nahe und beobachtete mich und die seltsamen Wesen. Wenn Chamba wieder ausflippte, ging sie rückwärts bis an das große Zugangstor und verfolgte von dort das Spektakel. Nur als uns die Einzelteile der ehemaligen Schubkarre um die Ohren flogen, wetzte sie davon und reckte den geduckten Kopf um die Ecke, solange bis die Wurfgeschosse ausgingen, dann bezog sie erneut die alte Position. Angst, wie früher bei den Flusspferden? Nicht Tiffany, sie war doch kein Hundekind mehr! Hinterbeine breit gestellt zur Abwehr und den Rücken frei. Man weiß nie, zur Flucht eben, im Notfall. Kluges Mädchen! Chamba und Suzi beachteten den weißen Zwerg neben mir oder im Gang vor ihnen überhaupt nicht. Sie kannten Hunde sehr gut und mochten sie offenbar mehr als Zweibeiner. Aus Erfahrung klug, mag man da vermuten. Der Wirtschaftshof gehörte zum Revier eines Riesenschnauzer- und eines Dackelmädchens. Deren Kontrollgänge führten auch zu den Elefanten und sie hielten gar ihr Nickerchen im Stroh auf dem beheizten Boden unmittelbar neben Chamba. Sofort beim ersten Treffen freundete sich Tiffany mit dem ungleichen Hundepaar an und tollte mit ihnen herum. Sicher kannte sie jeden Stall, jedes Gelass, jeden Winkel besser als ich. Einmal erkletterte sie einen vier Meter hohen, provisorisch aufgeworfenen Haufen aus Strohballen. Die Kleine war eine Zeitlang nicht zu mir gekommen, so unterbrach ich die Reinigungsarbeiten bei Suzi um nach der Herumtreiberin zu sehen. Es verging einige Zeit, bis ich sie dort oben entdeckte. Gleich einer Figur saß sie auf dem höchsten Ballen wie auf der Spitze einer Pyramide und überwachte die Umgebung.

Wenn die Elefanten am Vormittag ein Kraftfutter aus Mais- und Haferflocken, Weizenkleie und Rübenschnitzel erhielten, standen die Hofhunde bereit. Sie liebten die leicht angefeuchtete Mischung und futterten schmatzend von Chambas Ration. Diese zeigte Sympathie für ihre Gäste. Kaum war das Futter vor ihr ausgeschüttet, schob sie mit dem Rüssel eine wahrhaft große Portion gönnerhaft für die Hunde beiseite! Anders Suzi! Sie störte sich nicht an den zwischen ihren Beinen herum laufenden Fellträgern, doch hatte sie für sich entschieden, weiter zu wachsen. Nein, sie teilte auf keinen Fall!

Weit über ihren Futterberg gebeugt, spachtelte sie alles, so schnell und gründlich es nur ging, in sich hinein. Feinste Krümel fegte sie sorgfältig mit dem Rüssel zusammen und sammelte sie auf. Kam ihr ein Hund verdächtig nahe, brüllte sie verzweifelt, wobei ihr Futter aus dem übervollen Maul rieselte, welches erneut gesichert werden musste. Ein Teufelskreis! Dabei hegte das Hunde-Duo an ihrem Futter wenig Interesse, Chamba war hinreichend großzügig. Einige Tage sah Tiffany der Tafelrunde verwundert zu, dann folgte sie den zwei Drittel der gemischten Hundetroika zwischen die Elefanten, als wäre es nie anders gewesen. Vor Chamba auf und ab laufend, kostete sie von allem ein wenig. *Kann ja nur was Tolles sein, wenn die anderen derart scharf darauf sind!* Die schwergewichtige Elefantin hatte keinerlei Einwände, betastete und beschnupperte den weißen Zusatzgast nur beiläufig mit ihrem dicken, muskulösen Rüssel. Dies ließ bei der Untersuchten nicht das Herzchen, aber das Schwänzchen doch nach unten rutschen. Aber auch nur kurz beim ersten Mal. Suzi bangte in Anbetracht des zusätzlichen Fressers noch mehr um ihren Anteil, beugte sich weiter als üblich nach unten und schlang, als wäre sie tagelang bei der Futterverteilung übersehen worden. Ich konnte diese Szene nicht glauben! Mein Hündchen sprang selbstsicher zwischen den Elefanten herum, freundlich von denen geduldet, während ich geboxt und vertrieben werde! *Hallo?! Wer bereitet und serviert die Mahlzeiten für diese schräge Tafelrunde?*

Mit dem Saisonstart im Park endete meine Aushilfstätigkeit und wir trafen Hunde und Elefanten nicht wieder.

Unser Bereich mit dem Vorführungszelt nebst dahinter liegendem Areal wurde der neue Abenteuerspielplatz für Tiffany. Sie hielt sich kaum im Wohnwagen auf, sondern strolchte auf der Wiese und am Seeufer herum. Hier wuchsen kleine Sträucher, hohe Grasinseln und viele Wühlmäuse. Buddeln und Schachten wurde zur Hauptbeschäftigung. Einmal schaffte sie es und brachte mir ein gefangenes Mäuschen nachhause, wie eine Katze. Der kleine Hund war so stolz und präsentierte mir das Jagdglück. Ich mühte mich ihr das tote Tier abzunehmen, befürchtete ich doch, sie könne die wertvolle Trophäe womöglich in unserem Bett einbunkern, dort hatte ich schon ab und an einmal unerwartet einen abgenagten Knochen angetroffen. Der Fang stachelte den Eifer weiter an. Oft wenn ich nach ihr sah, erblickte ich nur fliegenden Sand irgendwo auf der Wiese und vor dessen Niederschlag ein weißes Hinterteil mit aufgesetztem Pinselstiel. Am Uferhang arbeitete sie an einem Schacht, als wolle sie an den Mittelpunkt der Erde gelangen. Schließlich stoppte ich diese Baumaßnahme. Erst erfolglos mit Worten, dann mit Spaten und Steinen. Für Tiffany nur ein kurzfristiges Ärgernis, sie begann eben woanders neu. Gerne lief die Kleine am Ufer entlang, beschimpfte die dort dümpelnden Enten oder setzte sich auf einen bestimmten flachen Stein, von wo aus sie Schwärme kleiner Fische beobachtete. Das Schläfchen zwischendurch hielt sie unmittelbar am Tierwagen oder Caravan. Nie ging sie außer Sichtweite.

Und weil Tiffany hier nun recht einsam war, ohne Hundekameraden, fuhr ich mit ihr jeden, wirklich jeden Tag sieben Kilometer nach Destelbergen an einen See am Ortsrand. Den umwanderten wir und kannten bald jede Menge Hunde und deren Familien.

Da gab es für Tiffany schnell Favoriten, welchen sie schon freudig weit entgegen lief. So gab es wenigstens dort Spielgefährten.

Bei schönem Wetter unternahmen wir mit dem Bindenwaran Nebucadnedza Ausflüge auf der Wiese. Weil diese Echse von Natur aus äußerst flink sein kann, band ich ihr ein Brustgeschirr um. Nun hatte das freche Terrier-Mädchen den Handgriff ihrer Rollleine durch beständiges Beknabbern und damit Spielen arg ramponiert und ich eine neue gekauft. Die fünf Meter lange alte Leine erhielt jetzt der Waran. Ich nahm sie und ging in den Tierwagen um ihn zum Ausflug zu holen. Tiffany heftete sich misstrauisch an meine Fersen. Leine nehmen heißt doch: ins Auto und zum Destelberger See. Was wollte ich mit ihrer Leine im Tierwagen?! Und wieso überhaupt trug sie noch kein Halsband?! Die Kleine sah mit schrägem Köpfchen verblüfft zu wie ich den Waran anleinte. Sie sprang hoch, packte zu und zerrte an der durchhängende Strippe. Dabei erklärte sie knurrend ihre Verärgerung zu dieser Ungeheuerlichkeit. Ihre Leine für den Waran! Dann fährt wohl der heute zum See! Und was wird aus ihr? Ist ja nicht zu fassen! Ich mahnte zur Ruhe, aber ihre Empörung ließ deshalb nicht nach und sie schnappte ständig nach der Leine. Draußen erkannte das Terrier-Mädchen den Irrtum. Sie musste weder in den Caravan, noch gingen wir ohne sie fort. Da sprang sie vor Erleichterung auf den Hinterbeinen neben mir her. Wir blieben auf unserer Wiese, um vor Besuchern Ruhe zu haben. Der Waran sollte sich ungestört bewegen können. Wie Tiffany zogen auch ihn die Mäuselöcher magisch an, er scharrte und kratzte und steckte die lange schmale Schnauze tief hinein. Ihm mangelte es hingegen an Ausdauer bei den einzelnen Löchern, weshalb der kleine Hund umgehend Nachkontrollen durchführte. Umgekehrt erregten Tiffanys stillgelegte Schachtarbeiten das Waran-Interesse und er erweiterte hier und da. Terrier und Waran vertrugen sich. Einmal und nie wieder stupste Tiffany das seltsame Wesen mit den weit abgewinkelten Beinen und dem unendlich langen Schwanz an. Freundschaftlich, wie sie es stets bei einer Kontaktaufnahme tat. Der Waran verstand das anders und zog der Terrierin mit dem Schwanz eins über den weißen Pelz. Die wusste gar nicht wie ihr geschah, woher der Hieb so urplötzlich kam und sah mich erschrocken an. Dabei trappelte sie mit den Hinterbeinchen herum, rauf auf den Waranfuß, zufällig natürlich, aber dafür gab`s den nächsten Schwanzschlag. Jetzt hatte sie gesehen, wer der Verursacher war und hielt von da an leichten Abstand.

Abenteuer boten auch die im Park siedelnden zahlreichen Enten und Gänse. Der Futtertisch war hier sicher und gut gedeckt, auch durch die Gäste auf der großen Seeterrasse der Cafeteria. Ein Paradiesgarten! Der vielköpfige Schwarm unterschiedlicher Arten ankerte auf dem See zum Übernachten genau vor unseren Wagen. Als sie erkannten, das von uns keine Gefahr ausging, landeten sie wenn es dunkelte an und schlugen ihr Heerlager am Uferstreifen auf. Tiffany entwickelte damit eine Abendbelustigung: hatte sich möglichst viel Federvolk abgelegt, sie beobachtete das geschickt versteckt, dann stürzte sie mit Gebelle hinein in die Meute. Die Vögel führten einen Notstart aus, mit lautem Geschrei und Geschnatter, drehten einige Runden und landeten vorerst in einiger Entfernung, später rückten sie in die alten Bereiche nach. Die nahmen meine

Hündin nicht ernst, obgleich sie umgehend wieder mit der Zwangsräumung begann. Welches Gezeter und Geflatter. Toll! Tiffany sprang auf der Wiese herum, machte Sätze in die Luft und vertrieb auch die Letzten. Das Spiel wiederholte sich, bis die Monotonie der Vergnügung an Reiz verlor - an diesem Abend. Häufig näherte sie sich den lagernden Enten und Gänsen wie zufällig und uninteressiert vorbei schlendernd, um bei günstiger Position hinein zu rennen in das befiederte Volk. Ich meinte, wir zogen wie Magneten die Nachtgäste an, es wurden immer mehr unmittelbar bei uns und selbst Tiffany resignierte langsam ob der Übermacht und Sturheit. Tatsächlich spazierte sie häufig zwischen den Vögeln herum ohne zu jagen und diese watschelten nur bei gar zu großer Annäherung ein Stück weiter. Es schien, als hätten die bunten Federzweibeiner und das weiße Hündchen ein Abkommen für friedliches Zusammenleben getroffen. Damit schloss Tiffany gelegentliches Erschrecken selbstverständlich nicht aus - zu verlockend war der Tumult bei einer wilden Massenflucht!

Wenn Enten und Gänse der großen Kleinen Respekt zollten, die drei Schwäne, welche sich zu Ende des Sommers einfanden, taten es überhaupt nicht. Das Dreigestirn erwählte für ein Tagesschläfchen und die Nachtruhe einen Platz zwischen Caravan und Tierwagen. Die Schwäne waren recht zahm, ich konnte sie vorsichtig streicheln. Öffnete ich morgens nach dem Aufstehen die Tür, hatten Enten und Gänse das nächtliche Lager geräumt, die Schwäne nur selten. Sie watschelten ohne Hemmungen ins Vorzelt und sahen mehrfach gar mit langen Hälsen, wie Schlangen, zur Eingangstür herein! Für Tiffany der Gipfel der Unverschämtheit und sie bellte zornig. *Womöglich planen die hier einzuziehen und erheben Anspruch auf unser Bett!* Da hatte sie schon genug Probleme und Ärgernis mit den gelegentlich zweibeinigen Besucherinnen! Mir gelang es, die großen schönen Tiere vor mir herzuschieben, raus aus dem Zelt und so zu schlichten. Vor der Hündin aber bauten sich die Schwäne weiter auf und fauchten. Das imponierte ihr sehr und sie umsprang provozierend und meckernd die Drei in großen Kreisen. Die Hälse drehend verfolgten die Schwäne den Hunde-Kriegstanz meist ziemlich gelassen. Das machte Mut, der steigerte sich zum Übermut und die Kreise wurden enger. Und eines Tages flitzte Tiffany blitzschnell vor, knapste einen Schwan an den Sterz und zurück in die vorherige Umlaufbahn. Sicher hoffte Tiffany auf eine Flucht. Der Schwan jedoch sprang auf und schnappte dem laufenden Hündchen hinterher und, begünstigt mit seiner Halslänge, erwischte er das kleine Hinterteil, hielt ordentlich fest und zog das Fellchen in beachtliche Länge. Tiffany kreischte, als der Vogel sie so für ein paar Sekunden am langen Zipfel hielt, vor Schreck und Schmerz. Fortan war sie vorsichtiger. Aber wie mit den Affen früher, ergab sich auch hier eine Art Spiel: immer mal stänkern, aber nie wirklich ernsthaft. Oft schliefen die Schwäne fest, mit unter die Flügel gesteckten Köpfen. Da hätte Tiffany grob sein können. Aber nein: der Burgfrieden hielt.

Schloss der Park abends seine Pforten, gab es im weiten Umfeld keinen Menschen mehr. Es herrschte friedliche Stille, nur vereinzelt unterbrochen von Tierlauten. Lange saßen wir draußen in der wundervollen Natur, zumeist vor dem Feuerschein des Grills. Wenige Schritte hinter den Wagen lag der dichte Tannenwald und vor uns der See, in dessen ruhigem Wasser die Sterne glitzerten. Und ringsherum die vielen schlafenden Wasservögel. Tiffany lag zumeist auf dem zweiten Liegestuhl neben mir. Den Grillplatz verließ sie besser nur kurzzeitig für notwendige Patrouillen, um ja nicht die Verkostung von Leckerbissen zu verpassen. Als ob sie sich darum tatsächlich sorgen musste…Unverändert liebte sie die Grillabende wie früher, als sie die anderen Hunde vertrieb. Stundenlang konnten wir nach dem Essen dicht aneinander geschmiegt auf einem Liegestuhl sitzen und in die Nacht schauen, bis uns Müdigkeit oder aufsteigende Kühle in den Caravan trieb. Zu Ende des Sommers legte ich eine Decke um uns, um länger draußen sein zu können. Wenn ich dann die Körperwärme der stillen Kleinen spürte, war es einfach nur unglaublich schön. Die Zeit stand still. Wo mögen ihre Gedanken gewandert sein? Ob sie ähnlich empfand wie ich? Diese Monate dort am See, da bin ich sicher, haben uns untrennbar eng zusammen wachsen lassen. Wie deutlich sind mir heute, da ich diese Zeilen schreibe, die Erinnerungen an jene Momente. Und meine Empfindungen damals, ich kann sie spüren. Die Wärme fehlt.

Ende Mai platzte Verdrängtes in meine Leben. Ich wurde zur Cafeteria geholt, ein Anruf. Meine ehemalige Frau meldete sich, um mir mitzuteilen, dass sie Tiffany haben wolle. Seit ihrem Auszug war es der erste Kontakt und ich derart aufgeregt wegen dieser ersten Worte, das ich nur mit Mühe den Hörer hielt. Sie erklärte mit eisiger Stimme, das Tiffany ihr Hündchen sei und sie es die Tage abholen werden. Wenn ich mich damit nicht freiwillig einverstanden erkläre, würde sie andere Wege und Mittel finden. *Ich werde Tiffany bekommen. So oder so!* Mit allem Möglichen hatte ich gerechnet, damit nicht! Vor sieben Monaten ging sie nach vielen Jahren, ohne vorher ein Wort zu sagen, nach der Abschiedsvorstellung im Zirkus aus meinem Leben. Wollte nicht einmal den geliebten Wunschhund mehr. Nun rief sie an, soviel gelebte Zeit später und wagte auf ihn Ansprüche zu stellen. Ihr neuer Partner hatte seine vorherige Familie endlich aus dem Haus vertreiben können und damit war Platz für Tiffany. Auf gar keinen Fall würde ich die Kleine mehr hergeben! Damals, ja, da wollte sie ein Hündchen und hätte sie Tiffany mitgenommen, ich hätte es akzeptieren müssen. Jetzt war es dafür zu spät und Tiffany kein Gegenstand, welcher nach Lust und Laune verschoben werden kann. Die Kleine gehörte einzig zu mir! Das Gespräch eskalierte, sie legte auf. *Sollen sie nur kommen*, sagte ich mir, doch ich hegte große Sorgen. Ich ließ von da ab meine geliebte Vierbeinerin wirklich nie aus den Augen. Es blieb bei den Drohungen und dem Telefonat, nie wieder gab es Kontakt. Ein halbes Jahr nach Tiffanys Fortgang habe ich ein Foto gesandt und sie informiert, über die wunderbare Zeit, welche ich mit der Kleinen erleben durfte und wie lange wir gemeinsam durch das Leben gingen.

Bei den Vorbereitungen meiner Show, wenn ich das Veranstaltungszelt säuberte oder die Tiere verlud, war Tiffany gerne zugegen. Sie lief stets zum Zelteingang, setzte sich und beobachtete vorübergehende Besucher. Auch alleine suchte sie gerne das Zelt auf. Da sie dann aber nicht hinter die Absperrung zum Eingang durfte, saß sie eben in der Mitte der Auftrittsfläche und konnte auch so durch den geöffneten Eingang nach draußen blicken. Fand sich das Publikum kurz vor Showbeginn im Zelt ein, dann saß da auf dem grünen Teppich ein kleiner weißer Hund und musterte aufmerksam die eintretenden Gäste. Sie hoffte auf ein freundliches Wort und mit dem feinen Gespür der Tiere wusste sie genau wenn jemand auch nur über sie sprach. Dann eilte sie pinselwedelnd zum Zaun, in Erwartung weiterer netter Worte oder, viel besser: Naschereien. Von allein spulte sie ein selbst gebasteltes Kurzprogramm der erlernten Kunststücke ab. Zugegeben, die leichtesten und obendrein nicht besonders gründlich ausgeführt. Aber dem Publikum gefiel das sich auf den Hinterbeinen drehende Hündchen, wie es robbte, sich rollte oder auch nur kerzengerade mit hoch erhobenen Pfötchen auf dem runden Hinterteil saß. Klar dass sie damit Entzücken und Begeisterung schürte und Klatschen und Lobesrufe erntete! Viel mehr Wert legte Tiffany natürlich auf die angepeilten Süßigkeiten, wie Kekse, Bonbons und Schokolade. Sie wurde damit überschüttet! Ich sah das überhaupt nicht gerne und da ermahnende Worte an beide Seiten nur mäßigen Erfolg zeigten, unterband ich schließlich die profimäßige Art der Besucheranmache. Ich gestattete ihr nur mit mir den Vorführungsbereich zu betreten wenn Besucher zugegen waren. Ansonsten schloss ich unseren Eingang ins Zelt. Dann saß Tiffany wieder am Seeufer oder buddelte herum. Einmal ertappte ich sie, wie sie unter dem Eingang in das Zelt kroch. Da gab`s Ärger. Aber die Verlockung da drinnen musste zu groß sein und Tiffany war clever. Jetzt schob sie sich unter der von mir nicht so leicht einsehbaren Seitenplane hindurch. Eines Tages, ich kam aus dem Heizabteil des Tierwagens, hörte ich Stimmen, Lachen und Klatschen im Zelt. Ich sah mich nach Tiffany um, eben noch schachtete sie voller Hingabe hier neben der Treppe am Abteil nach Mäuschen. Das angefangene Loch war da, sie aber weg. Der sich steigernde Tumult im Zelt legte einen Verdacht nahe! Tatsächlich: da drehte sich mein Hündchen auf dem Teppich wie ein Brummkreisel auf den Hinterbeinen, eine ihrer leichtesten Übungen, vor einer Menge Parkbesucher und unterbrach ihre Show nur kurz um die gereichten Belohnungen in Form von Pralinen hastig abzuschlucken. Ich war sprachlos über das gerissene Luder und rief, hinter dem Vorhang verborgen, ihren Namen. Die Artistin stutzte kurz, sah mich nicht, also würde es ein wenig dauern, bis ich da bin, und setzte ihre Darbietungen mit Känguru-Sprüngen in Richtung nächster Leckerei fort. Jetzt sprang ich auch, nämlich hinter dem Vorhang hervor und rief energisch: *Tiffany!!!* Weiter kam ich nicht, den Ton hatte sie verstanden. Die derart Angeschnauzte sauste in weitem Bogen und geduckt, als erhielte sie täglich mehrfach und ausgiebig eine Abreibung, an mir vorbei nachhause, in den Wohnwagen und ins Körbchen. Die Besucher ihrer Privatvorstellung empörten sich und ich wurde beschimpft. Wegen der Vertreibung des niedlichen Hundes. Und überhaupt, welche fürchterliche Angst der vor mir hat! Das unglückliche Tier! Meine Erklärungen, dass ich mein Hundemädchen liebe und deswegen auch keine Süßigkeiten in unkontrollierter Menge, dazu von Unbekannten, dulde, prallten bei der Menge ab. Es seien nur Pralinen und Bonbons. Der arme kleine Hund! Ich gab auf und verließ das Zelt als böser Mensch, der Tieren keine übersüßten belgische Leckereien gönnt und kleine Hunde verprügelt.

Tiffany blickte mich von unten an, als ich in den Wagen trat. Sie wusste genau dass sie Verbotenes getan hatte! Als ich sie ansprach, registrierte sie meinen versöhnlichen Ton und sprang freudig an mir hoch und um mich herum. Sie konnte mich so leicht um die Pfote wickeln! Ich hielt stets für Tiffany Naschereien bereit. Naschereien für Hunde, davon gab es bereits damals reichlich Gutes auf dem Markt. Bonbons und Pralinen erhielt sie nie. Kekse und Schokolade, sehr kleine Stücke zum Kosten, zugegeben schon ab und an.

Ich begann damals dort im Vorführzelt mit Tiffany an vielen Kunststücken zu arbeiten. Sie war mit Eifer bei der Sache, das Lernen fiel ihr unglaublich leicht. Und die große Wiese vor der Tür bot ideales Terrain für das geliebte Ballspielen. Welch Spaß und Freiheit. Bei der steten Suche nach neuem Spielzeug entdeckte ich einen kleinen Gummiring. Meine Mutti besuchte uns und so brachte sie Tiffany diese Überraschung mit, ein wenig enttäuscht, denn: *Was soll die Kleine mit dem Ding anfangen?!* Dieses unscheinbare "Ding" wurde der Renner. Tiffany zog wie wohl jeder Hund zu gern an festgehaltenen Stricken, Ästen und ähnlichem. Der Ring steigerte das Ganze: ich warf ihn und Tiffany griff ihn beim Ausrollen geschickt von der Seite. Sie brachte ihn mir, forderte mich auf daran zu ziehen und fand das absolut toll. Sie biss so fest, dass ich sie am Ring hochheben und mich gar im Kreis drehen konnte. Tiffany ließ nur locker wenn ich wieder werfen sollte. Bei dem Spiel zeigte sich das kleine Hundemädchen als richtiger Terrier! Eine sagenhafte Ausdauer und Begeisterung entwickelte sie beim Ringzerren! So brachte ihr dieser, von meiner Mutti einst verächtlich betrachtete, rötliche Gummiring unbeschreiblich viel Freude. Noch mit 18 Jahren (!) fing sie ihn ein, nicht mehr so geschickt wie damals am See in Belgien, aber mit stillem Eifer. Dann konnte Tiffany nicht mehr fix hinterher laufen, die Beinchen wollten nicht mitmachen und der Ring war schneller als sie. Aber für hineinbeißen und ein wenig, ruhiges Ziehen ließ sie sich ermuntern. Natürlich habe ich auch den Ring behalten, er liegt, mit seinen gut sichtbaren Spuren von Hundezähnchen, in der Sitzecke und erinnert mich daran, das da einmal etwas ganz, ganz Wunderbares in meinem Leben existierte.

Mit derart Abenteuern und Spielen verging die Saison im Family-Park recht schnell. Die Verlängerung für ein zweites Jahr lehnte ich ab. Auch wenn der Platz schön war, ich wollte wieder in einem Zirkus reisen. Und auch fort aus Belgien und der Nähe meiner Noch-Frau. Bereits im Sommer entstand der Kontakt zu einem deutschen Zirkus, in welchem Bekannte vom früheren Staatszirkus arbeiteten. Im September charterte ich bei einer Spedition einen LKW mit Fahrer als Zugmaschine für den Tierhänger, da ich durch die Wirren der Trennung keinen eigenen LKW mehr besaß, für die lange Umsetzung nach Deutschland. Als ich an jenem frühen Morgen den Caravan reisefertig machte und an den Kleinbus koppelte, und als darauf der Miet-LKW erschien, war Tiffany total aufgedreht. Sie wusste genau, es lag Neues vor uns. Aufgeregt sprang sie in den Bus, damit man sie nur nicht vergisst bei all dem Trubel. *Man kann nie wissen!* Sicherheit ging bei ihr mal wieder vor. Sie saß kerzengerade mit langem Hals, um bestmöglich die Lage überwachen zu können, erwartungsvoll und bereit zur Abfahrt auf dem Beifahrersitz. Copilotin Tiffany.

Wir fuhren langsam vom Seegrundstück und aus dem Park. Ich mit Bus und Caravan vorneweg, der LKW folgte mit dem Reptilienhänger. Wieder winkten uns Menschen nach, denen man nie wieder begegnen würde.

Hinter uns lagen vier Jahre Leben und Arbeit in Belgien. Vor uns wieder einmal die ungewisse Zukunft eines Zirkusengagements.

Aber erst einmal hatten wir gute 1.200 Kilometer Fahrt bis zum ersten Gastspielort zu bewältigen.

Zirkus, Zirkus

Märchenwälder - Hundefreund Brian - Tiger ! - Winterwald & Eisbaden - Ärgernisse, Raufereien & Irritationen - Circus A....

Es war eine lange Reise. Nur einmal Tankstopp, kurzer Imbiss. Weiter. Das Interesse meiner stolzen Beifahrerin ermüdete nach wenigen Stunden auf der langweiligen Autobahn. Sie legte sich hin, aber sobald ich abbremste, sprang sie hellwach hoch und blickte zum Fenster hinaus: *Ach, Autobahn.* Sie hatte doch auf Ankunft am unbekannten Ziel gehofft. Als wir in die Dunkelheit fuhren und entgegen fliegende weiße Markierungsstreifen, gleichmäßig und hypnotisierend, die einzigen Orientierungsmale in der Schwärze wurden, da kringelte sie sich mit einem Seufzer in ihrer Decke zusammen. Und weil die Fahrt dauerte und dauerte und Tiffany nicht mehr schlafen wollte oder konnte, wurde sie unruhig und quengelte. Erfolglos, auch wenn ich ihre Wünsche nachfühlte.

Wir fuhren durch die Nacht und halb Deutschland. Endlich, zu früher Morgenstunde erreichten wir den Ort weit im Osten, wo der Zirkus seine Zelte aufgeschlagen hatte. Bereits bei der Autobahnabfahrt setzte sich das Hündchen blinzelnd mit schläfrigen Knopfaugen und eingeknickten Ohren auf. Die Geschwindigkeit verminderte sich und es folgten Kurven, das waren gute Zeichen! Als wir die Stadtgrenze passierten, das Auto erneut langsamer rollte, verflog ihre Müdigkeit und sie sah neugierig links, rechts und vorne aus den Fenstern.

Zuerst entdeckte ich irritierende Plakate. Ich hatte telefonisch mit Rainhard K. verhandelt, welcher sich als Direktor des Zirkus Aeros bezeichnete und mir erklärte, früher im Zirkus Berolina des Staatszirkus der DDR im Orchester tätig gewesen zu sein und nun versuche, den guten Namen zu retten. Mir waren die Mitarbeiter dort nicht mehr bekannt, für glaubwürdig hielt ich die Story jedoch keinesfalls. Aeros, das wusste ich verlässlich, war im Januar 1992 von der Treuhandanstalt aufgelöst und das Namensrecht von Chr. Samel, einer ehemaligen, international bekannten Staatszirkus-Dompteuse erworben worden. Trotz offensichtlicher Lüge stimmte ich einem Engagement zu, weil dort Artisten aus dem früheren Staatszirkus arbeiteten. Jetzt stand auf den großen Plakaten aber nicht einmal Aeros, sondern Busch. War ich überhaupt zum richtigen Zirkus unterwegs? Verunsichert lenkte ich mein Gespann durch menschenleere Straßen.

Seit über zweieinhalb Jahren waren wir nicht mehr mit einem Zirkus gereist, doch mein schlaues Hündchen wusste genau, wonach sie schauen musste! Sie nämlich entdeckte die Wohnwagen zuerst und machte, auf dem Sitz mit Gewinsel und Gefiepe herumspringend, mich auf ihre Sichtung, weit vor uns, erst aufmerksam. In diesen Sekunden erblickten wir, vorher durch eine Häuserreihe verdeckt, das leuchtend rote Chapiteau. Kurz darauf am Zirkusplatz, stand dort ein buntes Durcheinander von Wagen mit dem Namen: Aeros und Busch und Zirkus A….Genau, mit vier Punkten hinter dem A. Wir waren richtig, wovon auch die mir zugesicherte lange Lücke als Stellplatz zeugte! Die kleine Episode ist nur eine Randnotiz, zeigt aber übliche Geschäftsgebaren vieler Zirkusunternehmen. Tiffany war nicht zu bremsen: runter vom Sitz, hoch auf den Sitz, runter, hoch. Dort blieb sie denn erst mal auch und drückte sich die schwarze Nase am Fenster platt, während ich die Wagen einrangierte. Als ich die Bustür öffnete, fegte sie heraus und inspizierte den Platz. Viel zu sehen gab es nicht. Nicht nur die Stadt, sondern erst recht der Zirkus schlief tief um diese Zeit. Die Eingänge zum Chapiteau und Stallzelt fest verschnürt, die Tierwagen ringsherum geschlossen. Doch die feine Hundenase, im Doppelpack mit Erfahrung, erklärte dem Hundemädchen wer da wohnen könnte. Ich erledigte nur absolut notwendigsten Arbeiten, denn jetzt überfiel mich tiefste Müdigkeit. Tiffany, putzmunter, folgte meiner Aufforderung in den Caravan äußerst ungern. Dann im Bett schliefen wir jedoch schnell ein.

Nur drei Stunden später klingelte der Wecker. Es war Sonnabend und ich hatte meine Arbeit für das Wochenende hier in Eberswalde zugesagt. Mich erwartete viel Arbeit bis zur Nachmittagsveranstaltung. Auf meine Frage, ob sie nicht mit hinaus in den Zirkus wolle, sah mich die vorher noch so Entdeckungsfreudige nicht einmal an, sondern kuschelte sich tiefer ein und steckte den Kopf bis zu den Ohren unter die Bettdecke. Das war ja mal eine klare Ansage.

Ich beneidete die Kleine und quälte mich in und durch den Tag. Strom- und Wasseranschlüsse verlegen, Tieranlagen säubern, Requisiten montieren. Mit der Moderatorin sprach ich den Programmablauf durch und formulierte die Ansage meiner Show. Gemeinsam zogen wir einige Proben ohne die Tiere durch, für Scheinwerfereinstellungen, Musikeinspielungen und Einweisungen der Requisiteure. "Zwischendurch" begrüßten mich der Direktor, bekannte und unbekannten Artisten, stellten Fragen und wollten gerne die Reptilien in ihrem Wagen sehen. Hektik pur! Nach den Jahren in Freizeitparks, besonders der Ruhe und Einsamkeit der vergangenen Monate in Gent, ein Wurf ins kalte Wasser. Endlich wieder eine große Manege in einem Chapiteau für 1.000 Zuschauer und die Vorstellungen an dem Wochenende ausverkauft! Das Programm bot für das mittelgroße Unternehmen außergewöhnlich starke Darbietungen. Es war wie in den Tagen des belgischen Zirkus, als die kleine Tiffany ihre Hundekindheit verbrachte. Dass ich hier alte Kollegen aus Staatszirkus-Zeiten im Engagement traf, erleichterte die Eingewöhnung. Wir halfen uns gegenseitig, was viele Tourneeprobleme entschärfte.

In diesen chaotischen Stunden vor der Nachmittagsvorstellung meldete sich Tiffany und musste mal kurz raus. Verschlafen und mit hängenden Ohren schenkte sie der Umgebung kaum einen Blick. Schnell kehrte sie zurück in den Caravan, sprang wieder ins Bett und schlief und schlief. Verschlief einfach diesen Sonnabend und unseren Einstand im neuen Zuhause. Erst am Sonntag hatte sie die Strapazen der langen Reise ausgeschlafen, eilig ihr Frühstück verputzt und stand bereit für Erkundungen. Als sie an jenem Morgen hellwach aus dem Caravan in die davor liegende Zirkuswelt trat, erging es ihr wie mir am Tage zuvor. Schnell scharrten sich zahlreiche Artgenossen um sie, begutachteten und begrüßten den Neuankömmling. Jetzt war sie nicht mehr Solo-Hund, hatte sofort Spielkameraden, in deren Gesellschaft sie den Zirkus eroberte. Schnell wählte Tiffany die auf jedem Platz neben uns wohnende Boxerhündin des Puma-Dresseurs als ältere Freundin aus. Diese empfand ähnliche Zuneigung, besuchte uns im Caravan und Tiffany sie in ihrem. Mit einer starken Artgenossin an der Seite war es leichter mit Unbekanntem fertig zu werden!

Dann kam ein spielfreier Tag in Elsterwerda. Solche Momente im Leben brennen sich tief ins Gedächtnis, ich sehe bis heute den Platz und die Geschehnisse. Ich bereitete das Abendessen für mich und die Kleine, welche kurz zuvor raus war, um auf dem großen und arg verwilderten Gelände herumzustrolchen. Jetzt wartete ich, doch sie kam nicht. Ungewöhnlich für Tiffany, die genau wusste das ihr Futter angerichtet wurde. Ich trat nach draußen und rief sie. Keine Reaktion. Warten. Ich rief wieder und wieder, erfolglos. Nun fing ich an zu suchen, erst im nahen Bereich, dann im dunklen Chapiteau und Umkreis. Nichts. Ich erweiterte meine Suche, nach vorne zum Zirkuseingang an der Straße, rings um den Zirkus, auf dem gesamten Gelände. Mein verzweifeltes Rufen hörten Artistenkollegen. Jeder kannte meine große Liebe zu Tiffany und jeder wusste, dass sie nie alleine unseren direkten Wohnbereich verließ. Immer mehr Helfer erschienen, um mich bei der Suche auf dem unübersichtlichen und dunklen Gelände mit Taschenlampen zu unterstützen. Ein Arbeiter schaltete die Lichterketten des Chapiteaus an, um den Platz zu erhellen. Mich überfiel fürchterliche Angst, sie könnte womöglich in einen Schacht im angrenzenden Abrissgelände gefallen sein oder das sie jemand mitgenommen hatte. Von überall schallten Rufe nach Tiffany. Sie blieb verschwunden und mir liefen die Tränen. Immer wieder ging, rannte ich, zum Caravan, vielleicht war sei ja wieder da! Meine treuen Helfer sahen bei der Suche hier auch immer wieder vorbei. Irgendwann standen fast alle ratlos bei mir und wir diskutierten und riefen. Da öffnete sich die Wohnwagentür des Pumadresseurs Wolfgang H.: *Was ist denn los? Was ist das für Lärm und Geschreie mitten in der Nacht?!* Und nach einer Weile zu mir: *Wieso suchst du nach der Tiffany, die ist bei mir und schläft mit meiner Hündin im Bett!*

Tiffany war da. Angekuschelt bei ihrer Freundin ignorierte sie eiskalt das halbstündige Rufen aus unzähligen Kehlen ringsherum! Ich dankte allen von ganzem Herzen. Die Suchtruppe ereiferte sich aber erst einmal über Wolfgang, welcher sich in keiner Schuld sah. *Die Kleine besucht uns doch regelmäßig. Heute kam sie gerade zum Abendbrot, da hat sie eine Portion abbekommen und die beiden Hunde haben sich danach schlafen gelegt. Wo sollte die denn wohl sonst sein? Sie geht doch nicht alleine weit fort!*

Wolfgang trug seine Hörgeräte nicht, damit ging die Aktion im Zirkus an ihm vorbei, stutzig wurde er erst, als das Licht anging und wir vor seinem Wagen laut diskutierten! Ich nahm Tiffany in den Arm, drückte sie und trug sie nachhause. Und dort bestand sie tatsächlich bellend und murrend auf ihre Abendmahlzeit von mir...die Egoistin.

Unser Dresseur vergaß öfter seine Hörgeräte, auch in der Veranstaltung, was zum Problem wurde, wenn er im Dialog mit der Moderatorin diese überhaupt nicht verstand. Das Publikum dachte sicher, es gehöre zum lustigen Hick-Hack der Beiden, die jedoch erzürnten sich immer mehr und stritten auch nach der Vorführung regelmäßig hinter den Kulissen lautstark weiter. Die eine Partei schrie, weil die andere fast taub war. Und die wiederum hatte ein naturgegebenes kräftiges Organ, allein aus Überzeugung das alle anderen auch nicht gut hören können.

Während dessen zog ein neuer Herbst ins Land und Tiffany lernte die ersten richtigen Wälder im Leben kennen. In den zurückliegenden Jahren waren es eher Parkanlagen und Waldstreifen gewesen. Jetzt führten uns Ausflüge durch tiefe Wälder, mit unterschiedlichen Baumarten, mit Unterholz, Bächen, Lichtungen, Bergen und Tälern. Alles war sooo riesig und die vielen Gerüche im Laub, das machte Eindruck auf die kleine Terrierin! Natürlich kam sie mit. Gerne! Aber die ihr angeborene Vorsicht ließ sie sehr genau darauf achten, besser nicht den Weg zu verlassen und mich als festen Halt in der erneut gewachsenen Welt nicht aus den Augen zu verlieren. Ob Tiffany sich wohl an jenen Tag erinnerte, an dem sie mich als Welpe verzweifelt im Wald suchte und ich nur hinter dem Baum neben ihr stand? Und wie klein der Wald wurde, je tiefer sie ihn durchschnüffelte und wie er seinen Schrecken verlor? Jetzt war es ähnlich: mit den vielen Ausflügen wurde sie auch hier schnell erfahren und mutig. Die Tournee führte durch Sachsen und Thüringen. Zumeist lagen die Plätze am Stadtrand und oft begann gleich herrlicher Wald.

Bei einem Spaziergang trafen wir die Moderatorin des Zirkus mit ihren Hunden. Weil die drei Vierbeiner sich und wir Zweibeiner uns sympathisch fanden, beschlossen wir von da ab immer gemeinsam zu wandern. Für Tiffany eine Riesenfreude! Erneut fand sie Lehrer: ihre viel größeren, älteren und erfahrenen Beschützer blieben nicht auf den Wegen, sondern zogen mit ihr durch das Unterholz und damit vervielfachte sich ihre zurückgelegte Wegstrecke im Vergleich zu meiner. Sorgen musste ich mich nicht, Tiffany stand unter dem Schutz der Rüden und wenn sie mir doch zu lange aus dem Sichtbereich geriet und ich nach ihr rief, folgte sie umgehend. Die Freude der gemeinsamen Ausflüge hielt leider nicht sehr lange, denn wegen heftiger Probleme mit dem Direktor trennte sich Silke vom Zirkus und von mir. So waren wir wieder alleine unterwegs, im Wald und im Leben, aber die Zeit mit den drei netten Wesen hatte Gutes gebracht: meine Kleine durchstreifte die Waldbereiche nun auch abseits der Wege.

Die kahler werdenden Bäume kündigten einen nahen Winter an. Der Zirkus beendete die Gastspiele in kleineren Orten und stand jetzt in großen Städten. Unsere Wege beschränkten sich auf Parkanlagen. Die Veranstaltungen liefen gut, was bei der hohen Anzahl von Zirkussen nicht selbstverständlich war. Das ungewöhnlich starke Programm sprach für sich. Allein zwei Großkatzendarbietungen - eine Tigerdressur war zusätzlich engagiert worden, mit einem Bekannten und seinem Hund, von denen noch zu erzählen sein wird - bildeten eine starke Basis. Leider blieb das äußere Erscheinungsbild des Zirkus A…., welcher beim überzogenen Kampf um den Traditionsnamen Aeros des von der Treuhand staatlich legitim verhökerten Staatszirkus berechtigt verlor und deshalb die merkwürdigen Kürzel trug, eher miserabel. Der Zustand des Wagen- und Fuhrparkes war katastrophal wie die Geschäftspraktiken den Ämtern gegenüber.

Im Zirkus regelt eine Platzordnung die Stellflächen für die Wagen. Abhängig von Beschaffenheit und Größe des Geländes sind gewisse Anpassungen notwendig, die wichtigsten Wagen aber haben einen festen Platz. So stehen die Raubtiere grundsätzlich unmittelbar am Chapiteau neben dem Satteleingang. Da meine Tiere aufwendiges Verladen für die Manege und zurück erforderten, standen auch der Reptilienwagen und daneben der Wohnwagen stets dort. Das bedeutete: Nähe zu den Raubtieren! Die vielen dicken Pumas des ebenso dicken Wolfgang zählten auf Terrier Tiffanys privater Bedrohlichkeitsliste zum Eben-noch-so-Erträglichen, vielleicht wegen der geringeren Größe, der Färbung, der körperlich bedingten Phlegma oder den nur leisen Lautäußerungen. Dennoch stellten sie als Großkatzen die tägliche Herausforderung dar, sich nicht über deren Anwesenheit zu erbosen. Und als die Kleine gerade dabei war, mit Hilfe der dazu gehörenden und vor dem Käfigwagen völlig entspannt flanierenden Boxerhündin, ihren Frieden mit denen da zu machen, reisten die Tiger an! Zum Glück stand deren Wagen hinter den Pumas und Tiffany musste den Anblick nicht sofort beim Verlassen ihres Wohnwagens ertragen. Immerhin. Aber dann gab es im November handfesten Zoff zwischen Wolfgang H. und Zirkusdirektor K. und am selben Tag fuhren Pumas, Dresseur und das freundliche Boxermädchen fort und Ungeheuerliches tat sich: die Tiger rückten auf!

Als Welpe hatte Tiffany oft bei mir auf dem Arm vor der langen Reihe Raubtierwagen des Great Belgium Circus gestanden und interessiert die Äugelein weit aufgerissen. Auch wenn sie sich an das Gebrülle gewöhnte und an den bedrohlichen Geruch, die überdimensionierten Katzen blieben ihr unheimlich und niemals ist sie alleine in das Areal gegangen. Auch der Family-Park Gent besaß Tiger. Die Zwei, der Altersrest der ehemaligen Dressurgruppe aus dem aufgegebenen Zirkus der Parkbetreiber, bewohnten ein kleines Gehege auf einer Lichtung im Tannenhain. Führte unser Weg dort vorbei, schickte Tiffany mich bis auf halbe Höhe am Außengehege voraus, um, man weiß ja nie, nicht als Erste gefressen zu werden. Dann, bei ihrer Meinung günstiger Gelegenheit, flitzte sie tief bellend vorbei, an mir und am Gehege des Grauens. Und an jenem Zeitpunkt, als sie mir dichter folgte, als sie eben bereit wurde, wenn nicht tiefes, so immerhin ein klein wenig Vertrauen diesen Streifenwesen, beziehungsweise den Gitterstäben, entgegen zu bringen und sie auch nicht mehr vorbei hastete, sondern zögerlich eilte, traf sie das Unheil - in Form einer kräftigen Spritzladung Tigerurin! Wie hoch ist die Wahrscheinlichkeit, dass ein Tiger durchs Gitter pinkelt und einen kleinen Westhighland White Terrier trifft? Nun, dieses winzige Prozent schöpfte Tiffany aus. Wie sollte sie da jemals nur mit Missachtung reagieren? Sie entschied sich für wütendes Beschimpfen. Wie auch anders, welche Wahl bleibt, angesichts ihrer Größe?! Der Schrecken saß ihr nur bei der Nahbegegnung im gesträubten Terriernacken, gemeinsam mit Sprachlosigkeit, sonst aber ließ sie keine Gelegenheit aus, die gestreiften Pinkler gründlich zu verbellen. Sogar von unserem Seeufer aus und hundert Meter vom Wohnwagen entfernt, sandte sie täglich Hasstiraden in den dichten Forst. Zwar waren die Tiger auch von dort nicht zu sehen, aber Tiffanys Nase wusste genau wo die Strolche hausen. Und vom Weg zur Lichtung meckerte sie ebenfalls, stets auf sicheren Abstand achtend, wegen der Erfahrung mit der chemischen Waffe. Die hatte es wahrlich in sich gehabt und eine erbarmungslose Kettenreaktion ausgelöst: Zuerst entsetzliches Erschrecken, dann fielen die nassen Treffer selbst beim Dauerschütteln nicht ab, folglich ein stinkendes Fellchen und das notwendige unangenehme Duschbad. Also, vielen Dank! Das war mehr als genug des Üblen! Besser auf Distanz. Notfalls, sollten die Tiger eventuell weitere Bosheiten drauf haben, würde sie sich auf ihre Beinchen verlassen! Oh, ja! Alle meine Schlichtungsversuche scheiterten, auch bei der letzten Runde im Park zeterte sie bei den Tigern und hätte es am nächsten Tag unvermindert fortgesetzt.

Aber hier, hier kam es weit schlimmer! Die Truppe zählte gleich sechs Exemplare, eines größer als das andere und sie wohnten uns direkt gegenüber! Wenn die brüllten, bebte der Caravan und öffnete ich die Tür, lauerte nur wenige Terrierhüpfer entfernt das Grauen! Tiffany erschrak am ersten Morgen fürchterlich, sauste zurück unter den Tisch und beäugte stumm aus dem gewonnenen Sicherheitsabstand ihren Alptraum. Sie brauchte etliche Minuten um sich zu sammeln, dann folgte sie meinem Locken nach draußen. Mein Hündchen sprang jedoch nicht wie üblich abenteuerlustig hinaus in den Tag, sondern es nahm die Treppe mit eingeklemmtem Schwänzchen und einem Satz und verschwand knurrend sofort unter dem Wohnwagen. Auf der anderen Seite musste fix die wegen der Aufregung unter erhöhten Druck stehende Blase geleert werden. Dann schlich Tiffany vor und schielte mal um diese, mal um jene Ecke und am liebsten aus der Deckung unter dem Wagen um das Rad herum. Nächste Herausforderung für Nerven und Muskeln war die Rückkehr in den Caravan. Geduckt und wieselflink huschte sie über die Treppe bis unter den Tisch. Nach dem Schließen der Tür sprang sie auf die Sitzecke und kontrollierte durch die Fenster ringsherum den Grad der Gefahrensituation. Oh, Tiffanys Welt war aus den Fugen geraten. Sie saß und lag mit spitzen Ohren, auf das ihr nur nicht der geringste Laut entginge. Und wenn es an der Tür klopfte, bezog sie neuerdings Deckung hinter Kissen und mir - weil Tiger nun mal die Angewohnheit haben höflich anzuklopfen, bevor sie einen heimsuchen. Da aber niemals ein Tiger vor der Tür stand und weil es denen offensichtlich nicht erlaubt war ihren Wagen zu verlassen, um den Hundeabenteuerplatz Zirkusgelände zu betreten, wirkte diese Erkenntnis beruhigend auf die blankliegenden Terrier-Nerven. Tiffany fand Selbstsicherheit nebst Stimme wieder und empörte sich noch lange über den Unzustand, knurrte bereits vor der Tür, sprang mit wütendem Gebelle heraus und lauerte auf Anlässe, die Bande ausdauernd zu beschimpfen. Sie hätte es ja gerne nonstop getan, den lieben langen Tag, aber ich und ihre Stimme verhinderten es. Die Großkatzen blieben völlig entspannt und ruhig, der winzige Terrier war ihnen schnuppe. Zumeist lagerten sie in ihren Abteilen, ließen die breiten Pranken durch die Gitter herunterhängen und blickten erhaben in die Welt vor ihnen. Wenn die glaubten damit Pluspunkte bei Tiffany zu sammeln, dann lagen sie falsch. Reinigte der Dresseur die Käfige oder fütterte er seine Partner, bot die Bewegung im Wagen Grund zu ausufernden Schimpftiraden. Aufgeregt sprang die Kampfzwergin vor der Besucherabsperrung herum und gab Kommentare. Durch den Zaun oder von hinten unter dem Wagen hindurch, näher zu den Tigern heran, traute sie sich niemals - egal ob das andere Zirkushunde taten.

Zu den Großkatzen gehörte ein Mischlingshund. Riesenschnauzer-Rottweiler. Und mit solchen Genen ausgestattet, wie erwartet: selbstbewusst und rauflustig. Er fand sofort Gefallen an der ihm kaum bis ans halbe Bein ragenden Tiffany und sie an dem braunschwarzen Riesen. Die zwei wurden wie Pech und Schwefel. Eine derartig enge Hundefreundschaft hatte es vorher nicht gegeben. Brian, so hieß der neue Kamerad, lebte im Wohnwagen des Tigerdresseurs. Also in engster Nachbarschaft und die Beiden verbrachten fast den ganzen Tag gemeinsam. Zu Tiffanys Bewunderung kannte Brian keine Angst vor Tigern! Sie beobachtete angespannt und still wie er vor deren Wagen patrouillierte, hoch sprang und gar frech in herunterhängenden Pranken zwickte. Seine Freundin war entzückt über diesen Mut, diese Heldentat und über das erschrockene Aufspringen der Tiger! Brian schien stolz über die Reaktion seiner Freundin zu sein, gab bereitwillig Zugaben und Tiffany wiederum stachelte ihn gerne zu den Gemeinheiten an. Sie war clever und entdeckte auch schnell die Vorzüge der hochliegende Veranda von Brians Zirkuswohnwagen und sie liebte es dort zu liegen und nicht wenige Tierschaubesucher werden es für ihr Zuhause gehalten haben. Von dort war eine bedeutend bessere Sicht auf das Gelände hinter dem Chapiteau, als von unserem tiefliegenden Caravan. Aus der Höhe entging ihr nichts und das ermöglichte, bei interessanten Ereignissen in kürzester Zeit zugegen zu sein, um nichts zu verpassen. Die vielen Treppenstufen bildeten kein Hindernis, im nu war Tiffany oben oder unten. Da wurde nicht mehr runter gepurzelt, wie in Brüssel, als Welpe. Unter den Artisten- und Arbeiterhunden gab es einige ewig streitlustige, sich selbst völlig überschätzende kleine Gesellen. Öfter wurde dort mit viel Gezeter gerauft. Toll! Aktion pur! Früher hielt die Kleine sich da raus und sah aus sicherer Distanz zu, neugierig auf das Endergebnis. Jetzt musste sie das schnellstens aus der Nähe ansehen und gegebenenfalls mitmischen, denn sie stand ja nicht mehr allein da. Der starke Brian wachte über sie. Dem zollten alle Respekt, der griff durch! Der fackelte nicht. Die kleine Teufelin hetzte Brian gar auf, die Angelegenheit zu regeln und erteilte entweder von der Veranda oder hinter der Front Anweisungen und Ratschläge! Wir lachen oft, wenn Tiffany etwas sichtete, eine Prügelei oder einen fremden Hund auf dem Platz, dann drohend bellte und Brian umgehend losraste, ohne zu wissen wohin überhaupt genau. Deshalb drehte er sich im Laufen mit langem Hals fragend nach Tiffany um, er wollte sich vergewissern nicht womöglich in falscher Richtung unterwegs zu sein. Am Ziel klärte er die Sachlage zügig, trabte zurück und wurde vom Terrier gefeiert. Es war eine unglaublich feste Beziehung zwischen den Zweien, ständig hingen sie zusammen. Brian beschützte Tiffany. Ungerne duldete er, das andere Hunde mit seiner Freundin spielen durften. Er sah das Tiffany Spaß hatte, doch er beobachtete genau, um im Notfall einzuschreiten. Seine Toleranzgrenze lag niedrig und schnell sorgte er für eine, seiner Meinung nach erforderliche, Unterstützung. Spätestens jedoch, wenn Tiffany beim spielerischen Balgen unten lag. Das sprach sich in der Hundegemeinschaft herum, man hatte geringen Bedarf sich regelmäßig von Brian verdreschen zu lassen und zunehmend seltener fanden sich Spielgefährten ein.

Weil das kleine Hündchen als Stammplatz Brians Aussichtsplattform bezog, betrachtete sie es als selbstverständlich, bei geöffneter Tür auch den Wohnwagen zu kontrollieren. Der eigentliche Hausherr tapste der selbstbewussten Freundin hinterher und sah bei der Durchsuchung zu und der Tigerdresseur fand den frechen Hausgast lustig und liebenswert. Einwände hatte beide grundsätzlich keine. Umgekehrt verhielt sich das völlig anders! Tiffany duldete auf keinen Fall Besuche von Brian in unserem Caravan. Sie knurrte, bellte und zwickte gar zu, wenn die Nase des Freundes in der Türöffnung erschien. Brian entwickelte einen knapp geduldeten Kompromiss: er lag mit weit in des Terriers Heiligtum ausgestreckten Vorderbeinen auf der Brust und ließ die Hinterbeine draußen vorm Caravan baumeln. Jeder Versuch sich langsam zentimeterweise tiefer hineinzuschieben, wurde umgehend mit Knurren als klares Signal das es der Hausherrin nicht entgangen war, ausgebremst. Notfalls baute sie sich vor ihm auf und geiferte wie ein richtiger Kampfhund. Kein anderer Artgenosse hätte das wagen dürfen, aber bei Tiffany ließ Brian alles über sich ergehen. Im Duo war sie der dominante Part und Draufgänger Brian butterweich. Klar wusste die weiße Teufelin das zu genau und nutzte es schamlos aus. Mit Brians Besuchen bei uns hatte aber auch ich Probleme. War Tiffany einen Augenblick nicht aufmerksam oder vor dem Wagen unterwegs, schwupp befand er sich im Caravan. Ich mochte Brian, nur, er klaute erbarmungslos! Ein Könner, ein Spezialist und dafür im Zirkus berühmt-berüchtigt. Er spähte vorher gründlich aus wo sich potentielles Diebesgut befand, ob es sich überhaupt lohnte, und ob der Beutezug unbemerkt erfolgen konnte. Offene Wohnwagentüren - eine Verführung! Und entdeckte er Begehrliches, war es für den Eigentümer zu spät: Brians Zugriff erfolgte blitzartig. Bei uns visierte dieser Meisterdieb Tiffanys Spielzeug an. Er brauchte für Eigenes nur kurze Zeit bis es zerfledert zurückblieb, deshalb musste er immer für Nachschub sorgen. Einmal gelang ihm, uns einen Quietschball zu stehlen. Unmöglich ihn wieder zu bekommen. Brian spielte auf seine Art: er zerfetzte. Tiffany quälte ihr Spielzeug auch viel, jedoch zerbiss sie nur sehr wenig. Ihre Schätze standen aufgereiht auf eine Ablage neben dem Bett. Da sprang sie hoch und wählte das zum Spiel Gewünschte aus. So lag also, wenn Brian sich weit dehnte, eine verführerische, bunte Spielzeugboutique vor seinen Augen. Ich erteilte ihm schließlich Hausverbot und wenn ich den Caravan auch nur kurzfristig verließ, dann verschloss ich die untere Türhälfte. Wo sollte ich die Spielsachen anders unterbringen, musste doch die kleine Eigentümerin sie jederzeit erreichen können. Brian verstand unsere Sorge kaum, er war tolerant und verbarg nichts vor

Tiffany. Die interessierte sich aber überhaupt nicht für Spielzeugklau, lieber fraß sie fix, so nebenbei, seinen Futternapf leer. Na, wo gibt es denn so etwas? Volle Näpfe! Dafür fehlte Tiffany jedes Verständnis, das würde ihr nie passieren. Mahlzeiten sind heilig, was in die Schüssel kommt, wird gefressen. Gleich. Und man lässt auch nichts übrig. Natürlich war der Grund für einen Mundraub nicht Hunger, eher Qualität des extra für Brian gekochten Futters und ein angeborener Ordnungssinn für leere Futterschüsseln. In ihrer Gründlichkeit fraß sie - wenn es denn sein musste - auch eine für ein Westhighland-Mädchen arg überdimensionierte Portion und hatte anschließend Probleme die Stufen hinabzusteigen. Zumeist jedoch sammelte sie das Fleisch heraus, der Rest blieb für Brian, welcher von Tiffany weggeknurrt wurde oder still daneben stand, der Fressorgie zusah und dann erstaunt in eine leere oder geplünderte Futterschale blickte. Weil sich der Tigerdresseur Ulf v. H. zu meiner Hündin freute, verbrachte er schnell, sowie Tiffany an der Veranda erschien, jedes Futter in einen Sicherheitsbereich. Diese Rettungsmaßnahme war klug und nützlich, sie verhinderte ein sonst zu erwartendes Wachstum des Terrier-Umfangs und den dann notwendigen Erwerb von Fassreifen, um irgendwie Form zu halten.

Bei diesen vielen Erlebnissen rückte das Saisonende schnell näher. Ein turbulentes Jahr lag hinter uns. Zum letzten Mal wurde das Chapiteau aufgebaut, die Tournee endete mit einem Weihnachtsgastspiel Anfang Januar. Der große Zirkusplatz von Rudolstadt lag am Ufer der Saale, nahe des vom imposanten Schloss Heidecksburg überthronten Stadtzentrums. Uns gegenüber gleich der große Park, ideal. Auch Zirkus A.... schmückte sich festlich mit bunten Lichterketten und Weihnachtsbäumen, musste diese jedoch in der Fassade zweimal nachrüsten, weil nächtliche Ausflügler Teile von beidem auch als recht nützlich für sich empfanden.

Schon am Tag nach unserem Eintreffen, als hätte das Wetter darauf gewartet, fiel das Thermometer auf tiefe Minusgrade und erste Flocken tanzten vom Himmel. In der Nacht legte der Schnee eine weiße Decke über den Zirkus, die bunten Lichter glitzerten darauf und verzauberten unsere Welt. Und Tiffany, die bei solch unbekannten Schneemengen völlig aus dem Häuschen geriet und solange tollte, bis sie nass und durchfroren in den Caravan flüchtete, schien das glücklichste Hündchen auf Erden zu sein. Für zwei Tage jedoch vermieste ihr die Silvesterknallerei das Wunderbare ringsherum. Uns Dresseuren und Artisten hingegen vermiesten zunehmenden Spannungen mit der Direktion das gesamte Fest. Ich vergaß die Differenzen völlig, wenn ich meine Tiffany voller Übermut und Freude im Schnee toben sah. Sie war der Segen in meinem Leben.

Einige Tage nach der Abschiedsvorstellung begannen die Umsetzungen in ein vom Zirkus angemietetes, nur wenige Kilometer entferntes Winterquartier. In der Hoffnung auf Beilegung der sich zuletzt häufenden Meinungsverschiedenheiten hatten fast alle einer weiteren Tournee zugestimmt und damit wurde das Gelände einer ehemaligen Landwirtschaft das Zuhause für uns bis zum Saisonstart im März. Dieser Flecken Erde lag idyllisch abseits der Bundesstraße am Rande eines winzigen uralten Dorfes mit Fachwerkhäusern und Kirche, umgeben von tiefverschneiten Wiesen, begrenzt durch den

Fluss Saale und einem steil aufsteigenden Bergrücken mit dichtem Wald. Jeden Tag zog ich mit Tiffany den schmalen, hoch aufsteigenden Uferweg entlang, dann kreuz und quer durch herrliche Wälder und zurück über steile Abstiege im Bereich des Winterlagers. Touren von vierzehn Kilometern waren nicht selten. Niemand konnte glauben, was ich da mit dem kleinen Hündchen unternahm. Einmal nur begleiteten uns Brian und Herrchen, wir mussten die Tour abkürzen und in der Wegstrecke entschärfen, weil die Beiden total fertig waren und unsere Freude nicht teilen konnten. Ich war stolz auf die kleine Abenteuerin, wie sie mit Ausdauer und Kraft durch teils hohen Schnee watete, Aufstiege erkraxelte und zudem im Unterholz nach Fährten suchte. Die Kilometerzahl errechnete sich aus Angaben auf Wandertafeln, doch sie waren nur ungefähr, da wir gerne Wechsel nahmen und Tiffany legte mit ihren erweiterten Streifzügen einiges zusätzlich an Strecke zurück. Das steigerte sich, als Anfang Februar der Schnee schmolz und sich vorher nicht erkannte Nebenwege öffneten. Viele versuchten mir damals zu erklären, was ich der Kleinen antuen würde. Manchmal zweifelte ich auch, doch wenn Tiffany voller Vorfreude auf die Sitzecke sprang, mir ihr Halsband vorlegte und ich sie beim Umlegen ständig ermahnen musste, bitte einmal stillzuhalten, dann war ich sicher, sie liebt es und wir zogen wieder stundenlang los. Nicht einmal habe ich sie ermuntern müssen. Sie war immer bereit und wartete. Vielleicht entsprang unseren unzähligen Ausflügen ihre starke Kondition und Gesundheit bis ins hohe Alter? Vor den tiefen Wäldern fürchtete sie sich längst nicht mehr, sie lief immer voraus. Ab und an gerieten wir in die Dunkelheit, aber Tiffany kannte die Wege zurück, inclusive der verschiedensten Abkürzungen durchs Unterholz. Ich konnte ihr blind vertrauen. Wie es sich für einen richtigen Wald geziemt, lebte dort viel Wild, Hasen und Rehen begegneten wir täglich. Abenteuer ohne Ende. Tiffany liebte steile Hügel empor zu klettern, da kam der Highlander durch, und oben angekommen beobachtete sie meine Bemühungen ihr, nicht selten auf Händen und Knien, zu folgen. Abwärts fegte sie Steilhänge hinunter. Bevor ich unten anlangte, vorsichtig, um nur nicht ins Rollen zu geraten, stieg sie neben mir erneut nach oben, um den Rausch der Geschwindigkeit noch einmal zu erleben.

An einem jener sehr kalten Wintertage, an denen die Atemluft zu gefrieren scheint, entschieden der Tigerdresseur und ich gemeinsam mit den Hunden in der nächsten größeren Stadt Einkäufe zu tätigen und auf der Rücktour an einem Waldrastplatz für eine kleinere Tour zu halten. Das mit der Stadt war Beiwerk, zügig erledigt, wichtig nahmen wir die Wanderung. Auf den breiten Wegen hatte Forstwirtschaft den Schnee zu einem harten Eispanzer gepresst, nur der leichte Neuschnee ermöglichte vorsichtiges Gehen. Die Bäume trugen angelegte Äste und beugten sich tief unter dicker Schneelast. Ein Märchenwald. Nach einer beträchtlichen Wegstrecke tauchten die Abenteuer-Vierbeiner im Unterholz ab. Brian, mit den langen Keulen im Vorteil bei der Schneehöhe, vorneweg. Tiffany mit den erforderlichen Wieselsprüngen weniger behände, folgte eifrig und wir schlossen uns ihr an, denn Brian mangelte es am Gehorchen, er bestand zu gerne auf zu viel Selbstständigkeit. Bald entdeckten wir Tiffany und ich ermahnte sie zum Warten, was sie artig tat. Brian war fort und unser Rufen verschlang der Wald. Nun machte sich Brians Zweibeiner größte Sorgen und wir folgten seinen Spuren. Nachdem Tiffany bei ihren Sprüngen bis zu den Ohren in Schneeverwehungen verschwunden war, trug ich sie eine Zeit auf dem Arm. Das Gelände wurde lichter und übersichtlich. Wir hatten Brians Spur verloren und liefen Kreise, um sie wiederzufinden. Tiffany, überschwänglich im Tatendrang, wieselte hier- und dorthin. Plötzlich stand sie auf etwas, was ich in dem Moment als Eisdecke eines Gewässers erkannte. Aufgeregt rief ich sie herbei, doch wenige Meter vor mir brach sie ein! Wild paddelnd bemühte sie sich auf das Eis zu krabbeln, aber die Schicht hielt nicht stand und brach. Zum Glück ereignete sich dies nahe am Ufer. Ich eilte ihr entgegen. Unter mir brach das Eis sofort, meine Stiefel füllten sich mit Kühlwasser und ich erreichte Tiffany, die sich gute drei Meter vorgearbeitet hatte und zog sie heraus. Terriernass schüttelte sie sich und sprang wild im Schnee herum. Ich zog Kleidung aus, um die Badenixe mit dem T-Shirt so gut es ging abzureiben. Nun hieß es schnellstens zum Auto, damit Tiffany nicht unterkühlte. Die erste Zeit ließ ich sie laufen, um sich nach dem eisigen Bad durchzuwärmen, dann trug ich das nasse Ding mit dem vereisten Oberpelz unter meiner Jacke. Brian blieb verschollen, wieviel wir auch riefen. Inzwischen dunkelte es und wir suchten mühsam bis wir meinten den Rückweg gefunden zu haben. Ich verstand Ulfs Verzweiflung bezüglich Brian, doch ich musste erst zum Auto, die Heizung anschalten, um Tiffany warm und trockener zu bekommen und eventuell auch meine Eisbeine. Brian war klug, bestimmt würde er unserer Spur folgen. Wir gingen sehr schnellen Schrittes. In nun völliger Dunkelheit wussten wir nicht, ob wir überhaupt den richtigen Weg einschlugen. Soweit hatten wir ihn nicht in Erinnerung. Als aber aus der Ferne Straßengeräusche drangen, atmeten wir auf, weil irgendwo dort der Parkplatz liegen musste. Dann, in unserer Hatz und Sorge um Tiffany und Brian, tauchte in der Biegung weit vor uns eine dunkle Vierbeiner-Gestalt auf. Unbeweglich reagierte sie auf kein Anrufen. Spät erkannten wir Brian, der stumm auf uns wartete. Er war schon längst am Auto, maulte, weil wir uns im Dunkeln rumtrieben anstatt dort zu sein und lief dann das Stück zurück bis an die Wegbiegung, um zu sehen wo die Bummelanten nur bleiben. Uns entgegen zu laufen oder auf seinen Namen zu hören, wäre ihm nicht eingefallen. Die werden schon kommen! Ich fror kräftig, die Füße und jetzt dazu alle Kleidung so nass, wie der auftauende Terrier darunter an meiner Brust. Dennoch: Tiffany und ich trugen bei diesem Abenteuer im Hermsdorfer Wald nicht einmal eine Erkältung davon!

Nach den harten Wintertagen des Januars schmolz im beginnenden Februar der Schnee in kürzester Zeit komplett. Der Wald wandelte sein Aussehen und wir konnten leichtfüßiger weitere Gebiete erkunden. Höchst interessant fand meine Kleine die Besuche in den Ruinen einer vor vielen Generationen aufgegebenen Siedlung in herrlicher Lage. Tiffany war angetan von den halb überwucherten Mauerresten, ich von der wunderbaren Aussicht auf Dörfer und Saaletal. Der geheimnisvolle Ort wurde unser bevorzugtes Ziel. Zwei dorthin führende Wege und einige Wildwechsel boten ausreichend Abwechslung und der wissbegierigen Hundenase stets neue Anreize. So führte Tiffany mich zu einem Fuchsbau, von dem ich, im Gegensatz zu ihr, nichts ahnte. Ich erschrak sehr, als ich von dem vorausgeeilten Zwerg nur den Pinsel aus einem Erdloch ragen sah. Das dazu gehörende andere Ende knurrte und bellte in die finsteren Tiefen der Unterwelt. Blitzschnell griff ich den tiefer in den Gang eintauchenden Pinsel, erreichte dessen Ansatz und packte fest zu, griff ein Hinterbein und zog an diesen zwei Haltepunkten. Einfach war das nicht, so auf dem Bauch liegend und gegen das Einverständnis der Fuchsjägerin. Ich schimpfte sie aus, verteilte auch Klapse aufs feste Hinterteil, musste Tiffany aber an die Leine nehmen, sie war "fuchsteufelswild" darauf den Bau zu sprengen. Nix da! Ich gab meiner Kleinen viele Freiheiten, hier endeten sie ohne Wenn und Aber! Die nächsten Tage führte ich uns auf anderen Wegen in weitem Bogen am Fuchsbau vorbei. Das vom Jagdfieber infizierte Terrier-Mädchen ließ sich nicht derart billig täuschen, selbst Wochen später erinnerte sie sich genau an die Richtung zu seinem Standort und versuchte mich geschickt dorthin zu locken. So ein kleines Köpfchen mit so viel Klugheit!

Eines Nachmittags tanzten erneut dicke Schneeflocken aus überladenen, gemächlich driftenden Wolken und es schneite die ganze Nacht hindurch. Als wir den üblichen Morgenkontrollgang in Tierwagen und Heizabteil beginnen wollten, war der Tritt vor unserer Tür unter Weiß getarnt. Ich versank weit über die Waden, Tiffany kämpfte sich in der ihr inzwischen bekannten Fortbewegungsart Hüpfen & Hoppeln vorwärts. Ihrer riesigen Freude über das unerwartete, weiße Wunder tat dies keinen Abbruch. Sie sauste übermütig und ausdauernd durch und über die frischen Schneemassen, wälzte sich und spielte Greifen mit unsichtbaren Gegnern. Ewig konnte ich meinem lebensfrohen Hündchen zusehen, fühlte wie gut es ihr ging und wie zufrieden sie mit ihrer Welt war. Das machte mich glücklich. Gemeinsam tobten wir im Schnee, spielten das immer beliebte Fangen und Schneeballwerfen. Wurden wir müde oder begannen wir zu frieren, ging es in den warmen, gemütlichen Wohnwagen zurück. Die Spaziergänge unternahmen wir weiterhin. Der frische Schnee hatte die Natur erneut für ein kurzes Zwischenspiel in einen Märchenwald verzaubert. Wenige Tage später bereits setzte aber radikales Tauwetter ein. Tiffany nahm es gelassen, sie konnte sich zu Vielem freuen.

Angesichts der baldigen Ausreise zum Saisonstart wurde ich unruhig. Die wunderschöne Landschaft, die Ruhe, die Ausflüge - ich hatte mich so daran gewöhnt, dass ich zum ersten Mal keine Freude bei dem Gedanken an die bevorstehende Tournee empfand. Ich zählte den Countdown anders, freute mich zu jeden gewonnenen Tag. Inzwischen befand sich die Wagenstadt in Auflösung, das Winterquartier wurde etappenweise geräumt. Schließlich standen, neben einigen Packwagen, nur noch die Tigerdressur und ich. Erst eine Woche später erschienen die Zugmaschinen, um uns zu holen. Der Zirkus hatte ohne Genehmigung im Gastspielort aufgebaut und Plakate verteilt. Nach darauf folgenden Streitigkeiten zwischen Stadt und Direktor verwiesen zuständige Behörden den Zirkus aus der Stadt und als dieser nicht folgte, wurde er bis über die Stadtgrenze zwangsgeräumt. Es sollte ein Vorbote für die Tournee werden, doch das ahnten wir nicht. Immerhin hatten Tiffany und ich das Glück unerwarteter weiterer Ausflüge und jene unerfreuliche Aktion nicht miterlebt zu haben. Wir setzten gleich in den zweiten

Gastspielort um und fortan begann der Reisealltag. Die Route führte durch Thüringen und Sachsen, die Spaziergänge durch bergige Landschaft mit herrlichen Wäldern blieben gesichert. Leider sorgte der Direktor mit seinem Verhalten immer häufiger für Ärger mit Behörden, von deren Handlungen auch wir nicht verschont blieben. Seine zunehmend unseriösen Geschäftspraktiken belasteten den gesamten Zirkusbetrieb. Niemand konnte den Direktor verstehen, schließlich stand ihm ein ausgesprochen gutes Team zur Seite. Einer daraufhin engagierten Geschäftsführerin gelang es vorerst für eine Entschärfung der Situation zu sorgen, bis auch sie kapitulierte. Kaum ein Gastspielort ohne Probleme. Das sprach sich herum, die Veranstaltungen wurden schlecht besucht. Es folgten Zirkusplätze, die keine waren. Schwere Wagen wurden mit zwei LKW auf Wiesen gezogen und versanken während der Spieltage bis zu den Achsen im weichen Untergrund. Mehrfach benötigten wir die Hilfe starker Zugmaschinen von Landwirtschaften. Ich blieb oft mit meinem Fuhrpark auf der Straße stehen, um diesen nervenaufreibenden Aktionen auszuweichen und hatte damit einen weiten Fußmarsch mit den schweren Reptilien zum Chapiteau. Zunehmend verschlechterten sich auch die Arbeitsbedingungen in der Manege. Sägespäne wurden, wie ein fester Stromanschluss, zur Rarität. Der veraltete unterdimensionierte Stromerzeuger schaffte mit Mühe Energie für einige Außenlampen und drei (!) Manegen-Scheinwerfer. Welche jämmerliche Beleuchtung unter dem "märchenhaft schönen orientalischen Sternenhimmel des Chapiteaus" - so die Werbung. Zeltarbeiter und Kraftfahrer kamen und gingen. Ständig neu einzuweisende Requisiteure, nicht nur für meine Show eine Herausforderung. Das Chaos in der Vorstellung wurde zur Regelmäßigkeit. Dann reiste die polnische Kapelle ab und Musik aus der Konserve begleitete uns die restliche Tournee. Wieder folgten Verweise von Plätzen, von deren illegaler Besetzung für ein großzügig mit nicht bewilligten Plakaten beworbenes Gastspiel, nicht einmal die Geschäftsführerin wusste. Bei derartigen Methoden wurde Ärger in Gestalt von Polizei- und Zollkontrollen die Reaktion der Behörden. Es war meist unmöglich, den stolzen Uniformträgern klar zu machen, das ich, wie alle anderen Artisten im Programm auch, selbstständig war, für ein Jahr unter Vertrag stand und weder zur Familie des Zirkus gehörte, noch bei deren Geschäftspraktiken Mitsprachrechte besaß.

Eine dieser Kontrollen gipfelte in einer Aktion, bei der selbst die kleine Tiffany direkt beteiligt wurde. Der Tigerdresseur, ich und Hunde waren an dem spielfreien Tag zum Einkauf gefahren, um auf der Rückfahrt in den Bergen zu wandern. Von einer Stelle hatten wir wunderbare Sicht auf den Zirkus, doch lag der Aussichtspunkt zu weit entfernt um zu erkennen, was dort in jenem Moment ablief. Wir drehten unsere Runde, fuhren nachhause und standen unmittelbar vor einer den Zirkus komplett umstellenden Hundertschaft schwarz gekleideter Polizei. Schwer gerüstet zum Einsatz gegen Zivilisten, mit Schutzausrüstung, heruntergelassenen Helmvisieren und Bewaffnung. Bedrohlich agierende Kampfwesen ohne Gesichter stoppten unser Auto abrupt, umringten es, rissen die Türen auf und befahlen im Ein-Semester-Polizeischulen-Jargon auszusteigen. Kriegszustand. Man verlangte die Ausweise, obwohl die Sympathieträger zu unserer

Verwunderung die Namen bereits kannten. Da hatte wohl jemand bei den Methoden der Staatssicherheit der DDR abgekupfert? Dann sollten wir unter Aufsicht von Schwärzlingen zu unseren Fahrzeugen und Wagen gehen, um diese durchsuchen zu lassen. Fragen wurden ausschließlich mit Anweisungen und klaren Drohungen beantwortet. Auf dem gesamten Zirkusgelände krabbelten in und um Wohnwagen von Artisten, Arbeitern und Direktion Uniformierte herum, wie eine Armee schwarzer Waldameisen auf Raubzug. Ich nahm Tiffany und erhielt sofort den Befehl: *Der Hund bleibt im Auto, er behindert die Hundeführer!* Auf meine Erwiderung, dass mein Hund bei mir auf dem Arm mit in ihr Zuhause kommt, folgte *Setz` den Köter in den Wagen!* Meine Empörung über den bemerkenswerten, entlarvenden Tonfall entfachte ein unerfreuliches Wortgefecht und endete damit, dass der Typ seine Pistole zog und Tiffany an den Kopf hielt: *Den Köter ins Auto, oder ich reiß ihn dir runter und knalle ihn wegen Behinderung einer Polizeiaktion hier vor deinen Augen ab.* Keiner der vermummten Mittäter hatte einen Einwand gegen derartiges Verhalten. Da trat eine Person in Zivil aus dem Hintergrund, welche ich für einen der zahlreichen Gaffer gehalten hatte, und erklärte mir ruhig, dass es ernst sei und ich den Hund einfach wieder ins Auto setzen solle. Wie weit dies eskaliert wäre, vermag ich nicht zu sagen. Ich traute dem ausgetickten staatlichen Gewaltorgan jedoch schlichtweg Alles zu. So fügte ich mich, mit rasendem Herzen, vor Angst um Tiffany und vor Zorn über meine Ohnmacht. Meine Wagen durchsuchten fünf Neugierige, anschließend durfte ich Tiffany holen. Stunden später wuselten die Schwärzlinge in ihre Behältnisse zurück und der Spuk fuhr von dannen. Eine Erklärung für das gesamte Vorgehen erhielten wir nicht. Wir räumten still, jeder für sich in seinem Bereich, das hinterlassene Durcheinander auf. Später diskutierten wir irritiert lange über das Erlebte.

Nein, nicht geschehen in meiner Phantasie oder in einer diktatorischen oder von Warlords willkürlich drangsalierten Bananenrepublik irgendwo im Hinterhof der Erde, sondern Tatsache in der gepriesenen *Demokratie* Deutschlands, im Sommer 1995 in Leutenberg/Thüringen.

Natürlich wurde nichts gefunden und wonach man überhaupt gefahndet hatte, erfuhren wir auch nie. Meine Versuche, mit einen Anwalt die zuständigen Behörden zu verklagen, scheiterten selbstverständlich. Geblieben ist der Zorn über den Umgang mit meinem Hündchen und mir bis heute, ebenso die Allergie auf jene Einheiten und tiefe Verachtung der Worte *Das ist mein Job, ich tue nur meine Pflicht.* Damit wurde schon immer in der Geschichte die eigene Bereitschaft zu einer Handlung geheiligt.

Warum wir Dresseure und Artisten dies alles erduldeten? Für aufwendige Tierdressuren war es fast ausgeschlossen während einer Tournee in ein anderes Programm zu wechseln und kein Geld zu verdienen, in Anbetracht der hohen Unterhaltskosten für die Tiere, kaum eine Lösung. Zumal die Gagen pünktlich gezahlt wurden.

Die überstandene Aktion blieb im Gedächtnis von uns allen, aber danach wurde es ruhiger. Abgesehen von gelegentlich kurzzeitigen Verhaftungen des Direktors für maximal zwei Tage, aus welchen Gründen auch immer. In Freiberg gar bei laufender Veranstaltung vor Publikum aus der Manege heraus, mit vollem körperlichen und vielköpfigen Einsatz der Beamten. Sie hätten eventuell auch die zehn Minuten bis zum Vorstellungsende warten können, wohin konnte K. schon entschwinden? Er führte zwar kleine Zaubertricks vor, vielleicht ängstigte dies die Polizei, aber für ein Unsichtbarwerden reichte es wirklich nicht. Die letzte Darbietung arbeitete, K. führte durch das Programm und wir anderen standen in Galakostümen zum Finale bereit. Zudem war das Chapiteau umstellt worden, aber die Zeit nahm man sich nicht und die Bitten von uns Artisten wurden ignoriert. Vielleicht wollte man auch einmal im Licht stehen und Zuschauer haben. In der Showbranche nennt man das Bedürfnis freundlich: Rampensau. Die heftigen Proteste des zahlreichen Publikums zu der Aktion waren kaum erwartet worden und bereiteten den Polizisten allergrößte Probleme. Als die Wutbürger allen Einschüchterungsversuchen trotzten, enteilten sie mit ihren Fahrzeugen. Der Direktor traf am gleichen Abend wieder im Zirkus ein... Schwerwiegendes konnte kaum vorgelegen haben. Tatsächlich, an derlei Handlungen gewöhnten wir uns, die Veranstaltungen liefen normal weiter, dank der rührigen Geschäftsführerin Angela v. W.

Ein Nachtrag sei gestattet. Niemand von Personal oder Artisten war kriminell oder terroristisch veranlagt, alle versuchten nur in einer schwierigen Branche zu überleben. Was Herr K. eventuell an Geheimnissen trug, vermag ich nicht zu beurteilen, doch mit Sicherheit rechtfertigte es nicht derartige Ausschreitungen der Behörden.

In den Gastspielstädten stellte ich fest, dass Westhighland White Terrier in Deutschland keine Rarität waren. Als Werbeträger für einen Futtermittelhersteller startete er eine "Blitzkarriere" zum Modehund der 90er, mit allen schrecklichen Folgeproblemen für diesen liebenswerten kleinen Kobold. So mancher Käufer verstand nicht, dass hinter dem niedlichen Aussehen ein Terrier steckt... Tiffany und ich trafen regelmäßig weiße Zwerge wie sie, zumeist hochbeiniger und mit nach vorne gekrümmten Pinseln. In Freiberg stand der Zirkus am Rande eines Neubauviertels und als wir unsere Runde drehten, wurden dort in den Grünanlagen viele ansässige Hunde spazieren geführt. Es trug sich zu wie mit dem besagten Nest: ein Westie nach dem anderen lief uns mit seinem Zweibeiner entgegen. Zum Schluss spielten vor uns Haltern tatsächlich sieben Westhighland White Terrier auf der Wiese. Dieser losgelassene wilde Haufen jagte als weißes Gemenge über das Grün, über Wege, durchs Gebüsch und um uns herum. Da konnte ich durchaus den Überblick verlieren, wer nun Tiffany war! Das ich bloß nicht zum Schluss die Falsche mit nachhause nehme! Natürlich hat jeder seine individuellen Merkmale, im Aussehen und Verhalten, doch wenn einem solche Horde Westies um die Beine fegt, erkennt man zuerst einmal nur weißes Fell. Es war die Richtige, die ich mitnahm - sie bewies es mir noch am Abend. Da gelang es Tiffany ein Wildkaninchen aufzustöbern und aus seinem Revier in den Zirkus zu treiben und beide rasten unter den Wagen kreuz und quer herum. Ich rief Tiffany, jedoch nicht energisch genug, weil ich sicher war, das flinke Kaninchen würde locker entfliehen. Aber es machte einen Fehler und entkam nicht. Ich traute meinen Augen kaum, als Tiffany es bei einem Haken erwischte, damit zum Stolpern brachte und sofort zupackte. Mein Eingreifen erfolgte zu spät. Die Kleine, nicht wirklich viel größer als das Wildkaninchen, hatte es durch aggressives Schütteln im Genick bereits getötet. Ich betrachtete fassungslos die Beute. Die unendlich stolze Jägerin stand halb über dieser und schüttelte sie knurrend. Ich nahm ihr das Kaninchen fort und machte mir Vorwürfe. Für das Unglück trug ich mit meiner Sorglosigkeit die Verantwortung, Terrier Tiffany war nur ihrem Jagdinstinkt erlegen. Ich dachte an ihr Verhalten in Belgien. Dort kaufte ich regelmäßig Hühner für die Schlangen. Verpackt und transportiert vom Markt zum Zirkus wurden sie in großen Pappkartons mit Luftlöchern. Es war für uns immer schwer Tiffany von den Kartons fernzuhalten, sie biss da hinein, riss Fetzen heraus, lauerte und schnappte nach den Hühnern, wenn diese ihre Köpfe neugierig durch die Löcher steckten. Oft brachte selbst lautes Schimpfen nichts und die Wildgewordene musste in den Wohnwagen. Hatte ich das Federvolk in ihr Gehege gebracht, durfte Tiffany die leeren Kartons begutachten. Das erledigte sie gründlich: sie stürzte sich darauf und fetzte alles in praktische Größen zum Verheizen. Bitter enttäuscht, das selbst unter dem kleinsten Kartonrest kein Geflügel mehr hockte, lief sie nach dieser Erkenntnis zum Hühnergehege, um den Neuangekommenen durch den Zaun deutlich zu machen, was sie von ihnen halte und wer hier das Sagen hat. Dabei präsentierte sie Ausdauer und musste die ersten Stunden beständig ermahnt werden sich zu benehmen und endlich die Schnauze zu halten. Eine Leidenschaft wurde auch das Zusehen beim Verfüttern der Hühner an die Schlangen, Begeisterungsstürme brachen da aus ihr heraus. Das war der Terrier-Charakter in meiner Tiffany, bis ins hohe Alter.

Häufiger stand der Zirkus jetzt wieder auf billigen Ausweichplätzen. Für Tiffany egal. Schmutzige oder teils verwahrloste Plätze waren dem Schmuddelkind sowieso erlebenswerter als Kurzrasen oder gar Sportplätze. Das sie dann häufiger mal in die Wanne zum Füßchen waschen musste, damit fand sie sich ab. Dazu sprudelte das Wasser ja aus der Brause und stand nicht bauchhoch, ein Klacks. Sie drehte ihre Runden bis ins Chapiteau oder beobachtete liegend vor unseren Wagen oder von Brians Veranda das Geschehen und die Besucher. Wenn ich Vorbereitungen für die Veranstaltung traf, begleitete sie mich zu den Requisiten und "half" beim Verladen der Reptilien. Zuerst nur durch überwachen der Abläufe, dann, bei steigender Häufigkeit, mit Zwicken in die Schlangenschwänze, wenn die ihrer Meinung nach nicht schnell genug im Korb verschwanden. Ständig verwarnte ich sie dafür, aber das sich langsam einkräuselnde Ende war einfach zu verführerisch. Knapste sie da hinein, schoss es blitzartig in den Korb. *Toll! Herrlich !! Welch ein Spaß !!!* Tiffany tanzte auf vier und zwei Beinen begeistert herum. Wenn sie auch die Schlangen nicht verletzte und ich mir keine Gedanken um einen Rachefeldzug der Boas und Pythons machen musste, so fand ich das, offensichtlich ganz anders als die freche Teufelin, überhaupt nicht lustig und unterband ihre Hilfeleistung. Und auch die von ihr entdeckte Neuerung: ging ich zur Arbeit und sie musste im Caravan warten, sprang sie auf den Tisch der Sitzecke und konnte bequem im Sitzen durch die drei Fenster perfekt rundum beobachten. Mit den Hinterbeinen auf den Polstern stehen war anstrengender und erlaubte nur eine Richtung. Von weitem sah ich Tiffany auf dem Tisch thronen, kam ich näher, sprang sie herunter und erwartete mich vor der Tür. Der Tisch galt als tabu für sie und ich wollte klug sein und stellte leeres Geschirr als Platzhalter darauf. Tiffany behinderte das wenig, denn schließlich fiel einiges herunter und räumte so die Fläche für sie frei. Da hagelte es doch laute und böse Worte, worüber die Kleine mit schuldbewusst hängendem Pinsel und Köpfchen flink im Körbchen abtauchte. Sie hatte verstanden, testete die Tischmethode noch ein paar Male, jedenfalls sah ich es nicht mehr oft, und beendete sie von allein.

Schöne Tage umrahmten das Gastspiel in Saalburg. Der Zirkus stand auf einer Wiese am Ufer des Stausees und das herrliche Sommerwetter verbrachten viele von uns am und im Wasser. Der Stellplatz meiner Wagen befand sich, wie im belgischen Park mit den Schwänen als Nachbarn, unmittelbar am Ufer, so spielte und schnüffelte Tiffany viel dort herum, das Wasser selbst mied die mutige Waldläuferin. Das kannte ich schon aus Belgien. Die kleinen Fische beobachten und verbellen war unterhaltsam und auf der Wiese am See im weitläufigen Park von Destelbergen mit anderen Hunden wild zu toben eine nicht enden wollende Freude. Aber Wasser? Nein, nein! Ich versuchte damals sie mit Stöckchen wenigstens einige Schritte in das seichte Nass zu locken, oft zur Freude etlicher Spaziergänger über die tapsige, interessierte, aber ängstliche Kleine. Ohne Erfolg. Nicht einmal die Pfötchen setzte sie hinein! Ja, und bei Regen wich sie den Pfützen, wenn nötig, im Riesenbogen aus. Weshalb sollte sie hier am Stausee ihre Grundsätze ändern? Ich ging baden und versuchte die Wasserscheue zum Folgen zu ermuntern, auch darauf hoffend, das die starke Hitze sie motiviert und weil viele Bekannte nach ihr riefen. Nein, nichts zu machen. Dann trabte Brian mit Herrchen herbei und ich war gespannt. Brian stürzte sich ins Wasser, schwamm und tauchte Stöcken und Steinen hinterher und geriet ganz aus dem Häuschen vor Glück. Tiffany staunte, als sie ihren Freund in dem verhassten Element derart verrückt erlebte und stellte sich auf die Hinterbeine um ihn da weit auf dem See beobachten zu können. Als er kurz zu ihr ans Ufer lief und sich schüttelte, traf der überwiegende Teil des Wassers Tiffanys Pelz. Sich mit Grauen schüttelnd, um möglichst viel der nassen Ungeheuerlichkeit aus dem Fellchen zu entfernen, flitzte sie vor Brian davon auf Beobachtungsstation unter den Tierwagen. Wenig später aber trieb die Neugier sie zurück zu uns. Brian vergaß alles um sich herum, war jetzt Wasserhund und kümmerte sich mal nicht um die kurzbeinige Freundin. Tiffany lief hüpfend und bellend am Ufer hin und her und schüttelte sich vorbeugend. Nein, auf Wasserspiele konnte sie gerne verzichten! Am Ufer entlang spazieren, dabei den zaghaft auflaufenden Wellen zusehen, das fand sie interessant - baden nicht. Also zogen wir los, folgten dem See ein Stückchen und bogen ab zu den Bergen mit den duftenden Nadelwäldern. Das war Tiffanys Welt!

Inzwischen steigerten sich die Konflikte im Zirkus und zogen das Arbeitsklima arg in Mitleidenschaft. Ein befreundetes Artistenpaar reiste zu meinem tiefsten Bedauern kurzfristig ab, ihnen folgten gute und wichtige Arbeiter. Wir Rest trösteten uns mit Durchhalteparolen und den irgendwie zu überstehenden drei Orten. Mit dem anschließend für fast drei Wochen angesetzten Weihnachts- und Neujahrsgastspiel in Erfurt wäre die Tournee dann beendet. Die Gastspiele bis dorthin verliefen glatt. Die Ruhe vor dem Sturm. Kaum das Zirkus A…. seine und unsere Wagen in Erfurt gestellt und die Chapiteau-Masten aufgerichtet hatte, erschien wieder das bekannte Trio Ordnungsamt, Polizei und Zoll. Aus dem vor der Direktion laut entfachten Streit erfuhren wir, das der Zirkus keinerlei Spielerlaubnis für den zentralen kommunalen Platz besaß und aufgefordert wurde, ihn innerhalb der nächsten zwei Tage zu räumen. Das konnte nun keiner von uns glauben, das musste ein Missverständnis sein! Illegal mitten in Erfurt? Direktor K. beteuerte uns, es habe alles seine Richtigkeit und ließ umgehend Chapiteau und Vorzelt, Pferdezelt und Objektzaun errichten. Am folgenden Tag erschienen erneut Behörde und Polizei, sie kontaktierten jeden einzelnen Artisten und sprachen die Zwangsräumung für den nächsten Morgen aus. Jetzt waren auch meine Geduld und Nerven überstrapaziert. Ich telefonierte mit einem anderen Zirkus, bat um Aufnahme und Hilfe bei meiner Abreise und erhielt die feste Zusage, dass mich ein LKW abholen wird. Als ich nach einer Krisennacht früh an die Vorbereitungen für die Abfahrt ging, trafen Ordnungsamt, Veterinäramt, Polizei, Feuerwehr und THW mit Bergungsfahrzeugen ein. Es folgten filmreife Auseinandersetzungen zwischen Direktor im Unimog und Polizei mit PKW, bis es den Beamten gelang ihn zu überwältigen und abzuführen. Das THW zog die ersten Wagen vom Gelände zu einen Sicherstellungsplatz, als der von mir erwartete LKW eintraf. Gemeinsam koppelten wir den Tierwagen an und fuhren vorsichtig durch das wilde Durcheinander. Um uns herum Polizei und rangierende Bergungsfahrzeuge. Feuerwehr mit THW versuchten Sitzeinrichtungen und Chapiteau abzubauen. Es gelang ihnen natürlich nicht ohne Schäden.

Artisten zerstreuten sich in alle Himmelsrichtungen.

Einen schweren Abschied gab es mit dem Tigerdresseur und Tiffanys Freund Brian, diese warteten ebenfalls auf einen LKW um in ein Winterlager zu ziehen. Brian verunglückte dort wenige Monate später tödlich. Tiffany ging nie wieder eine so enge Hundefreundschaft ein.

Wir folgten LKW mit Tierhänger durch Erfurt. Mein Hündchen, wie stets bei einer Fahrt voller Neugier auf Kommendes, saß auf meinem Schoß. Dann fuhren wir auf die Autobahn und in Richtung Leipzig. Dort erwartete uns der Zirkus Aeros, Dir. Chr. Samel, auf seinem Weihnachtsgastspiel und mit jedem hinten uns bleibenden Kilometer kehrte meine innere Ruhe zurück.

Es war Heiligabend.

Zirkus Aeros

Erinnerungen an den Staatszirkus der DDR - Verglühen, der sterbende Zirkus - Weggabelungen - Aufbruch - Copilotin - Zirkus Aeros

Bei laufender Nachmittagsvorstellung trafen wir im Zirkus Aeros ein, aber die Direktorin fand Zeit mich kurz willkommen zu heißen und ich konnte mich sogleich für die Rettung bedanken. Für den Abend lud sie mich ich in den Clubwagen ein, um mit ihr über Erlebtes und zukünftige Pläne zu reden. Es wurde eine lange Nacht und Tiffany hat sich bestimmt über mein ungewöhnliches Fortbleiben gewundert, so was war neu für sie! Entsprechend stürmisch feierte sie meine Rückkehr.

Am nächsten Vormittag, dem ersten Weihnachtstag, drehten wir eine ausführliche Runde in dem riesigen Zirkus. Ein so gewaltiges Zelt und so viele Wagen hatte die Abenteuerin nie zuvor gesehen! Eine Kleinstadt auf Rädern. Und wie viele Hunde hier wohnten! Es dominierte nicht, wie im Great Belgium Circus, eine große Rasse. Dort waren es die alten und älteren Artistenhunde der Direktorin, welche, von jüngeren Artgenossen in der Show abgelöst, den Ruhestand genossen und Anführer und Kern der Meute bildeten. Hier lebte ein bunter Haufen von kleineren und kleinen Rassen und drolligen Mischlingen der engagierten Artisten und Arbeiter. Eher zufällig trafen sich die Vierbeiner wenn sie aus den Wohnwagen durften und bildeten dann eine Spielgemeinschaft. Tiffany nutzte jede Gelegenheit dabei zu sein. Sie fiel als das einzige weiße Fellchen auf, aber die Kleinste war sie nicht. Doch einen beträchtlichen Unterschied gab es zu der aufregenden und glücklichen Welpenzeit als Teilzeitmitglied einer Hundegang: es fehlte die Verbundenheit einer gewachsenen Meute. Niemand weihte sie hier in die Geheimnisse des für sie neuen Zirkus ein. Man begegnete sich vor einem Wohnwagen, spielte dort miteinander und meist stießen weitere Kameraden hinzu, aber im Zirkus zogen sie nicht herum. Es gab keine Hundegang. Häufig wurde das Herumtoben unterbrochen durch das *Nachhause!* für einen Hund und Verschiedene durften gar überhaupt nicht mitspielen und nur zusehen, aus unnötiger Sorge vor dem übermütigen Knurren und Bellen, obwohl es nie in einer Beißerei endete. Tiffanys angeborene freundliche Offenheit erreichte hier erstmalig gewisse Grenzen, sie mochte einige Vierbeiner nicht und ignorierte sie völlig. Vielleicht hinreichend Gründe und Erklärungen, weshalb sie stets nach unüblich kurzer Zeit wieder zu mir kam, vielleicht bremste auch der Schotter- und Betonplatz das Spielen und die tiefen Minusgrade. Da ich nicht mit meinen Reptilien im Programm arbeitete, erkundeten wir Zwei den Zirkus und die Umgebung. Ich kannte diesen Platz gut, mehrfach hatte ich, damals bei der Elefantengruppe tätig, mit dem Staatszirkus Aeros hier gastiert. Wenn ich damals auch kein Hündchen besaß, ich wusste von den umliegenden Grünanlagen. Zu deren Eroberung brachen wir täglich auf. Damit verlebten wir, nach einer "abwechslungsreichen" Tournee mit unrühmlichen Ende ein ruhiges Weihnachtsfest und den Jahreswechsel 1995/96 im Zirkus Aeros in Leipzig.

In der zweiten Woche des neuen Jahres endete die Saison und der umfangreiche Fuhrpark setzte in das angemietete Gelände im ehemaligen Winterquartier des Staatszirkus der DDR in Berlin-Hoppegarten um. Den klägliche Rest des, nach fast abgeschlossener Zerschlagung durch die Treuhandanstalt, einst so beliebten und erfolgreichen Unternehmens versuchten wenige vormalige Mitarbeitern der Generaldirektion des Staatszirkus, jetzt als Berliner Zirkus Union GmbH, zu retten. Keine Spur mehr vom ehemaligen Glanz der drei Großzirkusse. Verwahrlosung überall, jedes noch so winzige Gebäude von der Treuhand an Klein- und Kleinstfirmen und die dazwischen liegenden Freiflächen als Winterquartier an selbstständige Artisten und Tierdressuren vermietet. Der Fuhrpark des von Frau Samel gepachteten Aeros wurde zwischen Bäumen, Hallen und auf Seitenwegen verteilt, ein geringer Teil parkte an den großen, teilgeräumten, Stallanlagen. Die riesigen Betonflächen für das Überwintern der Wohnwagen von Aeros, Busch und Berolina, der drei Betriebsteile des Staatszirkus, lagen verwaist. Es existierten nur noch die weißen, dunkelrot umrahmten Aeros-Wagen, die der anderen Unternehmen hatte die Treuhandanstalt längst abgegeben, sie waren gefragt, weil bis auf den letzten Wohnwagen perfekt eingerichtet.

Nun standen meine Wagen hier, gleich hinter der "Villa", dem Sitz der vormaligen Winterquartierleitung, und der Kantine. Das Gelände so zu sehen war deprimierend. Ich dachte an den Tag vor vielen Jahren, als ich hier mit damaliger Lebensgefährtin und bepackt mit Taschen und Koffern durch das Eingangstor vorbei am Pförtner die bunte Welt des Zirkus betrat. Auch in einem Winter. Hinter mir lagen Lehre zum Zootierpfleger im Zoo R. und Jahre der Tätigkeit im Elefantenrevier. So wie ich die Arbeit dort und mit den Tieren liebte, so hasste ich die Enge der Sichtweisen und die Gängelei der Direktion zu "gesellschaftspolitischer Einstellung und Tätigkeit", wie das im Propaganda-Ton der DDR hieß. Wir bewarben uns im Zirkus Aeros und kündigten im Zoo. Den Schritt habe ich nie bereut. Das weite Areal in Hoppegarten dominierten Werkstätten, Lager- und Unterstellhallen, Wohnhäuser, Kantine, umfangreiche Stallkomplexe mit Probemanegen und viele weitere Gebäude, es war Europas größtes und modernstes Zirkus-Winterquartier. Der Saisonstart der drei Unternehmen stand damals bevor und es herrschte emsiges Treiben in allen Bereichen. Mich zog die Magie des

Zirkus sofort in ihren Bann. Das Leben im Wohnwagen, das enge Arbeiten mit Tieren und die unfassbare Freiheit beim Reisen, auch hinaus aus der Enge der DDR, waren wunderbar. Viele Jahre ging ich mit der großen Elefantengruppe auf lange Tourneen. Mit meinem Stammbetrieb Aeros durch die ČSSR, den Kaukasus und in Festbauten der Sowjetunion und, von ihm ausgekoppelt, auf Ensemble-Tourneen in die Niederlande, die BRD und in Österreich. Der Staatszirkus entzog sich weit möglichst staatlicher Kontrolle, hatte seine Nische in der DDR gefunden und sich weltweit einen sehr guten Ruf erarbeitet. Hier zählte die persönliche Leistung und der Reisepass hing nicht von politische Gesinnung ab. Gut das der stabile rote Zaun den Aeros umschloss, er setzte Grenzen und hielt lange das Böse fern. Im geeinten Deutschland versank der Staatszirkus, von der Politik verachtet, in der Bedeutungslosigkeit der Unwürdigen und die desinteressierte Treuhandanstalt zersplitterte und zerbröselte ihn in ihrem Mahlwerk bis nichts mehr übrig blieb. Planwirtschaft.

Ein paar Jahre war die BCU bemüht, wenigstens einen Bruchteil des einmal Großen am Leben zu halten. 1999 wurden dann aber in Gewaltaktionen des Liquidators die letzten Dressurgruppen aufgelöst und Tiere, kostenlos plus finanzieller Anreize für die Übernehmenden, abgegeben. Zum Jahresende war das Winterquartier geräumt, die Abrissarbeiten begannen. Man ließ den Staatszirkus schleifen, auf das keine Erinnerung an ihn bleibe. Sieger handelten so stets gerne, in allen Jahrhunderten der Geschichte.

Im Frühjahr 2000 war das Unternehmen abgewickelt, wie es im Polit-Jargon heißt.

Viele Erlebnisse meiner Staatszirkus-Zeit erwachten, während ich Tiffany das Winterquartier zeigte. Für mich eine Reise in die Vergangenheit, für meine kleine Hündin ein abenteuerlicher Spaziergang durch eine untergehende Welt, voller Unordnung und geheimnisvoller Gerüche. Wir erweiterten die Ausflüge. Gleich hinter dem alten Objektzaun begannen Wiesen und lichte Waldstreifen, dahinter Übungsstrecken der Galopprennbahn Hoppegarten. Eine ganz andere Landschaft als vor wenigen Wochen. Plattes Land, keine Berge mit dichten Wäldern. Tiffany schien auch das Recht, sie nahm alles wie es war und machte für sich das Beste daraus! Dafür bewunderte ich sie. Das kleine Mädchen rannte über die kahlen Wiesen, auf der Suche nach Wildspuren und Aktion. Davon gab`s reichlich, in Gestalt von Rehen, Hasen und heißen Verfolgungsjagten. Ich gestattete ihr die Freude Wild aufzustöbern, denn nach hundert Metern Sprint gab sie auf. Die Rehe federten mühelos über gebrochene Bäume und niedrige Sträucher von dannen. Diese Leichtigkeit beim Springen war Tiffany nicht mit ins Wurfkörbchen gelegt worden. Kleinere Stämme nahm sie ja fast mühelos, mit gedrosseltem Tempo zwar, aber immerhin. Größere musste sie erklimmen und da blieb sie oben sitzen und blickte den Rehen hinterher, wissend, sie nicht einholen zu können. Auch diese Hasen, die sich lange duckten, in falscher Hoffnung die schwarze Nase würde ihrer kurzbeinigen Eigentümerin nicht exakt den Weg weisen, blieben eine harte Herausforderung. Sie sprangen knapp vor Tiffany auf und hängten sie trotzdem ab. Die Nase war Spitzenklasse, die Beinchen schafften auch beeindruckende Beschleunigungen, nur bei dem Sprinterstil der Langohren mit ihren Luftsprüngen und Haken blieb sie chancenlos.

Mit den plötzlichen Richtungswechseln kam der Terrier nicht klar, brauchte mehrere Meter zum Bremsen und musste sich danach orientieren, wo der Verwandte des Osterhasen nun überhaupt hin war. Tiffany wusste ihre Niederlage zu erkennen, auf unnötiges Hetzen ließ sie sich nicht ein. Vielleicht würde es ihr ja beim nächsten Mal gelingen schneller zu sein! Nein, das tat es nicht und auch nicht bei den übernächsten Malen. Aber es brachte eine starke Kondition und Muskulatur. Und viel Freude obendrein.

Im Winterquartier erschienen indessen ständig Zirkusdirektoren zur Restesuche nach Material und Darbietungen im sterbenden ehemaligen Staatszirkus. Ich wies die zahlreichen Selbstdarsteller mit ihren hochtrabenden und leeren Versprechungen ab. Genug Erfahrungen hatte ich gesammelt, um den Phantasiegeschichten keinen Glauben zu schenken. Nicht erst in den Jahren nach der "Wende", schon bei meinen Tourneen zu tiefsten DDR-Zeiten in westlichen Zirkusunternehmen mit großen Namen erlebte ich die traurige Realität dort und den Kampf um das tägliche Futter für die Elefanten und um die Gagen. Welcher krasse Gegensatz zum DDR-Zirkus, der als Kunstform anerkannt war, sich auch so darstellte und verhielt. Seinen zwei- und vierbeinigen Mitarbeitern, wie auch seinem Publikum gegenüber. In Hoppegarten erlag ich der Faszination des Zirkus endgültig, als wir Zootierpfleger-Lehrlinge aus allen DDR-Zoos im Sommer 1972 für einen Monat theoretischen Unterricht im fast leeren Winterquartier hatten und in den Wohnheimen untergebracht waren. Hier prägten mich meine Eindrücke tief, obgleich mir schon bei Besuchen von Vorstellungen der Anblick der exotischen Wagen- und Zeltstadt das Herz vor Aufregung höher schlug. Hier entschied ich mich viele Jahre darauf, mit eigenen Tieren den Schritt in die Selbstständigkeit zu wagen. Hier wollte ich jetzt den Kreis schließen und in Anbetracht der heutigen Stellung des Zirkus meinen Lebenstraum beenden.

Über Kontakte mit Rüdiger N., dem Survival-Experten und Menschenrechtler, bewarb ich mich bei Nationalparks und Urwaldcamps in Südamerika. In jenem Winter erreichte mich die Einladung zum Gespräch mit einem Betreiber derartiger Einrichtungen in Guyana und auf der Tourismusbörse in Berlin erhielt ich ein konkretes Angebot. Was ich vorher wollte, wurde zum Konflikt. Tiffany! Sie hätte mitgehen dürfen, das wurde mir zugesichert. Doch, welche Umstellung für die Kleine! Würde sie mit den Problemen im Urwald klarkommen, mit der Hitze, der Feuchtigkeit? Würde sie auch dort das Beste für sich finden? Würde es ihr wirklich gut gehen? Ich sprach mit Dr. A. Kuntze, zu welchem ich durch seine langjährige Betreuung der Elefanten größtes Vertrauen besaß. Er teilte meine Bedenken wegen des Klimas und zog alle möglichen Gesundheitsrisiken in Erwägung. Als Gegenargument sah er Tiffanys Jugendlichkeit und starke Kondition. Er riet mir aber, um Selbstvorwürfe zu verhindern, sollte der Kleinen etwas passieren, für sie ein gutes neues Zuhause zu suchen. Damit war entschieden: ich sagte dem Unternehmen ab. Viele versuchten mir damals zu raten, *Gib doch den Hund ab, du findest dort einen neuen* oder *So eine einmalige Chance wirst du dir doch nicht entgehen lassen.* Mich von Tiffany zu trennen war aber schlicht unakzeptabel und der Gedanke, das der kleinen Schatz meinen Aussteigerwunsch mit Leiden oder gar Tod bezahlen könnte, unerträglich. Damit endete die Episode in meinem Leben und niemals habe ich die Richtigkeit der Entscheidung bezweifelt!

Parallel erreichten mich zwei weitere berufliche Angebote. Frau Samel wollte meine Tiere mit deren Spezialwagen für Aeros erwerben und schlug mir vor, mit ihrer Tochter A. eine Dressur unterschiedlichster Tierarten, von Reptilien bis Schimpanse und Elefant, aufzubauen. Aus Spanien meldete sich Rene D., der für seinen auf Ibiza geplanten Park ab April einen Mann für Reptilienhaltung und Planung von Anlagen suchte. Ich wollte, dass meine Tiere ein dauerhaftes Heim erhalten und entschied mich für Spanien. Da ich auf das ok von dort zur Anreise nach Denia wartete und Samels mir den Tierhänger aus dem laufenden Programm heraus bezahlen wollten, entschloss ich mich solange zur Mitreise im Aeros.

Bei solchen Turbulenzen verging der Winter schnell, zudem reiste Aeros Ende Februar bereits wieder aus. Ein großes Unternehmen kann sich keine langen Pausen gönnen. Jeder Tag kostet viel Geld, welches schwer verdient werden muss. Damit verbrachten wir Tiffanys Geburtstag mal wieder auf Tournee. Jetzt war sie schon fünf Jahre alt und was für Abenteuer hatte sie erlebt! Ob sie an Vergangenes dachte, wenn sie im Schlaf winselte oder aufbellte, mit den Beinchen wild zuckte und dem Schwänzchen wedelte? Welche Ereignisse durchlebte sie dabei? Waren ihre Welpenzeit, der grausige Hundemarkt und der große Einschnitt im Leben, als sie von einer Minute zur anderen von ihrer Mama und den Geschwistern getrennt wurde und in die Fremde kam, völlig gelöscht? Hatte sie noch Erinnerungen an das Frauchen, von dem sie liebevoll unter der Jacke geborgen heim zu uns getragen wurde und das urplötzlich verschwand? Wovon träumte sie?

Von Beginn unserer Zweisamkeit bemüht ich mich alles nur Mögliche für Tiffany zu tun. Ihr Futter stellte ich konsequent um, nachdem ich lernte Dosenfutter nach der Zusammensetzung zu kaufen, nicht nach den leeren Versprechungen auf dem Etikett. Was gibt es da für Unterschiede! Trockenfutter reichte ich niemals. Zumeist mischte ich dem Dosenfutter Getreideflocken oder mit Gemüse gekochte Vollkornnudeln oder unterschiedlichste Reissorten bei. Grundsätzlich erhielt Tiffany "Nachtisch": harte Kaustangen, Hundekekse oder getrocknete Fleischstreifen - unendlich wichtig zur Reinigung der Zähne. Inzwischen kochte ich regelmäßig für sie Hühner- oder Fleischbrühe mit viel Gemüse, sie mochte die süßen Karottenstückchen besonders, und Nudeln oder Reis. Letzterer war ein Leckerbissen, Reis liebte sie, gleich welche Sorte. Sorgsam wurde jedes neben den Napf gefallene Körnchen eingesammelt. "Meine kleine Chinesin" nannte ich sie dann. Und weil das dumme Vorurteil herrscht, das Katzen Fisch lieben und Hunde nicht, und es deshalb nur selten Dosen mit diesem Inhalt für Hunde gab, dünstete ich Forelle, Dorsch & Co. Tiffany liebte Fisch! Und, na klar: gekochte Rinder- oder Kalbsknochen, stundenlang konnte sie selbstvergessen daran herumnagen. Ich bin fest überzeugt, dass dieses ausgewogene und gute Futter zu ihre Gesundheit bis ins hohe Alter entscheidend beitrug. Mir bereitete das Kochen viel Freude, weil es der Kleinen offensichtlich gut schmeckte. Die selbst bereiteten Mahlzeiten stellte ich aus mir bekannten, frischen Produkten zusammen und sie waren trotzdem billiger als (gute) Fertignahrung. Allergien, häufig bei Westies, haben ihren Ursprung oft in falscher Ernährung. Billigfutter ist grundsätzlich niemals eine gesunde Wahl und eigentlich dürfte das zumindest jeder ahnen, denn wie sollten hochwertige Zutaten darin verarbeitet sein? Hinweis: Tatsächlich einmal die wunderschönen Titeletiketten durch Drehen der Dosen ausschalten und die Zusammensetzung des Inhaltes l e s e n.

Die vielen Kau-Leckereien stärkten die Muskulatur und sorgten für natürliche Zahnreinigung. Seit unserer Ankunft in Deutschland putzte ich Tiffany mindestens zwei Mal wöchentlich die Zähne. Sie hielt dabei still, war ganz artig, liebte die spezielle Hundezahnpasta mit "Hühnchen-Geschmack". Dieser muss wirklich gut gewesen sein, denn sie schleckerte beim Putzen herum und als Belohnung für ihre Geduld durfte sie hinterher einen kleinen Strang aus der Tube naschen. Lecker! Das Zähneputzen brachte Wertvolles: Tiffany bekam nie Zahnsteinprobleme, roch folglich nicht aus dem Schnäuzchen und erst im letzten Lebensjahr verlor sie kleine Zähnchen.

Mitte März traf in Kamenz aus Spanien das Fax mit dem Signal zu kommen ein und ich erledigte am letzten Gastspieltag auf dem Veterinäramt die notwendigen Formalitäten für Reptilien und Tiffany. An einem frühen Morgen verlud ich die Reptilien in extra gebaute Unterkünfte in Wohnwagen und Kleinbus. Die Krokodile mussten in ihre großen Showkästen aus Plexiglas, welche ich innen mit Folie auskleidete, um einen geringen Wasserstand zu ermöglichen.

Dann ging es los. Mit Tiffany als genau beobachtende Copilotin schlängelte ich Bus und Caravan durch die Wagenstadt zur Einfahrt, Zirkusleute wünschten eine gute Fahrt und winkten uns nach. Ich lenkte das Gespann auf die Straße und am Zirkus vorbei in Richtung Autobahn. Sogar an der Eingangsfassade standen nun winkende ehemalige Kollegen. Und Kathrin.

Das große Chapiteau schrumpfte und mit einer Kurve verschwand es vom Rückspiegel. Wieder ein Abschied auf immer.

Schon in jener Saison begann Aeros ums Überleben zu kämpfen, ging mit größter Anstrengung 1997 erneut auf Tournee, aber bereits im Sommer konnte Frau Samel die drückenden Schulden nicht mehr tilgen, das Gesamtvollstreckungsverfahren wurde eröffnet. Der traditionsreiche Zirkus Aeros verlosch für immer.

Das Material löste die Treuhandanstalt auf und der bekannte, große Name ging durch den Rechteverkauf an einen Kleinzirkus.

Die Erde ist voller Wunder.
Frühlingswiesen und Sonnensommer,
Herbstlaubfarben und Schneewinter.
Und Sternschnuppennächte,
unter einem Ozean funkelnder, ferner Welten.
Die Natur ist voller Magie.
Jeder vorüber ziehende Tag ist voller Magie.
Und nur wer sie wahrnimmt und fühlt, lebt wirklich,
in dem kurzen Moment seines Hiersein.
Dann wird der Himmel klar und die Sicht weit.
Und das Herz brennt.

Palmen unter blauem Himmel

Sonnenland am Meer - Wasserhund - Land- & Seelöwen - Äffereien & Jagdfieber - Staralüren - Safaripark Costablanca Denia/Vergel

Wir bewältigten die weite Strecke durch Deutschland und Frankreich bis an die Costa Blanca in zwei Tagen. Mühevoll für mich und Tiffany - die murrte schon am ersten Abend, hätte das Bett im Wohnwagen dem Doppelsitz neben mir gerne vorgezogen. Nach einigen Zwischenstopps fuhr ich aber die Nacht durch. Als Lager bereitete ich für Tiffany eine zur Mulde geformte Decke mit ihrem Kissen zum einkuscheln. Da saß sie dann drin und blickte mich an. Ich tat, als bemerke ich es nicht und sah natürlich wie sie anfing von einem Bein aufs andere zu trampeln, immer heftiger, und wie sie dabei mit dem Kopf wippte. Als die erwünschte Reaktion nicht eintraf, bellte sie mich schließlich an. Zögerlich, leise zuerst, dann steigernd. Nein, kleiner Terrier, so herzbewegend deine Anmachen auch sein mögen - wir fahren weiter. Ich streichelte sie und kraulte ihr Köpfchen, darüber und bei dem gleichmäßigen Motorgeräusch und der Wärme gewann Müdigkeit die Oberhand. Eine Weile versuchte sie die immer häufiger einknickenden Vorderbeinchen unter Kontrolle zu bekommen, verlor, legte sich endlich nieder und schlief tief ein. Auf der Autobahn war es ruhiger geworden, wenig Verkehr. Ich gab Gas und fuhr den Lichtkegeln hinterher in die Dunkelheit. Leicht war das nicht bei so einer Strecke und Monotonie wach zu bleiben. Neben mir die schnarchende Copilotin, hinter mir die unruhigen Nächte mit Kathrin und die Aufregung der letzten Stunden vor der Abreise vom Aeros.

Am frühen Morgen erwachte Tiffany und aalte sich grunzend im Lager. Ich wurde müde und räkelte mich, um bis zum nächsten Parkplatz durchzuhalten. Als ich die Geschwindigkeit drosselte, sprang Tiffany ans Fenster: *Wo? Wo sind Wagen und Zelte?! Wo?!* Ihre Enttäuschung war bereits nach wenigen Schritten und Rundumbeobachtung auf dem Rasen neben den Wagen offensichtlich. Am Ziel waren wir nicht, das hatte sie verstanden. Nicht aber, das ich nach dem Frühstück schlafen wollte. Egal ob Bett oder nicht! Sie hatte ausgeschlafen! Tiffany wollte spielen und sich mit mir balgen! *Gut, bitte Hündchen, aber nur kurz, nur kurz, ich kann nicht mehr!* Dann legte ich mich hin und die Kleine kuschelte sich an. Doch es wurde ein unruhiger, kurzer Schlaf. Das weiße Teufelchen war nicht müde, langweilte sich und stieß mich herausfordernd mit Nase und Hinterbeinen. *Also weiter, was soll`s?! Hinter das Lenkrad.* Tiffany fand das in Ordnung, sie wollte ankommen, war sicherlich gespannt auf das Ziel und die wartenden Abenteuer. *Wirst staunen, kleines Mädchen, etwas völlig Neues kommt auf dich zu.*

Beim nächsten Halt, am frühen Abend auf einem schönen und leeren Parkplatz irgendwo in Frankreich, hatte sie aber ihr Hundeschnäuzchen sowas von voll von dieser Fahrerei! Die Aufforderung zum Einsteigen ignorierte sie, indem sie mir wichtiges Schnüffeln vorgaukelte. Nase am Boden und Blickrichtung zu mir. Klar verstand ich sie und mit Klatschen versuchte ich die miese Laune zu vertreiben und den Kobold in ihr zu wecken. Sonst wurde diese Herausforderung sofort angenommen, jetzt wedelte als Reaktion nur der Pinsel ein wenig. Gut, sagte ich ihr, dann fahr ich eben allein! Ich stieg ins Auto und startete den Motor. So etwas wäre vorher ohne Tiffany auf dem Sitz gar nicht möglich gewesen. Ihre Autos! Kaum öffnete ich eine Tür, sprang sie hinein. Jetzt aber nicht! Die Prinzessin schmollte und musste den Rasen untersuchen. Ich fuhr an und hielt erst eine Parkreihe tiefer. Tiffany hatte zwar die Nase gehoben und hinterher gesehen, mehr unternahm sie nicht. Wieder fuhr ich an, drehte eine Runde und hielt neben ihr. Da stieg sie endlich ein, ohne Eile, um Gesicht zu wahren. Ja toll, kleiner Köter! Bin ich dir so egal, dass du mich abfahren lässt? Hey, für dich habe ich Südamerika abgesagt!

Als es wenig später dunkelte, rollte sich die kleine Terroristin ruhig zusammen, Nase bis zu den Augen unterm Kissen und schlief.

Am Morgen die erste spanische Mautstelle. Die freundliche Señorita hieß mich bei einem ruhigen Smalltalk in Spanien willkommen und als gar Tiffany angesprochen wurde, sprang diese behände auf meinen Schoß um sich Streicheleinheiten und nette Worte am Fenster direkt abzuholen. Wir fuhren hoch durch die malerischen Pyrenäen. Ich konnte mich nicht satt sehen und selbst Tiffany schien Besonderes zu spüren, denn obwohl Autobahn, saß sie mit langem Hals stundenlang am Seitenfenster. Die Landschaft wandelte sich, die Berge traten zurück. Sonnenaufgang. Eine andere Sonne, so empfand ich, gelber und intensiver. Oder lag das am wolkenlos blauen Himmel von welchem sie ihr gleißendes Licht verschwenderisch auf die Welt unter ihr verteilte? Hinter Barcelona, kurz vor Tarragona, tauchte auf meiner Seite das hellblaue glitzernde Mittelmeer auf und blieb in Sichtweite. Mittags stoppten wir letztmalig auf einem Parkplatz zum Essen und für einen kurzen Schlaf im Wohnwagen. Wir liefen ein wenig am Rande des Geländes herum und staunten über die Wärme, die schroffen Felsen, die Palmen und die dürftigen harten Rasenflecken auf rötlicher Erde. Tiffany bekam ihr erstes Abenteuer, als vor ihr eine große Echse von der Felssteinmauer sprang, davon eilte und zwischen Spalten verschwand. Verblüfft drehte sich die Kleine zu mir um und folgte vorsichtig dem Flüchtling einige Meter. Vor dem zerklüfteten Felsen kehrte sie lieber um. Sie kannte natürlich Eidechsen und unseren weit größeren, alten Waran der an der Leine lief. Aber so etwas, das war ihr bisher im Freien nicht begegnet und dazu diese unbekannte Natur...! Als durchaus erfahrener Jagdterrier trieb sie beständiger Wissensdurst voran, doch ein wenig Vorsicht konnte offensichtlich nicht schaden. Tiffany forderte mich auf an ihrer Seite zu bleiben. Für den Fall des Falles, das dieses Wesen nicht bereit sein sollte vor ihr Angst zu haben. Dann würde ich ihr schon beistehen und bei einer notwendigen Flucht nicht dermaßen schnell rennen können wie sie, trotz der längeren Beine. Das wusste sie seit unserer überhasteten Flucht vor den Dreck werfenden Schimpansen in ihren Welpentagen genau. Aber, das Alien blieb verschwunden zwischen den Felsen, Agaven und Palmen. Richtig gründlich sah Tiffany aber besser nicht nach. Aufgekratzt durch dies Erlebnis oder inzwischen auch Kapitulation vor der offensichtlich nicht zu verhindernden unendlichen Fahrt, sprang sie ins Auto und auf ihren Sitz und es ging weiter.

Mit einbrechender Dunkelheit erreichte ich die Abfahrt Denia/Ondara und viel, viel später, durch ein Missverständnis, den Safaripark Costablanca. Die Wegbeschreibung lautete "durch " El Vergel, dem folgte ich blind, zumal ich auf der unbeleuchteten Straße das winzige Schild zur Umgehung nicht sah. So geriet ich mit dem langen Gespann in die verwinkelten, sich dramatisch zusammen ziehenden Gassen des typisch spanischen Pueblos. Einige rechtwinklige Abbiegungen schaffte ich knapp, mit vor- und rückwärts rangieren. Bei der nächsten verlor ich. Überall saßen Familien im schwachen Laternenlicht vor den Häusern unmittelbar an und auf der Straße. Ich steckte nur wenige Minuten in der Ecke fest, als Leute herbei kamen und fragten, wohin ich will, um mir dann lachend zu erklären, das *eine Umgehungsstraße existiert und es hier richtig eng wird. - Wie bitte, eng "werde" ?? Und was ist das hier? - ¡Ruhig, kein Problem Señor, wir helfen!* Dann wurde ich vorsichtig mit Händen, Mimik und Rufen durch das Gassengeflecht, über den winzigen Dorfplatz, um den mächtigen Brunnen herum und durch die Außenbereiche der dortigen Gastwirtschaft, zum Dorfausgang geleitet. Vor mir entfernte eine steigende Anzahl Einwohner Autos, Stühle, gedeckte Tische, Kinder und wütende Hunde. Ein wahres Chaos, aber kein böses Wort, keine Hektik - nur Hilfe und nachwinkende Menschen! Tiffany stand putzmunter bei der langwierigen Aktion mit den Vorderbeinchen im weit geöffneten Fenster um ja nichts zu verpassen. Solche Spektakel fand sie spannend! Zwischendurch verbellte sie die wachsende Schar mitlaufenden Dorfköter aller Größen neben *ihrem* Auto und freute sich zu Streicheleinheiten und netten Worten ihr völlig fremder Leute, wenn wir nicht im Schritttempo fuhren, sondern wieder standen, weil vor uns geräumt wurde. Mit angeklappten Spiegeln blieb nur, mich völlig auf meine Einwei-

90

ser zu verlassen und zu versuchen, aus den unterschiedlichsten Gesten das Richtige zu erkennen. Unzählige Male musste ich das Gespann rückwärts schieben ohne jegliche Sicht und Ahnung wo das Caravan-Ende steckt. Endlich die engen Passagen hinter uns, wechselte ich zuerst mein nasses Shirt. Kurz darauf trafen wir am verschlossenen Haupttor unseres Zieles ein und ich parkte auf einer Seitenfläche der Zufahrt unter Palmen und Oleander. Wir aßen nur Abendbrot, selbst Tiffany wollte sich bloß kurz umsehen, dann rollten wir uns schnell im Bett zusammen, um gestärkt und munter zu sein für den kommenden Tag.

Geweckt wurde ich vom Klopfen an der Tür und/oder dem tiefen Knurren und Bellen meiner Kleinen, als ihre Antwort zu derlei Unverschämtheiten. Rene D. hieß mich willkommen und wollte mir den Stellplatz am Delfinarium zeigen. Unter der Vormittagssonne wurde mir bewusst, die falsche Kleidung zu tragen und dem ungeduldigen Terrier-Mädchen, das es besser war nichts zu übereilen. Beide hatten wir nicht das kalte, feuchte Wetter beim Aeros vergessen und hier schlug uns eine Wärme entgegen, die den Atem nahm. Wir stellten die Fahrzeuge am Rande des geräumigen Delfinarium-Hofes ab. Hier würden wir einige Wochen bleiben, bis zur Übersetzung mit der Fähre von Denia nach Ibiza. Mit dem Start für den dort geplanten Park gab es Verzögerungen. Vor meinem Wohnwagen erhielten die Kaimane eine provisorische Freianlage, mit zwei geräumigen, hohen und beheizbaren Transportkisten für die Nacht. Die Schlangen bezogen Behelfsterrarien in einem Raum des Delfinariums.

Die blaue Wasserfläche im dortigen runden Showbecken lag spiegelglatt, die überalterte Anlage war für die Haltung von Delfinen gesperrt worden und die ehemaligen Bewohner lebten seit kurzem in den neuen und riesigen Beckenanlagen des entstehenden Erlebnisparks MundoMar in Benidorm. Den gesamten Komplex Delfinarium und seitlich angeordnete Käfigbereiche für verschiedenste Großpapageien und Poole für Seelöwen hatte D. als Übergangslösung für einen Teil seiner Tiere gepachtet. Dieses weite Areal, vom übrigen Safaripark und Besucherbereich abgegrenzt, wurde unser Reich. Mit meiner Kleinen auf dem Arm stellte ich mich den zwei hier tätigen Tierpflegern vor, aber erste Erkundungen musste ich alleine unternehmen. Tiffany fehlte jegliche Lust, sie brauchte eine lange Eingewöhnungszeit. Die ersten Tage lag sie vom Vormittag bis Abend ausschließlich unter dem Caravan. Die Hitze machte ihr schwerstens zu schaffen. Keine Lust zum Spielen, keine Freude an Entdeckungen, keinen Hunger - nicht einmal auf Naschereien! Ich sorgte mich sehr, weil sie deutlich Körpergewicht verlor. Schließlich nahm ich die überforderte Weltenbummlerin und schnitt das Fellchen radikal kurz, Halskrause inclusive. Täglich mehrmals duschte ich sie. Was vor einer Woche allenfalls mit viel gutem Zureden und dabei tiefem Grausen erduldet wurde, empfand Tiffany hier sichtlich als angenehm.

Als ich mich näher mit den Pflegern vertraut gemachte hatte, half ich bei Kleinigkeiten: Äste für die Papageien heranschaffen und Seelöwen versorgen. Da blieb Tiffany dann freiwillig in der kühlen Futterküche. Sie konnte mich sehen oder wenigstens hören und stand zudem im Mittelpunkt. Nach einigen Tagen begann sie zu fressen und setzte sich sogar blinzelnd in das Licht der Morgen- und Abendsonne. Immer häufiger verließ sie die angenehme Frische der Futterküche um mir zu folgen und sprang ausgelassen unter der lauwarmen Dusche aus dem Wasserschlauch herum! Tiffany wurde wieder die alte. Leider gab es keine Artgenossen als Spielgefährten, aber die Kurzgeschorene wusste Abhilfe. Genug galt es zu untersuchen und zu beobachten. Sie zog jetzt zu jeder Tageszeit durch den Komplex, stolzierte wie zur Inspektion um den gefluteten ehemaligen Delfinpool, stieg hoch auf die leeren Besucherränge und überwachte die Vorgänge in den Papageienanlagen. Dort herrschte öfter Gezänk und Geschrei, ausreichend Anlass, um am Gitter bellend auf und ab zu wetzen - das farbige Flattergetier weckte die Jagdlust. Auch Dora und Saoro bei ihren Arbeiten zu beobachten lohnte, wegen der Reaktionen der lauten Vögel und wegen der netten Worte und Gesten für sie von den beiden Pflegern. Saoro war so angetan von Tiffanys Art und Wesen das er sich später, als wir fort waren, einen Westie kaufte. Dora liebte soundso Hunde, da hatte die Kleine mit der für mich vorerst gewöhnungsbedürftigen Optik, leichtes Spiel um ihr Herz zu erobern. Tiffany und ich mochten Dora. Und Dora mich und Tiffany.

Unmittelbar neben unserem Caravan grenzte die befahrbare Löwenanlage des Safariparkes mit ihren Palmengruppen, Buschwerk und einem breiten Bachlauf an das Delfinarium. Wenn etwas den Westie ernsthaft aufregen konnte - dann diese Nachbarschaft. Kaum verwunderlich bei ihrer Intoleranz Großkatzen gegenüber. Ausgenommen mal die dicken Pumas vom Zirkus A…., die zählten nicht, die übersah Tiffany großzügig, trotz der Körperfülle und kaum geringerer Ausdünstungen. Die wurden von Beginn an nicht wie andere beschimpft und ausführlicher nur, wenn da ausnahmsweise sowas wie Bewegung in den Fettleibigen aufflackerte. Bei den Tiger, da reichte bereits deren Anblick für wahre Bellorgien. Ich grübelte über eine Erklärung, doch es blieb das Geheimnis des Hundemädchens, eben ihre ganz persönliche Sichtweise auf diese Welt. Jetzt aber wohnten nahe bei uns nicht nur einige Ärgernisse, sondern große Rudel davon! *Kaum das wir ein paar Monate die verhassten Streiflinge los waren, nun das. Nicht zu fassen mit welchen Widrigkeiten eine Terrierin zu kämpfen hat!* Erst keimte in Tiffany ja nur ein Verdacht, ihr Näschen konnte sich kaum irren. Oh, nein! Aber das Böse ließ sich nicht exakt orten, dort auf der weiten Landschaft vor ihr. Immer und immer wieder musste sie still beobachten, um das Geheimnis zu lüften. Und als es ihr gelang, völlig anders als erwartet, war ihr Entsetzen riesengroß. Urplötzlich zogen Löwen majestätisch lässig in wenigen Metern Entfernung vorüber. *Was ist das?! Die leben ja nicht einmal, wie es sich gehört, hinter zwei Gitterreihen in einem Wagenabteil oder einem kleinen Gehege, sondern laufen frei hinter dünnem Maschendraht herum! Tag und Nacht! Weh´ mir, oh weh´!* Tiffany war sprachlos, sogar knurren ging nicht und die Backen pusteten bloß Luft. Nach etwas Zögern erkletterte sie einen Steinhaufen dicht am Zaun, zur besseren Übersicht, und verkündete von dort laut und gründlich, dass Löwen-Volk hier fortan unerwünscht sei. Doch die Kleine musste eine Demütigung hinnehmen: die Großkatzen wanderten nicht nur auf der weiten Anlage wohin sie wollten - sie streiften sogar unmittelbar am Zaun vor ihr entlang, keine drei Meter entfernt! Als der erste einzelne Löwe ruhig und würdevoll auf Tiffany zuschritt, so am Zaun abbog, das seine prächtige Mähne das Drahtgeflecht wie einen Vorhang bewegte und dem Wechsel in Richtung einer Strauchgruppe folgte, da stockten ihr sekundenlang Reaktion, Atem und Bellen. Dann flitzte sie vom Schutthaufen herunter und sofort wieder hinauf, wohl um sich zu überzeugen, ob tatsächlich das geschehen war, was sie meinte gesehen zu haben. Eventuell hatte sie sich getäuscht, bei der Wärme und der brennenden Sonne? *Da! Kein Löwe zu sehen.* Er war fort, seitlich hinter den Büschen verschwunden, nur, das war Tiffany entgangen. *So etwas aber auch! Das gibt es doch nicht!* Irritiert stellte sie sich auf die Hinterbeine, äugte nach links und rechts wie ein Präriehund und knurrte, um gefährliche Stärke zu demonstrieren, so tief sie nur konnte. Sie drehte sich auch mehrfach im Kreis, ob das Phantom nicht womöglich plötzlich hinter ihr auftaucht. Dann beschloss sie aus Gründen der Sicherheit vorsorglich in den Caravan zu eilen und sich auf ihre Sitzecke zu begeben - der mit der besten Sicht auf drei Richtungen und Tür. Hier, in ihr Reich sollte der ungehörige Löwe mal kommen! Da kannte sie ein richtig gutes Versteck wenn`s drauf ankam: Ihren Panic-Room mit dem terrierengen Schlupfloch zwischen Staubsauger und Kartons unterm Bett. Erfolgreich erprobt bei Gewitter, da hat der Blitz sie nie sehen und auch nicht eingeschlagen können! Weil ich nicht folgte und weiter am Zaun fasziniert beobachtete, traute sich die weiße Zwergin auch wieder heran und rauf auf den Haufen. Im richtigen oder ungünstigsten Augenblick, wie man will, alles im Leben bleibt Ansichtssache. Denn es nahten, ihrem Gebieter treu folgend, sechs Löwinnen. Den ersten Großkatzen und deren kurzen Blicken hoch zu ihr beim gemächlichen Weiterschreiten hielt Tiffany grade eben stand, still und versteinert. Als jedoch in dieser Perlenkette ein kleinerer Löwe kurz stockte und das Hündchen so an gaffte, wie sie ihn, da war es aus mit den Nerven: sie verließ fluchtartig den Tribünenplatz und verzichtete auf das Ende der Prozession. Zwar verängstigte das Erlebnis Tiffany ein wenig, aber typisch für sie, nur kurzzeitig. War sie nicht mit den Tigern fertig geworden?! Neugier siegte, gemeinsam mit der Erkenntnis, dass der Maschendraht zwar eine bedenklich offene Sicht auf die Löwen bot, freier als dichte und dicke Gitterstäbe, aber genauso sicher zu sein schien. Eben: schien. Aber das ist eine kleine Nebengeschichte, am Ende der Löwenbegegnungen. Tiffany bezog am nächsten Tag erneut ihre Loge und regelmäßig zogen Löwen einzeln oder in Gruppen nahe vorüber. Erklärbar bei den insgesamt siebzehn Tieren. Der kleine Terrier fand es dennoch unerhört, fegte vom Schutthaufen und nun am Zaun auf und ab und verbellte die Unbelehrbaren. Meist trieb sie das Spiel so lange, bis die Löwen aus dem Sichtbereich gerieten oder die Wärme ihr die Atemluft stahl.

Eines frühen Morgens wurden wir aus dem Schlaf gerissen, weil das Löwengebrüll ungemein laut erklang und der Caravan vibrierte. Nach gemeinsamen Schrecksekunden, in denen ich blinzelnd senkrecht im Bett saß und Tiffany neben mir mit spitzen Ohren und so aufgerissenen Augen, das das Weiße hervor trat, sahen wir uns beide mit gleichen Gedanken an, stürzten zum großen Bugfenster und blickten hinaus. Tatsächlich! Eine fünfköpfige Löwenfamilie hatte ihr Nachtlager keine fünf Meter entfernt aufgeschlagen und der Patriarch erklärte mit Donnerstimme der Welt wo er sich nun befand und überhaupt, das er der Größte sei. Er schien zu zweifeln, ob ihn auch jeder verstand und ließ zur Sicherheit alle paar Minuten das tiefe Gebrüll ertönen und unser berädertes Zuhause beben. Tiffany zeterte vor Wut. An Schlafen nicht mehr zu denken, öffnete ich die Tür und die Kurzbeinige mit dem mutigen Herzen hetzte zum Zaun und ließ ihrem Zorn freien Lauf. Die liegenden Löwen, durch den Zaun in drei Meter Distanz, blickten gelangweilt mal kurz auf das weiße Hundetier und schenkten dem giftigen Wicht keine weitere Beachtung, gleich wie der sich auf- und abwetzend verausgabte. Meine Ermahnungen still zu sein, erzielten nur kurzzeitige Wirkungen, dann gingen die Schimpfkanonaden weiter. Vielleicht waren ihr die Pausen recht genehm, wie einem Boxer im Ring zum Atemholen zwischen den Kampfrunden? Mit höher steigender Sonne erhob sich das Löwenrudel gelangweilt. Man streckte sich, gähnte und trottete davon in Richtung einer schattigen Palmengruppe. Tiffany hatte sich total verausgabt, kläffte heiser und gab endlich Ruhe. *Sieg! Sieg!* Sie betrachtet sich als Gewinnerin, sie hatte das Pack vertrieben. Außerdem war jetzt allerhöchste Zeit zum Frühstück!

Tage darauf brachte mich die Löwenbezwingerin wieder zum Staunen. Die Anlage ließ ihr keine Ruhe, sie musste möglichst weitflächig überwacht werden. Da reichte der mickrige Steinhaufen nicht und sie fand einen Weg über einen Haufen Holzreste, alte Requisiten und schwankende Bretter hinweg auf gestapelte Paletten. Wie mochte Tiffany die Idee gekommen sein, dort oben hinauf zu kraxeln? Aber für diesen Weg schien sie einen Plan gehabt zu haben, ich schüttelte nur verwundert den Kopf und war stolz auf sie! Die Kleine thronte in gut zwei Metern Höhe und überblickte die Ereignisse auf fast der gesamten Löwen-Savanne. Eigentlich begab sich da tagsüber nicht viel. Die Großkatzen lagerten träge in den Schatten der Palmen und Buschgruppen und höchstens die sich durch die Anlage schiebende Autoschlange von Safaripark-Besuchern bot Interessantes, wenn gelärmt oder gehupt wurde. Aber es war Tiffany allemal wert regelmäßig die Paletten zu erklettern und die Löwen zu orten. Wenige Monate darauf, zu Sommerbeginn, wechselten wir unseren Stellplatz und verließen das Delfinarium-Areal. Es war hier, ohne jeglichen Schatten, einfach zu heiß im Wohnwagen. Wir standen nun hundert Meter entfernt unter Palmen, neben einem kleinen Bach und Hibiskus-Büschen. Damit gerieten die Löwen aus unserem Sichtbereich und nur bei Aufenthalt am Delfinarium konnten wir sie beobachten. Einmal hätten wir jedoch selbst am neuen Platz den Löwen begegnen können, oder unterwegs, morgens allein im Park! Ein Zufall oder ein Wunder verhinderten es…

Ein schwerer Sturm wütete vom späten Nachmittag bis in die Nacht im Safaripark, schüttelte den Caravan mit seiner sechsbeinigen Lebendfracht gehörig durch und brach einige Bäume. In den frühen Stunden des neuen Tages flaute er ab und die Sonne strahlte vom blauen Himmel. Weit vor Arbeitsbeginn der Parkmitarbeiter und Öffnung für die Besucher joggte ich jeden Morgen durch den erwachenden Park. Es war herrlich, die frische Luft und die Ruhe, nur von Tierlauten unterbrochen. Tiffany ließ sich beim ersten Mal nicht überzeugen zuhause auf mich zu warten, sie wollte erleben, wohin ich laufen. Gut, so sei es, kleiner Terrier, dachte ich mir und war überzeugt, am nächsten

Tag würde sie freiwillig auf den halbstündigen Lauf verzichten. Ich unterschätzte Tiffany nach fünf Jahren immer noch und sah in ihr den kleinen Hund. Aber das war nur das Äußere, innen lebte eine außergewöhnliche Seele! Sie begleitete mich täglich, hoppelte wild um mich herum oder sprintete davon, um im großen Bogen zurück zu kehren. Unglaublich, diese Energie. Und kühl war es seit Sonnenaufgang nicht mehr! Allerdings war sie ja pfiffiges Hundemädchen und erkannte fix für sich ideale Abkür-zungen durch Hecken und Strauchwerk oder sie nahm kürzere Seitenwege, um wie beim Rennen von Hase und Igel, irgendwo auf mich Herankeuchenden zu warten. Sobald sie mich erblickte, hüpfte sie wild herum und lief weiter voraus. Ihr blieb damit genügend Zeit die Affen, Papageien, Zebras, Seelöwen und andere Tiere auf ihre Art zu begrüßen und jene warteten tatsächlich auf uns. So absolvierten wir auch nach dieser Sturmnacht unseren Morgenlauf und ich bereitete das Frühstück als es klopfte. Ungünstigste Zeit zu einem Besuch: Tiffany war sauer, weil es klopfte und zwar die Neugier in ihr nagte, sie aber gleichzeitig erfahrungsgemäß auch von einer Verzögerung bei ihrem Futter ahnte! Dieser Zwiespalt bot Anlass zu einem Laute-Spektrum vom wütenden Bellen, Knurren bis zum verzweifelten Murren und Winseln. Vor der Tür stand Juan, der Tier-inspektor des Parks, und erklärte mir seelenruhig, ich sollte keinesfalls joggen, sondern vorerst im Caravan bleiben und auch Tiffany nicht herauslassen! *Ein umgestürzter Baum hat Zäune der Löwenanlage niedergerissen und es fehlen etliche Tiere. Aber keine Sorge, sie stecken irgendwo hier im Park, der Außenzaun ist intakt.* So sprach er und verschwand sich unruhig umsehend und eilig wieder in seinem Jeep. *Ahhh ja! Immerhin...Vielen Dank für die Infor-mation, Juan!* Ich setzte mich, um die Nachricht zu verdauen. Trotz des Sturmes gab es keinerlei Nachtwachen und beim üblichen Arbeitsbeginn entdeckten Gärtner die Schneise im Löwenzaun. Der Park blieb an dem Tag geschlossen, solange dauerte es die Löwen aufzustöbern und mit Autos und mutigen, lärmenden Personal in ihre An-lage zu treiben. Dort waren drei Offroader der Parkaufsicht vollauf beschäftigt die ver-bliebenen Tiere von der Lücke fernzuhalten bis sich der letzte Freigänger im Stammland einfand. Danach sicherten sie die nervösen Arbeiter ab, welche eiligst den zwar erprob-ten, jedoch unerwünschten neuen Wechsel in eine erweiterte Löwenwelt provisorisch-dauerhaft versiegelten.

Am Delfinarium gab es neben den Löwen einen weiteres Terrier-Highlight: die vielen kalifornischen und patagonischen Seelöwen der Duss-Family. Solche großen Wasser-wesen mit Fischgeruch waren ihr vorher unbekannt. *Seltsam das, aber interessant!* Die See-löwen bewohnten auf beiden Seiten eines Ganges Käfige mit Landteil und transportab-len Poolen. Verträge mit Freizeitparks waren nicht zustande gekommen und auch mit dem Park auf Ibiza ging gar nichts voran, so lebten die Showartisten dieses Jahr auf einem Seitenhof des Delfinariums. Neugierig erkundete die Kleine die langen Reihen, was sich bei ihrer Größe und der damit eingeschränkter Weitsicht als nicht einfach ge-staltete. Selbst wenn sie sich auf die Hinterbeine stellte, konnte sie die Seelöwen nur sehen, wenn die am Gitter saßen oder den Kopf über den Poolrand schoben und zu ihr herab blickten. Ich half Dora nun täglich bei der Fütterung und dabei konnte Tiffany diese watschelnden und doch enorm flinken Gesellen genau beobachten. Also, ja, die fand sie nicht anstößig wie die Großkatzen. Sie patrouillierte regelmäßig den Weg entlang, äugte zu den Seelöwen hoch und die neugierig zu dem weißen Fellwesen hinunter. Beide Seiten fanden sich beachtenswert. Nur als Patagonier Tommy, ganz am Ende der Käfigreihen, seine Stimme erhob, empfand Tiffany dies Brüllen als unpassend. Sie raste in den Gang und verbellte den auf dem Landteil sitzenden Tommy. Der Gescholtene hielt kurz inne, sah gelangweilt hinunter zu dem dreisten Wicht, halb so groß wie sein Kopf, und brüllte erneut. *Respektlos! Respektlos!* Tiffany steigerte die Beschimpfungen. Ob Zufall oder geplant bei diesem ersten Mal, jedenfalls sprang Tommy in seinen Pool und eine Badewannen-Ladung Wasser ergoss sich über Rand und Terrier. Überrumpelt und nass bis auf die Haut sprang Tiffany rückwärts und schüttelte sich. Aber Tommy und sie hatten einen Dominoeffekt angestoßen: voller Freude über ein wenig Aktion sprangen die anderen Seelöwen in ihre Becken, schlugen gar mit den Flossen in das Wasser und überschütteten gezielt den Fellgnom. Diese gab tüchtig Pfotengeld, aber so behände sie flitzte, die Seelöwen waren in ihrem Element nicht minder flink und plantschten mit Körper und Flossen. Wassertriefend erreichte Tiffany das Gangende, schüttelte sich, nun ja aus Reichweite der Wasserwerfer, und meckerte zurück. Die Seelöwen pressten die Köpfe an die Gitter und blickten zu ihrem Opfer. Aus diesem Erlebnis entwickelte Tiffany eine Sportart. Sie wetzte, nach oben bellend, den Weg hoch und runter und wie erwartet schwappten die Seelöwen mit Wasser nach ihr. Obgleich die Kleine sprintete was die kurzen Beinchen hergaben - top trainiert waren die schließlich - und hin und her sprang, wie sie es von den hakenschlagenden Hoppegarten-Hasen abgekupfert hatte, es war zwecklos. Immer wurde sie gründlich geduscht und terriernass. Wahrscheinlich war ihr das sogar bei der Wärme angenehm, denn die Wasserspiele wurden zu einem fast täglichen Ritual.

Auf dem Areal zwischen Papageienkäfigen und Delfinarium, mehr aber in einem verwilderten Seitenbereich, gab es für eine Hundenase viel zu schnuppern. Da huschten sogar Geckos und größere Echsen herum, welche blitzartig zwischen Dornengestrüpp und Felsen verschwanden, wenn wir auftauchten. Tiffany blieb keine Chance zu folgen und richtig traute sie sich offensichtlich auch nicht. Sie lief ihnen nach, aber wie bei der Begegnung auf dem Parkplatz bei unserer Anreise, waren ihr die bis einen Meter langen Eidechsen nicht geheuer. Niemals suchte sie gründlich deren Verstecke. Anders bei den Mauergeckos. Ich ertappte Tiffany eines Abends still vor der Mauer des Delfinariums sitzend. Was sah sie? Erst als ich verwundert näher trat, entdeckte ich unzählige Geckos auf dem rauen Felsenputz der senkrechten Wand. Die geschickten kleinen Kletterer wurden mit der untergehenden Sonne aktiv und tankten Wärme für die Nacht. Ich hatte sie nie vorher bemerkt! Mit ihrer Färbung verschmolzen sie regelrecht mit der Mauer und man musste schon genau hinsehen. Meine Kleine hatte ein neue Beschäftigung entdeckt: Ganz ruhig sitzen, bis sich hinreichend ahnungslose Geckos einfanden, dann urplötzlich zur Wand springen, kurz daran empor und eine blitzartige Massenflucht in Ritzen und Nischen brach los. Welch Riesenspaß! Und wiederholbar! Man musste nur leise-leise und geduldig sein. Also, auf alte Position und warten. Die Mauerkobolde erschienen bald wieder zahlreich und der Spaß startete erneut!

Ernsthaft aber jagte Tiffany die vielen Ratten bei den Papageienkäfigen. Dank der gefiederten Verschwender war der Tisch dort reich gedeckt. Selbst am Tage bedienten sich die Nager ungeniert an dem aus den Näpfen geworfenem Futter. Effektiver als aufgestellte Fallen war mein Hündchen. Sie stand ja, durch die unangenehmen Erfahrungen als Welpe mit dem weißen Rattenvolk auf unserem LKW, mit diesen Nagern soundso auf Kriegsfuß. Wenn ich den Pflegern bei der Einrichtung der Papageienkäfige mit frischen Ästen half, begab sich Tiffany auf Rattenfang. Sie lauerte vor deren Löchern und wir lächelten über ihren Plan. Ihr aber war es ernst. Wie bei den Geckos saß sie geduldig und ohne jede Regung. Wenn ich sie im Vorbeigehen ansprach, war die einzige Reaktion ein ganz zaghaftes Wippen des Pinsels. *Nicht zu viel Bewegung! Den Feind in Sicherheit wiegen. Und dann unerwartet zuschlagen!* Erstaunt, nein, erschrocken war ich zu einer wild mitten in den Büschen agierenden Tiffany und dem kurzen aber lauten Kreischen einer Ratte. Mit gezielten Nackenbiss und Schütteln tötete sie den Nager und präsentierte stolz Dora, Saoro und mir die riesige, kräftige Beute. Sie wurde erfolgreiche Profikillerin und dabei waren ihre Gegner weit größer als unsere weißen Laborratten. Zuerst machte ich mir Sorgen das meine Kameradin selbst gebissen werden könnte, aber als ich sah, wie geschickt sie handelte, gestattete ich die Jagd. Ihre regelmäßigen Impfungen bekam sie schließlich weiter und sie stand unter gesundheitlicher Kontrolle einer Tierärztin, deren kleine Praxis ich an der Küstenstraße nach Denia entdeckte. Wir Zwei waren schon seltsam genug für die Spanierin, dazu die Bestellungen für…Zahnpasta. Aber Tiffany mit ihrer freundlichen, offenen Art eroberte schnell ihr Herz. Von der jungen Tierärztin erhielt ich den Rat, Tiffany im täglichen Wechsel je einen Teelöffel hochwertiges Olivenöl oder Bienenhonig vom Imker, nicht vom Supermarkt, in ihr Futter zu mischen. *Beides ist gesund und wird ihr ein langes Leben bringen*, so sagte sie mir. Ich hielt mich eisern daran, bis wenige Tage vor Tiffanys Fortgang, und ich glaube fest, dass es mit ein Mosaikstein für ihr hohes Alter war!

In den kleinen Orten und Dörfern an der Costa blanca herrschte Wassermangel. Die meisten Bachläufe waren ausgetrocknet, nur wenige führten ein winziges Rinnsal bis zur Mündung, der überwiegende Teil des Wassers verdunstete auf dem Weg von den Bergen zum Meer im heißen Sand unter der Sonnenglut. Wenn an wenigen Herbsttagen über den Gebirgshängen schwere Wolken aufzogen und ergiebige Wassermengen entluden und sogar direkt an der Küste teils heftiger Regen niederging, dann entstanden ungeahnte Bäche. Was kurz zuvor überdimensioniert breit wirkte und sonnenverbrannte Erde war, füllte sich mit ständig ansteigendem Wasserpegel. Wilde, reißende Fluten trugen alles mit sich fort was den Fluss behinderte, nicht fest genug gewurzelt hatte oder sich nicht rechtzeitig flüchtete, und entwässerten in das Meer. Dessen Brandung landete das pflanzliche und tierische Treibgut wieder an seinen Strand an und Krebse und Schlangen beeilten sich dem Salzwasser zu entkommen und strebten an den Bachufern zurück zum alten Zuhause. Nach zwei, drei Tagen war das Naturschauspiel vorbei, schnell verringerten sich die Wassermengen und knapp eine Woche darauf gab es wieder die kleinen Rinnsale und trockenen Bachläufe. Nur aufgespülter Sand, Steine, Schilf und Sträucher erinnerten an das Ereignis und dann brannte die Sonne im ewigen Zyklus für ein Jahr die Landschaft nach ihren Regeln. Orangenhaine, nebst Wege und anliegende Straßen als Beigabe, wurden aus Tiefbrunnen verschwenderisch mit Grundwasser aus maroden, uralten, offenen Wasserkanälen geflutet. Doch vor allem die Tourismushochburgen mit ihren Hotels, Residenzen, Swimmingpools und Golfplätzen hatten einen unersättlichen Bedarf an der knappen Lebensnotwendigkeit und saugten den Löwenanteil auf. Da blieb nicht viel und so gab es Wasser aus dem Hahn nicht ganztägig und Trinkwasser musste aus einem Dorfbrunnen mit Chipkarte für Einwohner geholt oder dazu gekauft werden. Der Safaripark besaß eigene Brunnen, welche die Seen, Bäche und Springbrunnen speisten und eine Oase schufen. So gab es bei mir ständig fließendes Wasser, aber ich kaufte regelmäßig Flaschen mit Trinkwasser im Supermarkt. Da kommt nun Tiffany in die Geschichte, denn die Plastikflaschen wurden ihre Leidenschaft. Die Einwegflaschen entsorgte man im Hausmüll, bei viel zu kleinen Tonnen mit viel zu großen Leerungsintervallen, oder im Feuer. Damit entdeckten Tiffany und ich das beliebte Flaschenwerfen-und-Zerstören-Spiel. Den geworfenen Flaschen lief die Kleine mit Hingabe und Ausdauer hinterher, packte sie am Westieschnauzen gerechten Hals und brachte sie zum erneuten Werfen herbei. Sie stoppte die ausrollende Flasche auch mit den Vorderbeinen und lochte sie bei der Gelegenheit. Alle Behältnisse wurden umgehend vom Etikett befreit, was sich nicht immer als so einfach herausstellte, wie es klingt. Tiffany nahm das sehr genau! Die Flaschen verloren schnell bei ihrer Taktik „Pfoten drauf". Dann dellten sie ein und gaben Angriffsfläche für die Zähne. Bei einem Spiel ging mindestens eine Flasche drauf. Sie blieb zurück als plattgedrückte und durchlöcherte Plastikruine und sparte Platz im Müll. Schöner und häufiger aber waren die fünf Liter großen, fassähnlichen Behältnisse mit Tülle und Tragegriff, die rollten viel weiter und ließen sich auch nicht einfach stoppen. Da stellte sich Tiffany quer rüber, klemmte das Fass zwischen Hinterbeine und einem Vorderbein ein, mit dem anderen hielt sie es und konnte dann an die Bearbeitung gehen. Es war aus weichem Plastik, knackte deshalb nicht so heftig und wunderschön wie die anderen Flaschen, aber es wiedersetzte sich, bedingt durch seinen Umfang, recht lange dem Durchlöchertwerden. Immer wenn die Kleine zubiss, rollte es davon. Daraus entwickelte sich zumeist ein Selbstläufer und ich wurde vom Werfer zum Zuschauer. Die Fässchen boten ihr wenig Tragekomfort, der Bügelgriff war für die Hundeschnauze ungeeignet und einzig die kurze Ausgießtülle ermöglichte ein Zufassen, aber da war die Last in Tiffanys Mäulchen arg ungleich verteilt. Irgendwann schließlich gelang es ihr in der Umklammerung erste Löcher zu stanzen, darauf folgten Eindellungen und das Fass endete ebenfalls als zusammengeknautschtes und gelochtes Plastikteil. Tiffany hatte einen Riesenverschleiß bei diesen Flaschen und ich zum Glück stets ausreichend Nachschub. Die Vorräte verbarg ich terriersicher, denn das kleine Teufelchen fühlte sich von stehenden Plastikflaschen magisch angezogen und packte schnell und beherzt zu. Das tat sie zweimal mit ungeöffneten Fünfliter-Fässchen im Wohnwagen. Die konnten durch ihr Gewicht nicht wegrollen und wurden sofort von kleinen, starken Tiffany-Zähnen gelocht. Das erste Mal fand ich die leergelaufene und zusammengefaltete Flasche, säuberlich vom Etikett befreit, unter dem Tisch auf nassem Teppich. Beim nächsten Mal gelang es mir einen Teil Wasser zu retten. Ab da verschwand unser wertvoller Trinkwasservorrat aus dem Zugriffsbereich meine Hündin! Sie hat dann mehrmals Dora und Saoro Trinkflaschen hinter deren Rücken in der Futterküche stibitzt und plattgemacht, so lernten auch die beiden dazu und ließen derart Gefährdetes nicht einfach im Wirkungskreis des frechen Zerstörer-Koboldes stehen.

Wochen und Monate vergingen, für den geplanten Park auf Ibiza gab es neue Termine, ich wurde bezahlt fürs Warten und half Dora weiter bei den Papageien und Seelöwen. Zudem war viel Zeit für Sonne und Meer. Jeden Tag fuhren wir an den nahen Strand. Manchmal am Nachmittag, meist aber während der Siesta. Unterwegs machten wir einen Zwischenstopp und spazierten entweder in den Schatten der Oliven- und Orangenhaine oder stiegen, zwischen wilden Oliven und hohen Büschen, auf steinigen Pfaden in die Berge, von dort gab es eine wunderschöne Aussicht auf Vergel, Pego, Denia und das Mittelmeer. Tiffany, als typischer Highlander, wollte zu gerne weit höher auf diesen schmalen holperigen Wechsel kraxeln, aber ich musste passen, die steil abfallenden, kahlen Wände bereiteten mir arge Höhenangst. Wälder wie zuhause, gab es dort nicht. Doch Tiffany fand sich auch damit ab. Mindestens einmal die Woche hielten wir am Fuße der Burg von Denia und stiegen hinauf, um dort oben im kleinen, zwischen den Mauerresten auf verschiedenen Ebenen gewachsenen, Wald zu gehen. Der Schatten und die frische Meeresbriese machten dieses Fleckchen Erde sehr angenehm. Tiffany war gerne dort und begeisterte sich an dem dichten Rasen, den Felstreppen und Mauerresten. Ich genoss den herrlichen Blick auf die tief unter uns liegende verwinkelte Altstadt, den Hafen und das leuchtend blaue Meer. Die Burgbesichtigung kostete Eintritt und wieder einmal fielen wir und unsere hartnäckigen Besuche auf und eines Tages winkte uns, nach einem langen Gespräch, die freundliche junge Frau im winzigen Kassenhäuschen am Burgtor lächelnd durch. Wir hatten ab da tatsächlich freien Zugang, nette Gespräche und Tiffany obendrein Streicheleinheiten. Doch die vierbeinige Burgbesucherin revanchierte sich und zeigte Kunststückchen. Als wir das letzte Mal *unseren* Burgwald besuchten, bedankte ich mich mit einem großen Strauß Blumen.

Denia war damals ein kleiner wunderschöner Ort, mit viel Grünanlagen, Palmenbestandener Promenade, langer Mole, und höchstens in den zwei Monaten der Hauptsaison überlaufen. Auch dort spazierten wir oft, da konnte Tiffany anderen Hunden *Hola* sagen. Bei so einem Bummel am Nachmittag, spielte auf der Hauptstraße hinunter zum Hafen überall Livemusik. Es war mehr los als üblich… und ich unwissend. Selbst als ich eine herannahende Geräuschkulisse aus Autohupen, Sirenen, Geschreie und undefinierbarem Getrappel hörte, blieb ich ahnungslos, blickte nur in die Richtung und reckte den Hals wie mein Hündchen. Menschen liefen herbei, hasteten in Seitengassen und Geschäfte. Tumult, Chaos! Ich nahm Tiffany schnell auf den Arm und dabei sah ich den Grund dieser Unruhe: Toros! Die Stiere waren los! Die Ferias hatten begonnen, freigelassene Stiere rannten die Straße hinunter und vor ihnen her Scharen von Stierläufern. Mir fehlte jegliche Ambition da mitzumachen und ich flüchtete uns in den Eingang des Fotoshops. Da standen wir und starrten ungläubig auf die Szenerie, Tiffany saß in meinem Arm um bessere Übersicht zu haben. Erst liefen übermütige junge Männer auf der Straße, gefolgt von über der gesamten Breite verteilten, nicht weniger übermütigen Stieren - ein paar davon dicht an uns vorbei - und nebenbei stießen und trampelten sie Stühle und Tische beiseite. Dahinter folgten Krankenwagen und sammelten die Personen ein, die, nicht flinkfüßig wie die Toros, überrannt worden waren und auf der Straße saßen oder lagen. Die Mediziner beeilen sich beim Verladen der Verletzten, denn von hinten drückten schon Musikkapellen nach. Gleichzeitig wurden Stühle und Tische gerichtet, Leute strömten aus Schlupfwinkeln und setzten ihre unterbrochenen Beschäftigungen fort. Ich brauchte eine Weile um zu verstehen, was ich da erlebte und selbst Tiffany konnte nur lautlos verblüfft das Köpfchen hin und her drehen, um möglichst nichts zu versäumen. Während der Ferias waren wir dann häufig in Denia und sahen aus einer gefühlt sicherer Nebenstraße dem Treiben zu. Ich aufmerksamer und Tiffany, auf meinem Arm wegen Sicherheit und Sicht, hatte ihre Sprachlosigkeit überwunden und stachelte, wen auch immer, zu mehr Aktionen an. Die Stiere wurden zum Kai und in eine transportable Arena getrieben. Diese bildete einen offenen Halbkreis und endete an der abfallenden Hafenmauer. Läufer und Stiere, die nicht ausweichen oder rechtzeitig stoppen konnten, landeten so im Wasser. Auch die Kämpfe blieben hier unblutig und der Verlierer endete fast immer bei einem Bad im Meer. Dort ankerten Boote, fischten Menschen an Bord und lenkten Stiere zu einer Schräge aus dem Wasser in die auf dem Kai errichteten Gehege. Dort saßen wir oft auf der Kaimauer und sahen zu. Einen richtigen Stierkampf habe ich bewusst niemals besucht und ich bin mir sicher nichts verpasst zu haben, gleich wie schön die Toreras auf den Plakaten waren.

Dies alles waren Varianten für einen Zwischenstopp, Hauptziel blieb aber stets das Meer! Dort hatte ich einen abgelegenen ruhigen Abschnitt entdeckt. Also wieder ins Auto. Tiffany kannte die Küstenstraße sehr genau und beobachtete, ob ich auch richtig abbiegen würde. Wenn ich abbremste und den zwei Fahrspuren im dürren Gras folgte, hielt es sie nicht mehr auf dem Sitz und sie wartete schon mal vor der Tür. Die kurze Strecke schlängelte sich durch einen alten, unbewirtschafteten Olivenhain und endete unmittelbar an der mit Agaven und Palmen bewachsenen Düne. Wenige Meter weiter spülten die warmen, hellblauen Meereswogen an den Sandstrand. Kaum das ich die Tür öffnete, sauste Tiffany hinaus und sofort den schmalen Pfad über die Düne hinunter zum Strand. Wenn ich auf der Düne stand, badete sie bereits. War das wirklich mein Hündchen? Wie war das doch vor gar nicht so langer Zeit? Jeder Pfütze ausweichen, nur nicht mit den Pfötchen Wasser berühren. Selbst ihrem Freund Brian gelang es nicht sie in den Stausee zu locken. Und dort in Spanien?! Schon beim ersten Ausflug zum Meer lief Tiffany zum Strand vor und ohne Zögern in die auflaufenden Wellen, als wäre es niemals anders gewesen. Sie war zur Wasserratte mutiert. Mir ging das Herz über vor

Glück, wenn ich dieses kleine Wesen so fröhlich in den Wellen springen sah, vertieft im wilden Spiel mit unsichtbaren Kameraden. Bis über den Bauch stakste sie im Meer herum und Wellen spülten über Kopf und Rücken. Sicher hat sie das erfrischende Bad an einem heißen Tag gleich wohltuend empfunden wie ich. Immer mutiger wurde der kleine Hund, folgte mir ins tiefe Wasser und schwamm neben mir. Ganz dicht, um keinen Körperkontakt zu verlieren. Welch tiefes Vertrauen muss Tiffany zu mir gehabt haben. Irgendwann dann, wenn wir keine Lust mehr aufs Baden hatten, tollten wir am Ufer. Ich wurde aufgefordert Steinchen zu werfen und sie hetzte hinterher, immer wieder aufs Neue. Ausdauer ohne Ende. Ich hatte schon längst keine Lust mehr auf das ewigen Bücken nach Wurf-Steinchen. Sie forderte mich jedoch so freundlich heraus, ich konnte diesem Blick nie wiederstehen. Selten blieben wir nur an einer Stelle, meist wanderten wir weit, weit am Strand entlang. Dabei gab es Wiedersehen mit anderen Hunden. Bei einem kleinen Dorf direkt am Meer, an einem ausgetrockneten Bachlauf liegend, lungerte regelmäßig eine Meute Hunde herum. Sie begrüßten Tiffany, begleiteten uns ein Stück und auch wieder zurück zum Auto. Die wenigen kleinen Hunde, so wie sie, die beachtete meine Weltenbummlerin überhaupt nicht. Die Großen, ja, das waren ihre Freunde! Das blieb ihr Leben lang so. War die enge Freundschaft zu Brian ein Grund dafür?

Schöne Zeiten verlebten wir am Meer. Zwischendurch bei unserer Wanderung mit dem obligatorischen Steinchenwerfen-Spiel, setzte ich mich gerne in den warmen Sand und beobachtete die Wellen. Zuerst vertrieb sich Tiffany alleine die Zeit, doch bald setzte sie sich zu mir, dicht angedrückt. Gelassen blickte sie in alle Richtungen und aufs Meer, als drifteten auch ihre Gedanken davon. Irgendwann quengelte sie, beginnend mit Schubsen beim Anlehnen und wenn ich nicht reagierte mit Kopf-Boxen in die Seite und Bellen. Los, weiter! Es warten Abenteuer! Und wir tobten wieder im Wasser, fischten nach Stöckchen und jagten über den warmen Sand dem Ball hinterher bis wir endlich müde und hungrig zum Auto gingen.

Bei einer Strandwanderung, wir befanden uns kilometerweit vom Auto entfernt, zog eine Gewitterfront auf. Nein, davon hielt Tiffany überhaupt nichts, bei aller Liebe zur Natur, da war die Grenze! Das Donnern kam aus weiter Ferne, aber Grund genug den Rückweg anzutreten. Sie stand am Ufer, drehte sich plötzlich um und hoppelte davon. Während ich das Wasser verließ und meine Sachen griff, rief ich nach ihr. Meine vierbeinige Abenteuerin hörte in ihrer Aufregung auf kein Kommando und stürmte davon. Pinsel abgeklappt, auf das der Blitz ihr nur nicht in den Sterz einschlage, entschwand sie in Richtung Dünenkamm und wurde beständig kleiner. Ihr Vorsprung war beträchtlich und ich konnte kaum folgen, meine Rufe verhallten sinnlos. Die Küstenlinie ist sehr geschwungen und als ich ein kleines Kap umrundete, sah ich Tiffany nicht mehr. Panik! Ich suchte im Sand nach ihren Spuren und stieg auf Erhöhungen, um das buschbewachsene Hinterland einzusehen. Wenn sie da drin war, konnte ich sie unmöglich finden! Ich lief im knöcheltiefen Sand des Dünenkammes zum Auto, in der Hoffnung sie wäre hierher entflohen. Nichts, kein weißes Fellchen. Also zurück auf die Düne, um den

Strand und die nähere Umgebung einzusehen. Nichts. Ich rief, ich schrie ihren Namen. Schrie an gegen den inzwischen lauten Donner. Nichts. Wieder und wieder drehte ich mich um und sah in die Ferne. Im Kopf dröhnte die Frage, was machst du jetzt bloß?! Was machst du?! Zur Sicherheit trug Tiffany an ihrem Halsband eine Kapsel mit aktuellen Kontaktdaten, im äußersten Notfall würde das eventuell helfen können. Eine wirkliche Beruhigung war es nicht. Eher zufällig streifte mein Blick unseren Kleinbus. Da! Unter dem Bus blitzte kurz etwas Weißes auf, dann schielte vorsichtig geduckt Tiffany hervor. Oh, welch Glück! Sie hatte unter dem Auto vor dem Gewitter Schutz gesucht, es war ja unser Auto und Papa würde schon kommen. Meinen Westie musste ich, auf dem Bauch liegend, hervorziehen, sie war freiwillig nicht bereit diesen vermeintlich sicheren Bunker zu verlassen. Sie hatte große Angst und zitterte schrecklich. Ich auch, nur aus anderem Grund.

An einem jener vielen Strandtage erlebten wir ein faszinierendes, jedoch bedrohliches Naturschauspiel. Nur, zuerst einmal war es für mich und die kleine Abenteuerin etwas absolut Fremdes.

Tiffany, wie stets schon auf der Düne während ich noch am Auto hantierte, entdeckte die Ungeheuerlichkeit sofort. Von da oben hatte sie eine weite Rundsicht über Küstenlinie und Meer und das glich die Ungerechtigkeit bezüglich der kurzen Beinchen aus. Da fiel ihr die seltsame Situation natürlich auf, aber sie fand ebenso flink eine Erklärung und mit mir den Schuldigen. Sie kehrte zurück und wetterte mich mit energischem Gebelle und Gehopse an. Ich wusste nicht was die Aufregung bedeutete, aber es konnte sich nur um eine Ausnahmesituation handeln, derart wie Tiffany sich aufführte. Ich beeilte mich beunruhigt um nachzusehen und gaffte jetzt so wie Tiffany bei den Löwen. Das Meer war fort. Einfach weg! Nun ja, nicht ganz, doch es war nicht da wo es eigentlich hin gehörte. Vor uns lag ein unendlich breiter Strand und die Wasserlinie weit voraus. Während ich grübelte und nichts verstand, forderte Tiffany, und nun mit gesteigertem Dezibel-Pegel, von mir die Regulierung in den Normalzustand. Für sie stand klar fest: hierfür konnte nur ich verantwortlich sein! Schließlich erinnerte sie sich genau an jene düsteren Momente, dann, wenn sie sich bei einem Ausflug in Anrüchigem hingebungsvoll gewälzt hatte und als für sie völlig unverständliche Reaktion, empfand sie doch Geruch und Tarnflecken auf dem weißen Pelz als ganz wunderbar, also dafür in die hohe Duschwanne musste. Und das ich sehr wohl den Wasserstand regulieren und von der, für sie nur dort bedenklichen, Höhe bis auf Bauchniveau rapide nach Belieben verschwinden ließ. Wieso, bitte, hatte ich aber in ihrem geliebten Meer den Stöpsel gezogen?

Kleiner Terrier, sorry, du irrst. Das hier war ich gewiss nicht und ich staune nicht weniger als du! Gemeinsam gingen wir auf Erkundung und die Abenteuerin drängte, wollte unbedingt zum und ins Wasser. Was sie und ich wenig später auch gründlich durften, anders als je erwartet. Wir wanderten also dem Meer entgegen oder passender, hinterher. Auf dem trocken gefallenen Meeresboden gab es viel zu schnüffeln und zu scharren. Ein Adergeflecht flacher Wasserrinnen hatte sich gebildet und in kleinen Senken, immerhin, standen Meerwasserreste. Pfötchentief, kaum einmal mehr, aber herrlich warm durch die Sonne. Längst waren wir weit über unsere magische Linie, wo wir beim zaghaften Schwimmen kehrt machten, hinaus. Es war interessant, die sonst verborgene Landschaft zu sehen, die kleine Riffe, Sandbänke und Muscheln. Irgendwann stutze ich über die Entfernung zu den Dünen, doch Tiffany quengelte weiter und endlich erreichten wir das Meer. Sie tobte im Wasser und forderte mich zum Spiel. Diese Zeitmenge brauchte ich tatsächlich! Nun erst kamen mir Bedenken, gefördert vom völlig ruhigen Meer. Keine Wellen, das Wasser stand. Was war das?

Und plötzlich stand es nicht mehr! Auf dem eben nur feuchten Sand strömte das Wasser zurück. Die Kleine badete unbekümmert, ich sah wie das Wasser stieg und erschrak über meine Naivität und überhaupt - so weit gegangen zu sein! Ich schrie nach Tiffany, sie solle sofort kommen, und lief los. Unwillig folgte sie mir, war aber erschrocken, dass ihr das Meer prompt folgte und sie die Pfötchen einfach nicht ins Trockene bekam. Beim Laufen drehte sie sich verwundert mehrfach links und rechts um, erhöhte ihr Tempo und flitzte an mir vorbei in Richtung Dünen. Das ihr das Meer beharrlich nachlief war ihr dann doch unheimlich und sie sah sich weiter seitlich zum Wasser um. Zu mir hingegen nicht, das Teufelchen. Ich rannte bereits mehr als wadentief im Wasser und den eigentlichen Uferstreifen erreichte ich knietief geflutet, da war nix mehr mit Laufen…Die zwanzig Meter zur hohen Düne wurden unendlich, während das Meer mit Druck und Gewalt anstieg. Es hatte auch Tiffany längst eingeholt, sie schwamm und paddelte wild. In diesen beängstigenden Sekunden erreichte ich sie, nahm sie auf den Arm und strebte mühsam zur Dünenwand, an welcher das Wasser eilig höher klomm. Tiffany befand sich, obwohl hoch auf meinem Arm, erneut im Wasser. Ich sah die Panik in ihren Augen und mir ging es nicht besser. An der Düne warf und stieß ich die Kleine hinauf zu den ersten Agaven und sie kraxelte höher. Dort im Sicheren, beobachtete sie mich, wie ich da bis über die Brust im Wasser stand und es mir nicht gelang zu ihr zu kriechen, überall gab der Sand nach. Kurz schwappte das Meer hier und da seicht über die Dünen, ich bekam ein trockenes hartes Agavenblatt zu fassen und dann zog sich das Mittelmeer zurück. So beständig wie es gestiegen war, drängte es jetzt in sein angestammtes Revier. Der Strand lag wie immer, nur der Sand gluckerte überall wie aus kleinen Quellen und die Sonne lachte schadenfroh über uns. Tiffany terriernass, ich komplett gebadet. Ich empfand das kühle Dezemberwasser nicht als angenehm und schimpfte in totaler Verkennung der Situation und was uns eigentlich hätte passieren können, nur dumm über meine durchweichten Klamotten. Tiffany schüttelte sich dazu. Ich hatte genug erlebt und ging zum Auto, welches inmitten hier völlig unbekannter ausgedehnter Pfützen abgestreiften Meerüberschusses stand. Die Kleine folgte unwillig, der Abenteuerdurst war nicht gestillt, zu gerne wollte sie zurück an den Strand. Ich fror, zog sämtliche triefenden Sachen aus, schlang mir Tiffanys immer im Auto liegendes Badetuch um die Hüften, forderte den Terrier zum *endlich einsteigen* auf und hoffte bei der Rückfahrt nicht in eine der häufigen Polizeikontrollen zu geraten.

Am folgenden Tag erfuhr ich von dem Meerbeben und der dadurch ausgelösten

Welle, die Boote in den Marinas der Balearen und an der Costa blanca durcheinander wirbelte und für etliche Schäden sorgte. Wir hatten einen kleinen Tsunami erlebt.

Unser Weihnachten verbrachten wir völlig anders als in vergangenen Jahren. Kein Schnee und Eis, dafür blauer Himmel, Sonne und angenehme Wärme. Statt Weihnachtsmänner skateten Chica-Noels mit langen schwarzen Haaren und in Miniröckchen durch die großen Einkaufscenter, weit ansehnlicher als alte Rauschbärte, und die wenigen, ganz wenigen, nur künstlichen, Weihnachtsbäume wirkten fehlplatziert. Mir fehlte die Kälte gewiss nicht und meine Kleine, immer mit passendem Kurzhaarschnitt, hatte sich an die spanischen Temperaturen gewöhnt. Silvester, Tiffanys persönliches Halloween, glitt an uns vorbei. Im Safaripark wohnten wir weit entfernt von jeder Knallerei. Vom Dach des Delfinariums sah ich dem Feuerwerk über El Vergel und Denia zu, während unten mein Hündchen den Löwen lautstark Verwünschungen zum neuen Jahr überbrachte. Als geborene Lebenskünstlerin bestand für sie die Welt aus Abenteuern, gleich wo wir leben. Unternehmungen und Ausflüge machten Freude mit Tiffany, egal wohin und wieweit: sie war stets gespannt auf Erlebnisse und bereit Unbekanntes zu entdecken. Nie war sie eine Behinderung. Selten musste ich sie über Hindernisse tragen. Wollte ich bei Unwegsamkeiten helfen, zappelte sie oft: ich will runter, das kann ich schon allein! Ein richtig cooles Abenteuerhündchen..!

Wir erhielten Nachbarschaft. In dem zehn Meter entfernten, vorher verwaisten Käfig zog ein Affe ein. Wurde eingezogen, denn eine Wahl blieb ihm kaum. Einzelhaft. Es hatte Schlägereien in der Mangaben-Gruppe zwischen den Männchen gegeben und der offensichtliche Verlierer, halb gerupft und arg verdroschen, landete bei uns. Da saß der ziemlich große Haufen Elend still auf seiner viel zu schmalen eisernen Querstange als einzige Klettergelegenheit. Tiffany mag sich an die lustigen, dicken Rhesusaffen im belgischen Zoo & Circus erinnert haben, die wie verrückt am Gitter hoch und runter kletterten wenn sie auftauchte, und versuchte nach sorgfältiger Begutachtung aus sicherer Distanz, jetzt diesen Affen durch Bellen und Herumspringen zu einem Spiel aufzufordern. Es war freundliches Anbellen, in völlig anderer Tonlage als bei den Großkatzen. Nun schien der Mangaben-Mann erst einmal mit seinen Problemen genug zu tun zu haben und beobachtete den weißen Hund vorm Gitter ohne Reaktionen. Er hätte der kleinen Herausforderin aber auch nicht ihren Wunsch nach wilder Auf- und Abkletterei erfüllen können, der Käfig war kaum zwei Meter hoch und er viel größer als ein fetter Kleinaffe. Ob Tiffany wohl die unverschämten Schimpansen vergessen hatte? Ein wenig ähnelte die Mangabe denen, zumindest mehr als den Rhesusmädels. Gut, er kreischte nicht ohrenbetäubend, tobte und trommelte nicht im und am Käfig herum, sondern war von ruhigem Gemüt und er warf auch nicht. Noch nicht. Oder zumindest nicht nach ihr… Mir tat der Affe leid. Er erhielt trotz seiner Verletzungen keinerlei Behandlungen und einmal am Tag trockenes Brot und Mohrrüben, selten einen Salat oder Äpfel. Abends, wenn ich mit meinem Hundemädchen vorm Wohnwagen saß, hockte er sich bald in die nahe Käfigecke und spähte herüber zu uns. Morgens, wenn wir vor den Caravan traten, saß er auch dort und stieg dann auf die Balancierstange. Ich mopste von Doras Papageienfutter täglich kleine Leckereien: Nüsse, Äpfel, Feige, Paprika- oder Gurkenstücke oder ich brach frische Zweige für Mono, so nannte ich zugegeben nicht gerade originell, den Affenmann. Er grunzte leise und nahm sich die Überraschungen wenn ich fortging. Der Käfig befand sich nicht im Besucherbereich, deshalb gab es keinen Sicherheitszaun und man konnte direkt an das Gitter treten. Da genau lag meine Sorge wegen Tiffany, die sich mit am Gitter auf und ab stürmen, ducken und bellen um Monos Aufmerksamkeit bemühte. Nein, sie schaffte es nicht ihn aus der Ruhe zu locken. Aber dann sah ich eines Morgens das Unfassbare: Tiffany saß auf dem niedrigen Betonsockel, mit dem Hinterteil an den Gitterstäben. Mono hatte seine Hände bis zu den Ellenbogen hindurchgefädelt und lauste ihr behutsam das Fellchen! Würde Mono zupacken, hätte meine Kleine sicher gebissen, aber den Kräften dieses Affen wäre sie nie gewachsen. Ich rief sie sofort herbei und Mono ließ sie aus seinen Händen gleiten. Streng achtete ich darauf, das Tiffany nicht zu dicht an den Käfig ging. Aber natürlich konnte ich sie nicht ständig im Auge behalten. Einmal habe ich sie erneut dort, aus gleicher Situation, wegrufen müssen. Da gab`s Ärger und ich verwies sie in den Wohnwagen. Jetzt rief ich sie stets hart an, sobald sie zu nahe an den Käfig trippelte. Die Gefahr war mir einfach zu groß. Vielleicht gaben meine Reaktionen den Auslöser von Monos Verhalten mir gegenüber? Meine Naschereien nahm er, aber ich entfernte mich kaum einige Schritte, da warf er mir eine Handvoll groben Kies aus seinem Käfig hinterher. Er traf; bei der Streuladung und Entfernung. Und meistens auch ein zweites Mal. Ich trug nur kurze Hosen und der Kieselregen tat gehörig weh! Es blieb bei den Würfen. Sobald er mich auf dem Weg erblickte, erhielt ich meine Abreibung. Oft traf er mich unerwartet und hart mit den Steinen. Da stellte ich verärgert meine Mitbringsel ein. Ihm war es gleich - er warf weiter. Tiffany blieb völlig verschont. Ich war das Übel. Zum Glück setzte der Park ihm bald einen kleineren Artgenossen, auch einen Verstoßenen und Demolierten, in die karge Zelle. Da erhielt er endlich Beschäftigung und ich wurde bedeutungslos. Auch Tiffany. Mono ließ sich jetzt vom Mithäftling im eigenen Fell rumpolken. Affe!

In jenem Frühjahr 1997 erreichte der Komet Hale-Bopp auf seiner Wanderung durch das Universum die Nähe unserer Erde. Im letzten Tageslicht nur knapp von Spaniens Sonne verdrängt, aber abends hell leuchtend, zog er wochenlang alle Aufmerksamkeit auf sich. Zuerst, allmählich aus dem Dunkel des All auftauchend, ein kleiner Stern mit, vorgaukelnd, beständig wachsendem Schwänzchen je näher er der Erde kam, wuchs und leuchtete er dann betörend schön mit langem Schweif am Himmel und erinnerte an Geschehnisse weit abseits unseres Hierseins und an notwendige Demut der Welt gegenüber, bis er verblassend, mit schrumpfendem Schweif, bald nur wieder einer der vielen Lichtpunkte im Sternenozean wurde und uns in Abgeschiedenheit zurück ließ. Geheimnisvoll und wunderschön leuchtete er viele Nächte über dem Delfinarium. Stundenlang konnte ich, vorm Caravan sitzend, den Kometen betrachten. Ein einsamer Wanderer zwischen den Welten oder ein mit viel Phantasie gesetzter Farbtupfer von den Erschaffern der Matrix? In beiden Fällen ein Zeichen, das es Dinge zwischen Himmel und Erde gibt, über welche es nachzudenken lohnt.

Die Zeit verging, die Termine für den Baubeginn auf Ibiza verschoben sich wieder und ich begann zu zweifeln, ob die Entscheidung hierhergekommen zu sein, richtig gewesen war. Meine Planung sah nicht vor, bei Seelöwen und Papageien zu helfen und ansonsten zu warten. Ich begann an meiner Darbietung mit den Reptilien zu arbeiten, stellte das Konzept um, fertigte neue Requisiten und Kostüme an. Damals sah ich keine andere Möglichkeit als erneut in Zirkus-Engagements zu gehen. Um eine höhere Gage zu erhalten, wollte ich eine Zweitdarbietung aufbauen. Diese durfte weder so zeit- noch kostenaufwendig wie die Reptile-Show sein. Was lag da näher, als mit meinem klugen und niedlichen Vierbeiner eine Nummer zu erarbeiten? Tiffany war doch als Welpe allein in die Manege vor über tausend Besucher getreten und hatte diese nur durch ihre Art begeistert! Und bitte, in Gent präsentierte sie hinter meinem Rücken ein selbst zusammengestelltes Kurzprogramm, wegen der Süßigkeiten von Besuchern. Toll wäre es, mit Tiffany aufzutreten. Ich tüftelte an einem Konzept, basierend auf den vielen von ihr beherrschten Kunststücken. Lustig sollte es sein und mit Tiffany als Gewinner in der Story, sie würde mich "vorführen". Die Szenerie sah ich vor mir: eine Bank, eine Straßenlaterne, ein Mann und sein Hund. So begannen wir zu proben. Tiffany war begeistert, sie führte mir ihre Lieblingstricks in Dauerschleifen vor, aber ich musste sie ausbremsen, es galt einen Ablauf einzuhalten. Nicht schnelles Abspulen, fertig und Belohnung! Wir waren hier weder im Vorführungszelt von Gent, noch planten wir belgische Zuckerguss-Kekse und übersüße Schokolade zu erbetteln. Also, Geduld! Ruhig und sauber arbeiten. Ja... Damit hatte Tiffany ähnliche Probleme wie mit Silvester und Gewitter, sie konnte gerne darauf verzichten. Wieso auch alles so genau nehmen? Ihre Erfahrungen in Belgien hatten gezeigt, dass es auch viel einfacher lohnt. Ständig musste ich die Kleine ermahnen nichts abzukürzen, das Hochsitzen nicht nur kurz anzudeuten, beim "Erzähl mal" zu erzählen und nicht nur lautlos die Schnauze auf und zu zuklappen und beim Robben nicht geduckt zu laufen, sondern eben auch zu robben. Dies konnte sie alles hervorragend, jedoch lag ihr der Fast Forward deutlich mehr. Mit Interesse und Leichtigkeit erlernte sie neue Tricks, war dabei ganz aufgekratzt und eifrig. Da startete ich mit der Zusammenstellung unserer Darbietung:

Ich wachte auf, fummelte erfolglos nach meiner Decke und erhob mich fröstelnd von der Bank. Die Decke lag auf dem Boden unter meiner Schlafstätte und unter ihr eingekuschelt Tiffany. Meiner Ansage aufzustehen folgte von ihr keine Reaktion, ich reckte mich, gähnte und rief sie erneut. Nun robbte Tiffany hervor, reckte sich mit hochgedrücktem Hinterteil ebenfalls mehrfach, um sich darauf erneut auf die Seite zu legen. Ich forderte sie zum "endlich wachwerden" auf und als das ohne Wirkung blieb, stellte ich sie auf alle Viere. Tiffany knickte ein und legte sich auf die Seite. Das wiederholten wir und als es mir gelang, sie wenigstens zum Sitzen zu bringen, zeigte ich mich stolz. Hinter meinem Rücken aber trappelte Tiffany rückwärts, rollte sich seitlich unter die Bank, wobei sie einen Zipfel Decke packte und sich so zudeckte. Ich war empört, trug sie herbei und erklärte, sie müsse einige Kunststücke zeigen, um Frühstück zu verdienen. Sie antwortete, indem sie den Kopf hochwarf und erzählte. Dann machte sie einen Hochsitzer, lief mir beim Gehen in Schlangenlinie um die Beine und tanzte. (Das war ihr

Lieblingstrick, sie drehte sich sehr schnell auf den Hinterbeinen auf der Stelle.) Dann sauste sie nach vorne, nahm sich ein Geldstück, ein großer goldener Schoko-Taler, vom Teller, lief zur Bank und ließ das Geld in ein durchsichtiges Plastekästchen fallen. Ich protestierte und griff mir das mit Goldtalern halbvolle Behältnis, auf dem "Für Leckerli" stand und mit einer Hundetapse unterzeichnet war. Tiffany lief um mich herum und bellte. Ich stellt das Glas ab und Tiffany legte sich auf die Decke. Meiner Aufforderung zur Arbeit folgte sie wieder nicht. Schließlich ging ich kopfschüttelnd langsam nach vorne zum Teller, da kroch Tiffany hervor und robbte mir ein Stück hinterher. Als ich stutzte und nach links und rechts sah, stoppte auch Tiffany und legte den Kopf auf den Boden. Das folgte ein paarmal, bis ich mich zum Teller bückte. Da hüpfte Tiffany über mehrere Meter auf den Hinterbeinen wie ein Känguru zu mir und stieß mich mit den Vorderbeinchen an. Ich fiel auf Knie und Hände und sofort sprang das Hündchen auf meinen Rücken. Während ich mich erstaunt vorsichtig drehte und dabei aufrichtete, kletterte sie bis in den Nacken hoch, setzte mir die Vorderpfötchen auf den Kopf und streckte sie in die Höhe zum Hochsitzer. Ich ging in die Knie, bückte mich tief. Tiffany sprang über meine Schulter nach vorne, drehte sich zu mir und tapste mir ins Gesicht. Ich kippte zur Seite und Tiffany mauste den nächsten Goldtaler vom Teller.

Soweit kamen wir in den Proben, nun ja, mehr oder weniger. Zunehmend bereitete Tiffany Schwierigkeiten. Hatte sie Lust auf *Zirkus*, war sie eifrig bei der Sache, konzentrierte sich und musste kaum gelenkt werden. Plante sie jedoch anderes und fügte sich eben in ihre Aufgabe, zeigte sie das deutlich. Da hatte sie etliche Punkte auf ihrer Skala der Lustlosigkeit zu bieten: von *nicht zu schnell arbeiten*, über *langsam arbeiten mit hängendem Schwänzchen nebst ermahnt-werden-müssen*, bis zum mühseligen Schreiten mit wippendem gesenkten Kopf, hängenden Ohren und Pinsel - wie uraltes Hündchen! Sie loben, anfeuern oder lustig herausfordern brachte nur bedingt Erfolg. Es gab auch die Tage, an denen sie mich schlicht stehen ließ. Während ich vorne meinen Part mimte und dachte mein Hündchen wartet auf ihren Einsatz, geigelte sie mit Mono herum oder befand sich bereits zehn Meter weiter in Richtung Abenteuer-Delfinarium! Die ließ mich einfach stehen! Forderte ich sie dann energisch herbei, brachte es überhaupt nichts - sie hatte ja schlicht Null-Bock. Wenn ich grübelte, was ich falsch machen könnte, dabei mit Tiffany und mir böse war, hatte die freche Teufelin eine Gegentaktik erarbeitet: Ärgerte ich mich besonders und schimpfte vor mir her, dann kletterte sie auf den Paletten-Turm und bellte die Landlöwen aus. War ich ruhiger, spielte sie mit den Seelöwen. Zwischendurch hielt sie immer einmal inne und beobachtete mich. Mit ihrem feinen Gespür bemerkte sie kleinste positive Veränderungen bei mir, kraxelte dann vom Wachturm oder beendete den Wettlauf und forderte nun mich erst zaghaft, dann steigernd, zum Wieder-gut-mach-Spiel. Sie gewann stets, wie hätte ich ihr je lange böse sein können. Bei den liebevollen Gesten und dem berührenden Blick! Sofort wurde ihr Versuch-mich-zu-Fangen-Spiel noch ausgelassener: *Alles vergessen? - Ja. Naja nicht wirklich, aber...* Bald verlor ich Hoffnung und Lust auf eine Darbietung mit Terrier Tiffany. Wer bitte möchte einen gelangweilten Hund in der Manege sehen, welcher in die Show kommt und aus ihr geht wann er will? Nein, nein, diese Blamage musste ich nicht vor Publikum erleben. Mir reichten schon die Spötteleien von Dora. Und als dann ein Bekannter, selbst viele Jahre mit unzähligen Hunden im Showbusiness unterwegs, in einem Telefonat sagte *Tiffany ist ein Terrier, was wunderst du dich? Terrier sind so intelligent wie eigensinnig,* da beendete ich den Versuch mit meinem Hündchen an einer Weltkarriere zu basteln von heute auf morgen. So aus Spaß ließ ich sie noch viele Jahre einzelne ihrer Kunststücke ausführen.

Bald darauf beendete ich die Verbindung mit Rene D. Zuviel Zeit war verstrichen, wieder lagen ein Jahreswechsel und ein Frühjahr hinter uns, der Park blieb weiterhin nur Planung. Schon eine Weile gab es unversöhnliche Probleme zwischen dem Safaripark und Rene als dem Mieter des Delfinario, von deren Auswirkungen ich direkt betroffen wurde. Lange konnte ich schlichtend eingreifen, da ich mit den Angestellten und der Direktion des Parkes guten Kontakt pflegte. Es zermürbte aber und als meine Bezahlung ohne Begründung reduziert wurde und monatelang keine Klärung zwischen uns möglich war, bereitete ich mich psychisch auf eine Abreise vor. Mehrfach wurden persönlich zugesagte Gesprächstermine ohne Information nicht eingehalten und damit war es endgültig. An einem späten Nachmittag verlud ich die Reptilien, koppelte den Wohnwagen an und wir verbrachten eine letzte Nacht an diesem wunderschönen Ort. Es blieb mir ein Rätsel, woher sie es erfahren hatten, aber am Abend besuchten mich nun ehemalige Kollegen vom Team aus Benidorm, um mich zu verabschieden und mir Geschenke zu überreichen. Das bewegte mich tief.

Schwer wurde der Abschied von Dora, sie bat mich erst am Vormittag zu fahren. Aber es wäre zu viel geworden, ich wollte niemanden mehr vom Park begegnen und es noch komplizierter machen. So wurde die Nacht kurz. Tiffany wusste was kommt, sie kannte einen Aufbruch. Früh um fünf Uhr fuhren wir aus dem Park, durch die leeren Straßen in Vergel, weiter die Küstenstraße entlang in Richtung Gandia, Valencia, Barcelona. Mir ging es nicht gut. Nie zuvor, meine Kindheit ausgenommen, hatte ich das Gefühl gehabt zuhause gewesen zu sein. Spanien, die Liebe im Herzen.

Dora hat längst eine Familie, der Kontakt ist nie ganz abgebrochen.

Den Traum von einem Park auf Ibiza konnte Rene D. nicht realisieren, seit 2009 kämpft auch er gegen die Krisen und ums Überleben seiner vielen Tiere.

Der Safaripark Costablanca geriet 2010 in die Insolvenz und schloss für Besucher seine Tore, es begann die schwierige Suche nach neuen Unterkünften für alle Tiere.

Die Ranch im Busch

Heimkehr & Brückenschläge - Stadthunde - Schimpansen & Panic-Room

Als Tarragona hinter uns lag und ich das Gespann von der Nationalstraße auf die Autobahn lenkte, den Pyrenäen und Frankreich entgegen, entschwand auch das Mittelmeer unseren Blicken. Ich versuchte so viel an Erinnerungen zu speichern wie nur möglich, ein großer Teil von mir blieb in Spanien.

Meine Kleine war wieder einmal Copilotin für eine lange Tour. Sie hatte sich endgültig das Sitzen auf meinem Schoß beim Fahren angewöhnt. Früher tat sie das nur sporadisch, jetzt betrachtete sie es als Selbstverständlichkeit. Vielleicht weil sie meine Nähe wollte, vielleicht weil sie weniger den Hals recken musste um aus dem Fenster zu sehen, wer weiß? Jedenfalls hatte sie den Fahrersitz als wichtigsten Platz erkannt. Wartete sie beim Einkaufen im Auto, stieg sie umgehend auf meinen Platz und saß hinter dem Steuer ihres geliebten Autos. Der doppelte Beifahrersitz bot großzügigen Platz und Komfort mit den Decken und Kissen, aber das Terrier-Mädchen maß Qualität mit anderen Maßstäben und störte sich nicht der Unruhe durch meinen Beinbewegungen an den Pedalen und dem Hantieren an Lenkrad und Schaltung.

Wir fuhren schon viele Stunden, doch Tiffany blickte weiter aus dem Fenster, Köpfchen auf meinem Arm und der Türarmlehne - so klappte das sogar bequem im Liegen. Was dachte sie? Was empfand sie? Es stand erneut eine Veränderung bevor, ihr als Reiseprofi entging das nicht. Ob sie die Abenteuer mit den Land- und Seelöwen, mit Mono, den Papageien und Stieren und die vielen Stunden am und im Meer wie ich fest im Gedächtnis verwahren würde?

Wer vermag zu wissen, was im Kopf eines Hundes vorgeht? Dass es dort schlicht um das nächste Futter geht und fast jede Handlung instinktiv erfolgt, ist eine Behauptung typisch menschlicher Überheblichkeit und naive Unterschätzung der Tierintelligenz. Was sieht ein Zweibeiner wenn er in den Spiegel schaut? Hinter bedrohlicher Selbstüberschätzung und der Maskerade aus modischem Styling lebt auch nur ein von Genen der Urzeit getriebenes Wesen, allerdings berechnender, skrupelloser, grausamer. Sieht man ehrlich genauer hin, auf das Gegenüber, offenbart sich das Tier Mensch, welches trotz angeblich überragender Intelligenz aus all seinen Fehlern nichts gelernt hat.

Kurz hinter Barcelona rief Dora an und ich nutzte das Gespräch für einen Halt. Tiffany vertrat sich zum letzten Mal auf spanischen Boden die Hundebeinchen und knabberte einen Snack. Weiter ging es. Abfahrt Girona. Zur Grenze war es nicht mehr weit. Die Pyrenäen. Mir fiel ein, wie freundlich uns die Dame an der Mautstelle begrüßte, als wir müde, aber voller Hoffnung in ihr Land mit dem ewig blauen Himmel und der gelben Sonne einreisten.

Perpignan in Frankreich. Spanien lag in unserer Vergangenheit. Meine Hoffnungen, möglichst bald mit Tiffany zurückzukehren, und sei es nur zu Besuch, sollten sich nie erfüllen. Ich hätte es gerne getan, auch um zu erfahren, ob sie sich erinnern würde.

Bei Nîmes lenkte ich uns auf einen Rastplatz. Während ich gegen Müdigkeit und steif gewordenen Körper ankämpfte, hatte Tiffany wieder Tolles entdeckt! Rasen! Richtig hoher, weicher Rasen! Sie sprang übermütig herum, rannte im Kreis und hatte es, klar erkennbar, mit gleich einigen durchsichtigen Kameraden zu tun. Sie freute sich dermaßen über das frische Grün, das nicht nur ich lächelnd zusah. Tiffany hatte wieder Publikum aktiviert. Einige Familien rückten näher, um ihrem übermütigen Schauspiel beizuwohnen, lachten und klatschten sogar. Mein Hündchen registrierte das sehr wohl, wälzte sich grunzend, robbte meterweit, hüpfte "Känguru" und bezog auch die an Tischen sitzenden Reisenden mit ein, indem sie dort mit abgeknickten Schwänzchen und angelegten Ohren vorbeiflitzte. Diese kleine Kröte! Zieht eine Mega-Show ab, ist aber nicht bereit mit mir in der Manege etwas für unseren Lebensunterhalt beizutragen! Ich war gespannt, wie die Aktion enden würde und ob Tiffany womöglich von Zuschauer zu Zuschauer stolziert, um Naschereien zu erbeuten. Gewundert hätte ich mich nicht! Aber nein, sie gab eine Gratis-Vorstellung ihrer nicht zu bändigen Emotionen. Schließlich lief sie wedelnd zu mir und forderte mich zum Spiel. Damit ließ sie mich meine Schwerkraft nicht mehr spüren und vertrieb die Müdigkeit. Endlich, nach gefühlten Stunden, beruhigte sich Tiffany, schnüffelte herum und beachtete mich nur am Rand, der Mohr hatte seine Schuldigkeit getan… Bis ihr einfiel, das es Zeit für eine Mahlzeit sein dürfte und da rückte zeitgleich ich wieder in ihre Gedanken. Anstupsen, anbellen, tanzen und "schön machen", als Hinweis für mich, das ich da bitte ein hungriges Hündchen zu versorgen habe. So nahmen wir Zwei auf dem schönen Rasen vorm Wohnwagen unsere Mahlzeit ein, die Kleine wie stets viel schneller als ich. Und hinterher, mit dickem Bäuchlein tief schlafend, ließ es sich herrlich auf dem Schoß durch die Nacht chauffieren.

Bereit in Spanien hatte ich bei Bekannten angefragt, ob ich auf ihrem Grundstück für eine Weile Quartier beziehen könnte und erhielt eine freudige Zusage. Dorthin leitete uns die Autobahn. Eine Nacht, ein Tag und wir erreichten Raum Köln und die Abfahrt vom Ring. Hinter der Ausfahrt wartete bereits D. mit Auto, um uns zu seiner Ranch zu leiten, nur einen Terrier-Spaziergang von der Großstadt entfernt und eingekeilt zwischen dem Betonader-Geflecht einer von Wirtschaft und Siedlungsraum erbarmungslos zerhackten Landschaft. Die Straßen wurden auf den wenigen Kilometern zunehmend schmaler und leerer, dann eine 30er Zone. Am Ende der Straße, um eine Kirche gescharrt, ein kleines Dorf, ringsherum Felder. Sackgasse am Wald. Kurz davor das Grundstück der Freunde: eine große wildgewachsene Wiese, begrenzt von hohen Sträuchern und dichtem Urwald aus Unterholz und Baumbestand.

Es war später Abend und ich parkte eilig Caravan und Bus, weil T. schon lange mit warmen Abendessen wartete. Es gab viel zu erzählen, jahrelang hatten wir einander nicht gesehen. Wir kannten uns seit einem Gastspiel beim Circus A...., dort hatten die Zwei mit ihrer lustigen Hundebande für kurze Zeit eine ausgefallene Darbietung ersetzt. Damals waren sie immer freundlich zu Tiffany gewesen und diese wusste sofort wer ihr gegenüber stand. Und sie erkannte gleich nach Verlassen des Autos an der Begrüßung, den anderen Wohnwagen und Transportern, das wir am Ziel waren. Die Kleine durfte die nähere Umgebung inspizieren und sie wuselte im Dunkeln herum, pendelnd zwischen Fahrzeugen und Gesprächsrunde. Bloß nichts verpassen! Draußen gab es so viel zu untersuchen, bei uns aber eventuell Leckerbissen zu naschen. Böser Konflikt! Früh morgens fielen Terrier und ich müde ins Bett.

Viel Arbeit stand vor mir. Da ich mit den Reptilien im kommenden Jahr auf Tour gehen musste, galt es einen Spezialtransporter zu kaufen und einzurichten. Vorerst erhielten die Krokodile und Schlangen in einem Wohncontainer eine Unterkunft. In den Niederlanden gab ich den Bau eines langen Hängers in Auftrag und bis zu seiner Fertigstellung blieben nun sechs Wochen für Erkundung der Umgebung. Auf dem großen Gelände kannte Tiffany sich längst aus. Zwischen allen Wagen, in Lagerräumen und Schuppen, im dichtesten Gestrüpp war sie tätig und ausschließlich die Brombeerhecken setzten ihrem Forscherdrang Grenzen. Hohe Büsche umgaben die Wiese, nur die Dächer angrenzender Häuser blinzelten über den pflanzlichen Wall hinweg und diese herrliche grüne Fläche wurde unser beliebtester Ort zum Toben mit Ball, Ring und Quietschtieren. Ideal auch durch das hohe Gras zum Verstecken- und Fangenspiel, mehrfach am Tag forderte mich die Kleine dort zum wilden Zeitvertreib auf. Und einmal fand Tiffany dabei etwas Wunderschönes, etwas, das sofort ihr Herzchen rührte: einen kleinen Plüschpinguin mit Hut. Doch dieser konnte nur ein verlorenes Spielzeug der Schimpansen sein. Die wohnten auch auf dem Gelände, in ihren Transportern und mit ihrer Familie, welche hier bereits länger Quartier bezogen hatte. Zwei jüngere Affenmädchen spielten regelmäßig unter Obhut ihrer Trainerin auf der Wiese. Dabei war sicherlich das Stofftier abhandengekommen. Darum nahm ich Tiffany, mit einiger Mühe, das niedliche Wesen ab und brachte es zu den Schimpansen. Das ging überhaupt nicht in des Terriers Köpfchen. Wieso klaute ich dreist ihr Fundstück und trug es davon?! Tiffany verlangte energisch den Pinguin zurück, rannte um meine Beine, hüpfte so hoch es ihr nur gelang an mir empor und schnappte nach der Begehrlichkeit. Bellen, jaulen, "schön machen", tanzen, sie spulte ihr Repertoire ab, um bitte, bitte wieder diesen herrlichen Pinguin zu bekommen. Die Affeneltern waren vom emsigen Bemühen des weißen Koboldes gerührt und zögerten keine Sekunde, das Plüschwesen der Finderin zu schenken. Die stürmte umgehend mit der neuen Errungenschaft zurück auf die Wiese und beschäftigte sich stundenlang nur mit ihr. Hochwerfen, wegschleudern, anbellen, umkreisen und beißen. So sehr wie die Kleine den Pinguin auch liebte, zimperlich behandelte sie ihn nicht. "Pingi" musste übel leiden und ich ihm öfter seine Füllung ins Innere zurück stopfen und Rücken oder Bauch neu vernähen oder den schräg sitzenden Hut. Und weil er herrlich durchgebissen, urplötzlich wegen einer Entdeckung in einer Pfütze fallen gelassen oder sorgsam in eine gegrabene Kuhle mit Erde getarnt versteckt wurde, landete er regelmäßig in der Waschmaschine und baumelnd an der Wäscheleine. Denn selbst wenn der Pinguin grob misshandelt wurde, Tiffany brachte ihn oft zum Schlafen mit in das Bett. Neben dem kleinen rot-gelben Quietschball, dem Gummiring und der roten Quietschraupe gehörte "Pingi" zu Tiffanys Top-Schätzen. Wie auch die anderen drei ist er bei mir geblieben, als ewige Erinnerung.

Für die Schimpansen hatte Tiffany abgesehen von Beschimpfungen nichts übrig, wen wundert es? Die hier warfen zwar nicht mit Dreck wie die Verwandtschaft im ersten Freizeitpark, doch ich bin mir sicher sie hätten es getan, wenn es ihnen möglich gewesen wäre, aber dafür kreischten und lamentierten sie viel mehr. Wenn wir in ihrem Sichtbereich erschienen, trommelten und traten sie gegen das große Fenster, das ihr Wagen wild schwankte. Tiffany blickt zwar, wenn der LKW ruhiger wippte, immer mal um die Ecke, ob sie sich nun entspannter benehmen, aber das war bereits zu viel und die schwarzen Gesellen tickten erneut aus. Dann lief der Terrier vorsichtshalber davon und ich verbot ihr zu den Affen zu gehen, aus Sorge die Scheibenfassung könnte den kräftigen Schlägen nicht ewig gewachsen sein. Auch wenn die zwei jüngeren der insgesamt vier Schimpansen draußen spielten, musste Tiffany im Wohnwagen sein. Das war abgesprochen und ihre einzige Einschränkung, sonst konnte sie frei herum laufen und auch einmal T. und D. bei ihren Wohnwagen im vorderen Bereich der Ranch besuchen. Die freuten sich ja zu ihr und hatten eine Nascherei parat. Leider waren deren viele, bunt gewürfelten Hunde keine Spielgefährten für meine Highlanderin. Wenn der drollige Harem Spielstunde hatte wurde kein anderer Hund, auch nicht außerhalb ihrer Wiese und jenseits des Zaunes, geduldet. Da wurde gekeift und gewettert und weil Mädels untereinander nun mal gehörig zickig sein können, geriet man sich vor Aufregung gegenseitig in die Haare. Damit war Tiffany in den Monaten unseres dortigen Lebens Einzelhund und spielte eben mit ersonnenen Gefährten auf der Wiese fangen.

In so einer Situation ereignete sich ein Zwischenfall. Ich stand am Herd und bereitete Essen, als mein Hündchen durch das Vorzelt herbei sauste, mit einem Satz den Tritt vorm Caravan übersprang und, ohne mich zu beachten, an mir vorbei unter dem Bett verschwand. Das dunkle Versteck dort unten, ihr Panic-Room, hatte sich bestens als Höhle bei Gewitter und anstehendem Ärger bewährt. Wieso aber jetzt? Zog ein Unwet-

112

ter auf oder hatte sie etwas angestellt? Bevor ich mich überhaupt um Tiffany kümmern konnte, polterte es im Vorzelt und durch die Tür sprang ein Schimpanse herein. Er blieb vor mir stehen, erhob sich auf die Beine, kletterte geschwind auf die Sitzecke und setzte sich artig hin, Hände auf dem Tisch und Beine unten. Mir fiel fast der Löffel aus der Hand und während ich überhaupt zu Ende denken konnte, was ich tun sollte, hörte ich bereits Adrian nach seiner Schimpansin rufend im Vorzelt. Die antwortete nur ein paarmal "uh-uh" und trommelte bestätigend wie ein Schlagzeuger mit den flachen Händen auf die Tischplatte, das Tasse und Teller von selbiger hüpften. Adrian ermahnte sie, demnächst nachzudenken wohin sie laufe. Und er fragte, ob ihr nicht auffällt das dies der falsche Caravan ist und ein leichter Klaps hinter das abstehende Ohr verlieh dieser Frage einen gewissen Nachdruck. Sie reichte artig die Hand und folgte ihrem Papa. Dieser kam Minuten darauf sich zu entschuldigen, aber da hatte ich den Schreck bereits überwunden und lachte über die Szene. Die fast ausgewachsene Schimpansin sollte eigentlich mit ihrer Gefährtin in Adrians Wohnwagen gehen, war, von irgendetwas abgelenkt, weggelaufen und im Wissen um den Ärger ihres Trainer darüber, kopflos in den erstbesten Caravan geflüchtet. Zur Schadensbegrenzung setzte sie sich artig an den Tisch. Um Tiffany ging es überhaupt nicht, sie war der Schimpansin zufällig begegnet und bei derartig hohem Gefahrpotential sofort in ihren Shelter geflüchtet. Da kroch sie vorsichtig hervor als Adrian bei mir saß, ohne Affe, und sicherheitshalber blickte sie von der Tür aus misstrauisch ins Vorzelt, der Schreck war ihr tief in die Glieder gefahren. Raus ging sie später lieber erst mit mir und wie auch anders, schickte sie mich dann mal wieder vor. Hallo, spitzbübische Egoistin! Ich bin nicht flink und klein wie du und passe im Notfall selbst mit viel Aufwand nicht in deinen Bunker! Wer bitte kocht dir dann leckeres Futter?

Der neue Tierwagen traf ein und wurde nun von mir ausgebaut und eingerichtet. Krokodil-Poole mit Filteranlagen entstanden, Schlangenterrarien mit Kletterbäumen und Badebecken, sowie das Herzstück: die Gas-Heizungsanlage mit Konvektoren und Bodenheizung. In dieser heißen Bauphase war meine Kleine viel sich selbst überlassen, aber auf ihre regelmäßigen Waldausflüge sollte sie nicht verzichten müssen. Diese blieben die einzige Möglichkeit andere Hunde zu treffen. Als wir das erste Mal im Wald, so nahe an der Ranch, die Wege erkundeten, war ich freudig erstaunt, wie weit und wie groß er war. Ein kleines Wunder. Nicht zu vergleichen mit den Wäldern Thüringens mit seinen Bergen, Schluchten und Bächen, aber genug Natur, um schöne Ausflüge zu unternehmen. Mein kleines Hündchen wurde wieder Waldläufer. Die Badeorgien im herrlichen Mittelmeer blieben in unserer Erinnerung, wir tauschten sie gegen Spaziergänge im kühlen, duftenden Mischwald. Zwei Wanderer in dieser Welt, nirgendwo wirklich zuhause. Der eine freiwillig, die andere musste ungefragt damit klarzukommen. Über sieben Jahre waren vergangen, seit ein Hundekind in mein Leben trat und der tapsige Welpe war ein wirklich schönes Westie-Mädchen geworden. Und viel, viel besser: ein "richtiger" Hund, wie ich ihn mir damals wünschte, mit einem Charakter, einer so ungewöhnlichen Seele, wie ich es mir nie hätte auch nur vorzustellen vermocht.

Der Wald war Ausflugsziel für etliche Hundehalter. Die Straße, welche umgekehrt nach Pulheim und Köln führte, löste sich am Wald als Sandstreifen auf. Ideal als Parkmöglichkeit, trafen wir hier häufig Hunde - in den dichten Wäldern Thüringens war uns das niemals passiert. Allerdings blieb es hier auch ausschließlich bei kurzen Begrüßungen, ein Kommen und Gehen, zusammen spielen schien unbekannt. Vielleicht überwog die Freude der Hunde auf den Waldspaziergang oder nicht erlernter Umgang miteinander war Ursache für das Verhalten. Tiffany gelang es nicht, andere Kläffer zum Toben zu animieren. So etwas aber auch! Das war ihr ja nicht einmal bei den teils garstigen spanischen Dorfkötern passiert! Selbst die ließen sich stets von ihrem Charme und Übermut anstecken, während man mir gerne in die Hacken zu beißen versuchte. Hier aber, bei so vielen Absagen, da ermüdete ihr Interesse verständlicherweise auch irgendwann. Gut, fix mal hingehen um zu sehen, wie der Angekommene denn aussieht, riecht und drauf ist, das musste sein. So ein knappes Guten-Tag-Sagen. Man stelle sich mal vor: manche taten, als gäbe es den weißen Kobold überhaupt nicht und liefen schlicht geradeaus, sich höchstens diensteifrig nach ihren 2Beinern umsehend - arrogante Stadtschnösel! Nein, das brauchte Tiffany wirklich nicht! Also streiften wir kreuz und quer durch den Stadtforst und kannten bald jeden möglichen Weg. Dank des übersichtlich angelegten Wegenetzes dürfte sich selbst ein waldunerfahrener Hund nur mit reichlich Mühe verlaufen können. Uns reichte das nicht und wir suchten Trampelpfade und Wechsel, schlugen uns durch Unterholz und überwucherte Seitenwege. Wohl kein Stückchen Wald blieb von uns unerforscht und Tiffany speicherte alles tief in ihrem Gedächtnis!

Während des Aufenthaltes auf der D. & T.-Ranch wurde der jährliche Gesundheits-Check nebst Impfungen fällig und wir lernten eine Tierärztin kennen, welche in Tiffanys Leben eine wichtige Rolle spielen würde. Sie betreute die Hunde der Freunde, auch die Schimpansen und übernahm gerne meine Reptilien als Klienten. Tiffany gelang es bei der ersten Begegnung die nette Veterinärin und deren Tochter für sich zu gewinnen. Und natürlich hatte sie keinerlei Probleme eine Tierarztpraxis zu besuchen. Ich weiß nicht mehr, warum wir an jenem frühen Abend, zum Praxis-Schluss, dort waren. Als wir gingen, trafen wir auf der ruhigen, dunklen Straße zwei Frauen mit einem alten Westie-Jungen. Eine Frau weinte. Das alte Hündchen wackelte langsam mit Hängeschwänzchen nebenher. Tiffany freute sich sogleich und lief zu ihrem Artgenossen, mit steil aufragenden, wedelnden Pinsel. Beide begrüßten sich und Tiffany entlockte dem kleinen Alten ein leichtes Schwanzwippen. Sie wollte ihn zum Spiel fordern, merkte aber schnell, dass es nicht mehr möglich war und nur mit weiterem Schwänzchenwackeln gedankt wurde. Da sprang Tiffany nicht mehr herum, sondern schnuffelte und stupste ihn vorsichtig und winselte. Ich nahm sie zaghaft fort, weil beiden Frauen leise weinten. Es tat mir so furchtbar weh, dass auch mir Tränen kamen. Ich hob Tiffany auf den Arm und ging zum Auto. Unterwegs musste ich mich umdrehen, bis sich die Praxis-Tür hinter dem traurigen Trio schloss. Ich wusste, der alte Westie ging seinen letzten Weg, er sollte von seinem schweren Krebsleiden erlöst werden. Die Begegnung bewegte mich tief, auf der Rückfahrt von Pulheim zur Ranch und später dachte ich immer wieder daran. Damals war ich glücklich mit meinem gesunden Hündchen ins Auto steigen zu können und da musste ich sie drücken und knuddeln. Gegen Tiffanys Willen, denn die hatte jetzt nur das längst überfällige Abendessen im Kopf und konnte mein Gefühlschaos nicht verstehen. Woher auch? Gut für sie!

Mitte Dezember bezogen die Reptilien die geräumigen Unterkünfte im neuen 12-Meter-Tierwagen. Wenige Tage vor Weihnachten koppelte ich ihn an unseren neuen, zugkräftigen Geländewagen und machte mich auf die erste Tour hoch zur Ostseeküste. Auf einem Einsiedlerhof, abseits eines kleinen Dorfes, hatte ich ein Winterquartier gefunden, von welchem ich jährlich zu Tourneen aufzubrechen gedachte. Dieses Nest in der Ruhe der Mecklenburg-Vorpommerschen Pampa, nur Minuten vom Meer entfernt, hatte ich gewählt, weil ich die Vermieterin aus Zoo-Zeiten kannte und weil es nahe meines Heimatortes Warnemünde liegt, wo damals meine Mutter wohnte. Nach über acht Stunden Fahrt erreichten wir am späten Nachmittag das abgelegene Gehöft. Mühevoll, nur im Lichtkegel der Scheinwerfer, rangierte ich den Hänger an seinen Stellplatz auf einer Wiese. Jetzt durfte Tiffany aussteigen, sie war wieder nicht zu halten und wuselte aufgeregt herum, während ich Strom an den Tiertrailer legte. Nach kurzer Begrüßung der Vermieterin mit Vorstellung meiner Prinzessin setzte wir uns erneut ins Auto: der Caravan war nachzuholen. Tiffany murrte, sie ahnte die bevorstehende lange Tour. Doch ich hatte vorgeplant, sie erhielt im Tierwagen ihre Abendmahlzeit und schlief deshalb bald auf meinem Schoß ein. Früh am Morgen erreichten wir das kleine Dorf hinter Köln und hinter Pulheim, am Ende der Straße vor dem übersichtlichen Wald. Endlich konnte auch ich einige Stunden schlafen. Mittags verabschiedeten wir uns, dann kam sogar die nette Tierärztin mit Tochter um Adiós zu sagen und natürlich verschob sich der Zeitplan.

Wir stiegen in den Offroader und ließen wieder Liebgewonnenes hinter uns, es schien der Rhythmus unseres Lebens zu sein. In der großen Kurve um das vorgelagerte Feld sah ich alle am Tor stehen, in der nächsten Biegung war die Ranch im Busch aus meinen Augen.

Auf an die Ostsee, kleiner Hund!

Dorthin, wo das Meer zu Ende ist.

Sarrasani - Zirkuswanderlied / E. Meder

Reise, Reise

Pygmäen-Tiger-Kommune - Zirkuskind - Berge & Wälder - Politik & Bodyguards - Popcorn-Junkie - Freuden & Pleiten - Abschied von der Manege - Varieté-Circus Harlekin - Circus F. Renz - Circus Berolina - Vogelpark Marlow

Nach den vielen Jahren in Belgien, anderen deutschen Bundesländern und Spanien stand ich nun an der heimatlichen Ostseeküste.

Für Ort und *Straße* waren die Namen einst treffend gewählt worden und bezeichnen exakt Lage und Zustand. Von den Einsiedlerhöfen ist das eigentliche Dorf nur als schmale, lockere Häuserreihe am Horizont zu sehen. Umgekehrt bleibt die Sicht auf die Höfe von der einzigen Straße des Dorfes verborgen. Erst nach Entdeckung der unscheinbaren, schmalen Durchfahrt zu dem befestigten Weg und dem Folgen seines schlängelnden Laufes vorbei an Feldern, erreicht man erste Kühe und erkennt verstreute Gehöfte vor einer Waldlinie. Felder wechseln in Weiden und der Weg endgültig in unbefestigten Sand. An seinem Ende, zwischen Kuhherden und Pferdekoppeln und dicht am Wald lagen die Gehöfte der Vermieterin. Auf der Wiese vor dem ersten Hof aus Stall und Haus mit kleiner Praxis fanden unsere Fahrzeuge ihren Platz.

Wieder ein Idyll für Tiffany. Um uns nur Wiesen und kaum ein Auto verirrte sich dorthin. Wann immer sie wollte, verließ sie den Caravan und strolchte herum. Das kleine Backsteinhaus übte dabei eine besondere Anziehungskraft auf sie aus. Heerscharen von Katzen trieben sich dort herum, warfen im Heuboden des Stalles eine unkontrolliert zahlreiche Nachkommenschaft und warteten häufig vor dem Haus auf Futter.

116

Tiffany plackte sich ab um klarzustellen, dass von nun an ein anderer Wind weht und neue Regeln gelten. Ab sofort war sie Hofhund und besaß mit dieser Stellung die absolute Oberherrschaft, gleich, ob die meisten Katzen sie an Körpergröße übertrafen oder nicht. Bei ihrem Erscheinen als gefährlicher Kampfterrier hatten die Bonsai-Ausführungen der ihr bekannten Großkatzen gefälligst in den Löchern zu verschwinden. Die miauende Gesellschaft war etwas Neues für die Kleine mit dem erfahrungsreichen Leben. Da hatte sie nun unzählige exotische Tierarten fellnah erlebt, aber gewöhnlichen Katzen war sie nie zuvor begegnet und vom ersten Treffen an bestimmte Antipathie das Verhältnis. Mit dem Zwergenwuchs gaben die allerdings nur einen müden Abklatsch der großen Verwandtschaft und Versuche einzelner Mitglieder sich mit der Nachahmung von Streifen Gefährlichkeit und Größe zu verleihen, scheiterten. Eventuell machte ja diese Faschingskostümierung untereinander Eindruck oder bei anderen Tieren, vielleicht bei Mäusen. Bei Tiffany nicht, auf so einen billigen Bluff fiel sie nicht herein. Denn wie alle anderen hatten auch die zarten Tigerimitatoren Angst und piepsige Stimmchen, selbst wenn sie, in der eigenen Sippschaft aneinandergeraten, was bei der Überbevölkerung häufig der Fall war, lauthals und ausdauernd zu keifen vermochten. Nur der Geruch ihrer allgegenwärtigen Hinterlassenschaften kam einem Vergleich zu den Großen bemerkenswert nahe. Bedrohungspotential unterm Strich jedoch gleich Null, trotzdem mutete Tiffany sich eine schwere Aufgabe zu, in Anbetracht der Übermacht der Gegenpartei. Aber sie nahm die Herausforderung an, schließlich war sie ganz andere Kaliber gewöhnt. Von fetten Pumas, über chemische Kampfstoffe versprühende Tiger bis zu stimmgewaltigen Löwen war sie mit allen Schrecken fertiggeworden. Hatte vor denen ihre Angst besiegt und das die nicht scharenweise vor ihr kapitulierten, lag an Tiffanys schwieriger Situation als Einzelkämpferin. Gut, und auch ein wenig am klar ersichtlichen Größenunterschied. Was sollte sie dagegen tun? Wenigstens lief sie nicht davon, zeigte Mut und Stolz und erklärte lautstark ihre ehrliche Abneigung. Immerhin! Da konnten Zuschauer ruhig über den zeternden kleinen Terrier lachen - die sollten mal erst im eigenen Leben so viel Rückgrat beweisen!

Die miauende Sippe hatte, wohl zur Abschreckung, schlicht überall stinkende Landmarkierungen und sichtbare wie getarnte Tretminen verteilt. Diese erfüllten gelegentlich kurzzeitig ihren Zweck, doch insgesamt waren das geringere Übel, als bereits erlebte. Und die Urheber selbst flüchteten panisch vor Tiffanys Attacken. So als Siegerin stieg das Selbstvertrauen in ungekannte Dimensionen! Die Weitgereiste stolzierte, aufmerksam umblickend, vor Haus und Stall auf und ab wie ein General. Mühselig, bei einer derartigen Menge von Pygmäen-Tigern den Überblick zu behalten. Ständig mussten diese, hysterisch kreischend, auf die große Trauerweide, die Leitern zum Heuboden empor oder unter den Türen hindurch in die Stallungen gejagt werden. Und hatte sie hier Flächen bereinigt, tauchten hinter dem Rücken neue ahnungslose Clanmitglieder auf. Tage und unzählige Hatzen später hatte die vielköpfige Katzenkommune den Herrschaftsanspruch endgültig auf dem Gehöft an einen einzelnen kleinen Hund verloren. Wo Tiffany erschien, verschwanden die Katzen für die Dauer ihrer Anwesenheit.

Na also! Sieg auf ganzer Linie! Endlich war Zeit erkämpft für gründlichste Beobachtungs- und Schnüffelkontrollen rings um das Haus. Weil sich hier, an der für wenige
Stunden in der Woche geöffneten Tierarztpraxis, ein neugieriges Hündchen auf dem
Laufenden halten musste. Da ich Tiffany während der Praxisstunden nicht den Gang
zum Haus gestattete, lief sie, kaum dass das letzte Auto abfuhr, eilig hinüber um Informationen zu sammeln. Wer war hier, wieso und mit welchem Auto? Und zwischendurch
immer wieder diese Katzen!

Unser erstes Ausflugsziel wurde der wenige Kilometer entfernte Strand. Abseits gelegen, hinter einem kleinen Ort. Tiffany beobachtete die Fahrt von meinem Schoß genau
aus dem Fenster und als ich an der Düne parkte, trampelte sie vor Abenteuerfreude! *Wo
sind wir? Was gilt es zu erobern?* Ohne viel Zögern rannte sie den Dünenweg hinauf, verharrte kurz auf der Anhöhe, um zu sehen wo ich denn nur so ewig bliebe, und weg war
sie. Als ich oben stand, lief meine Kleine bereits in der Brandung herum. Es war ein
stürmischer Tag, die Ostsee aufgepeitscht und die Wellen trugen Schaumkronen.
Tiffany jedoch badete, als wäre sie im lauen Wasser des Mittelmeeres und der Sandstrand von der spanischen Sonne mit Wärme durchtränkt. *Sag` mal Hündchen, geht`s noch?!*
Grauer Himmel mit dahinbrausenden, dunklen Wolkengebirgen und Temperaturen um
null Grad! Diese verrückte Zwergin! Ich wurde aufgefordert endlich mit zu toben und
weil ich kein Badebedürfnis verspürte, beschränkte ich mich auf Steinchen werfen und
Greifen. Tiffany strotzte vor Übermut und Freude. Als sie ihr wildes Spiel beendete und
zum Spaziergang am Strand aufbrach, rief ich sie, stoppte das geplante Vorhaben und
forderte zum Wettlauf Richtung Auto heraus. Dort angekommen schnell die Heizung
an und ab nachhause. Tiffany roch nach Algen und Meer und war tropfnass. Unser
Ausflug endete schneller als geplant, aber ich sorgte mich wegen der Kälte. Vorsorglich
und weil ich die Kleine kannte, gehörte ab da eine Garnitur Badehandtücher zur Autoausrüstung. In diesem und in den nächsten Wintern brauchte ich sie bei jedem Strandbesuch! Damit wir dennoch einen schönen Ausflug haben konnten, drehten wir vor
dem Badespaß eine großzügige Runde durch das vorgelagerte Waldgebiet, das mit seinem hohen Wildbestand immer ein Erlebnis darstellte. Oder wir wanderten einige Kilometer auf dem Weg hinter den Dünen entlang, zwischen Strandhafer, Sanddorn und
Kiefernwald. Selbst hier war für die Hundenase was los: Kaninchen-Heere untergruben
systematisch die Dünenlandschaft und schufen unterirdische Schattenreiche. Weitab
des Ortes stand einsam ein Windrad in der Landschaft, gleich an der Düne und nahe
am Weg. Ich wusste das ebenso wenig wie Tiffany, nur hatte ich es längst vor der Wegbiegung über den Bäumen erblickt. Das seltsame Geräusch konnte Tiffany viel eher
wahrnehmen, zu sehen bekam sie den Verursacher erst nach mir. Jetzt blieb sie stehen
und starrte das merkwürdige Ding an. Es war, für einen Westhighlander, riesenhoch in
den Himmel gewachsen, aus seinem Inneren ächzte und knarrte es und die drei Flügel
kreisten laut pfeifend durch die Luft. Solch unerklärlichem Unruhestifter war sie bei
keiner ihrer vielen Wanderungen auf dieser Welt je zuvor begegnet. Und sie konnte
darauf verzichten. *Nein, da geh ich nicht dran vorbei! Nein, auf gar keinen Fall!* Keine Worte

118

und lockende Gesten brachten einen Erfolg. Tiffany weigerte sich mir auf dem Weg unter den darüber hinweg rauschenden Flügeln zu folgen. Als ich ihr vorführte, das selbst ich da locker unter hindurch passe, sprang sie lautlos nervös herum - das Bellen war ihr gleich bei erster Sichtung des Ungeheuers vergangen. Ich ging zu ihr zurück, hob sie auf den Arm und trug sie weiter. Tiffany gaffte auf die über unseren Köpfen rotierende Erscheinung und duckte sich beim Näherkommen sicherheitshalber bei jedem über uns hinweg zischenden Flügel. Kaum daran vorbei, wollte sie unbedingt wieder Boden unter den Beinchen haben und sich die Sache von der anderen Seite betrachten. Es war ja nichts passiert, also hatte sie ihre Fassung wieder gefunden und beschimpfte das Windrad. Da es sich nicht wehrte und weiter monoton kreiste, lief sie sogar hin und sprang so hoch sie konnte. Wenn ein Flügel den Tiefpunkt erreichte, flitzte sie mit abgeklappten Schwänzchen ein Stückchen beiseite um erneut anzugreifen, bis zum nächsten Flügel. Ich lachte herzlich über die Aktionen des weißen Zwerges unter dem großen Windrad, zu sehr erinnerte es mich an Don Quichottes Kampf gegen die Windmühlenflügel. Auch die nächsten Male vertraute Tiffany dem langsamer arbeitenden oder stehenden Windrad nicht wirklich, ließ sich aber nicht mehr tragen. *Nein, ich bin großes Hündchen und habe bisher jedes Problem gemeistert!* Sie sauste vorbei, wie früher am Tigerkäfig, und blickte sich dann stolz um. Es dauerte nicht lange und sie meckerte auch nicht mehr zurück. Und schließlich konnte die Scheußlichkeit in der Landschaft kreisen und scheppern wie sie nur wollte, Tiffany war darüber erhaben und verschwendete keinen Blick und Gedanken mehr daran.

Und eine weitere Erfahrung macht mein Hündchen: sie lernt eine Wohnung kennen und… Stadtspaziergänge. Nach kurzer Fahrt durch Waldgebiete und mit einer Fähre erreichten wir Warnemünde, den Ort meiner Kindheit und das Zuhause meiner Mutter. Diese war nach den zwei Jahrzehnten meines Reisens froh, dass ich in den Wintermonaten in ihrer Nähe sein würde und damit folgten regelmäßige Besuche. Wohnung? Tiffany sah sich kurz um, konnte nichts Interessantes entdecken und zeigte das wir wieder gehen konnten - da saßen wir 2Beiner nach der Begrüßung noch nicht einmal. Immer wieder quengelte das Zirkusgör: *Raus, ich will Abenteuer! - Geht nicht, Kleines, alleine darfst du nicht vor die Tür, hier gibt es Verkehr und ungeahnte Gefahren.* Dann resignierte sie und schlief, bis sie den bevorstehenden Aufbruch bemerkte. Nein, ein Wohnungshund war Tiffany nicht, sie war Naturkind, musste lange und oft draußen sein, gleich ob es regnete, schneite oder stürmte. Im Caravan konnte sie frei entscheiden wenn sie hinaus wollte. War es warm, dann stand die Tür offen, der Vorhang bildete kein Hindernis, und sie konnte frei pendeln. Ansonsten zeigte sie mir ihren Wunsch und schon ging die Tür auf. Wollte sie wieder hinein, kratzte sie an der Tür - diese trägt bis heute Spuren von Tiffanys energischen Forderungen auf Einlass. Ähnlich geringe Lust zeigte sie bei den obligatorischen Stadtrundgängen, obwohl wir vorrangig extra in Parkanlagen, auf der Strandpromenade und am Strom gingen. Dabei waren im Winter stets nur wenige Menschen unterwegs. Tiffany mochte es trotzdem nicht, da brachten auch Kurztreffs mit Stadthunden keine Pluspunkte. Spielen war selten möglich, höchstens am Strand oder auf der Wiese vor dem Wohnhaus meiner Mutter. Sonst musste die Entdeckerin an der Leine gehen, das war Beraubung ihrer so selbstverständlichen Freiheit und gelernt hatte sie das mit der Strippe ja auch nicht. Ich zeigte ihr Abenteuer und die Welt, lehrte sie Kunststückchen, hatte jedoch versäumt ihr Stadthunde-Ordnung beizubringen. Es tat nie not. Die wenigen Anlässe, an welchen Tiffany mal kurz an die Leine kam, da rangelten wir uns zurecht. Nun aber zuckelten wir gemächlich durch Straßen und blieben ständig irgendwo mit der Leine hängen, Laternen oder Bäume kamen uns in die Quere oder einfach nur unsere eigenen sechs Beine. Tiffany freute sich, nach so einem stressigen Stadttag endlich wieder zuhause zu sein, auf ihrer weiten Wiese inmitten der Weiden. Und in der Dunkelheit unter dem weiten Sternenhimmel verscheuchte sie die Katzen doppelt emsig und damit ihren Frust der vergangenen Stunden.

Bei derlei neuen Erfahrungen, wunderbaren Spaziergängen durch Wälder, über Wiesen und am Strand, dem dortigen Badespaß und der ewig währenden Katzenvertreibung vergingen die Wochen schnell in der Stille und Einsamkeit des Winterquartieres. Anfang März wurde ich vom Circus Harlekin abgeholt, um mit einer Fahrt Tierwagen und Caravan die weite Tour nach Bad Pyrmont zu transportieren. Dort, vor dem bereits errichteten Zirkus angekommen, pendelte Tiffany aufgeregt zwischen Schoß und Beifahrersitz, um nur all das Aufregende vor ihrem Auto erfassen zu können. Sie fiepte und winselte voller Ungeduld. *Zirkus! Zirkus!* Der Abschied vom Aeros lag einige Jahre zurück, aber die Kleine war außer Rand und Band. Während der Tierwagen mühsam an seinen Platz eingefädelt wurde, beobachtete sie genau die Vorgänge und drückte sich die Nase an allen erreichbaren Fenstern breit. Bus und Caravan folgten in die Schneise und dann: *Endlich, endlich raus!* Und sie wusste gar nicht, was zuerst tun, denn unbekannte Leute begrüßten sie, das war schön, aber sie wollte auch zu gerne in das Chapiteau! Deshalb kreiste sie uns um die Beine und machte kurze Abstecher in jede Richtung zur Grob-Orientierung. *Aha, dort Pferdezelt, dort Elefanten, Wohnwagen hier und da geht`s ins Chapiteau. Alles klar!* Tiffany war wieder Zirkushund! Sie fand keine innere Ruhe und darum drehten wir eine gründliche Runde auf dem Platz. Circus Harlekin war ein mittelgroßes Familienunternehmen mit gepflegtem Fuhrpark und einladender Nostalgiefassade. Das Chapiteau, im herrlichen blau-gelb, sehr alt, aber Dank bester Verarbeitung und sorgsamen Umgang in Top-Zustand. Während ich nachdenklich ob all der Bilder, welche in meinem Kopf geweckt wurden, in der Manege stand, bewies mein Hündchen wieder einmal, das sie der fröhliche Part von uns war. Sie sprang auf die Piste wie früher, lief eine Runde, sprang hinunter, wälzte sich in den frischen Sägespänen und flitzte in den Besucherbereich. Dort inspizierte sie die Logen, lief die Schrägen zu den obersten Besucherreihen hinauf, betrachtete das Rundum und die Sicht zur Manege, sprang mit den Vorderbeinchen hoch als sie mich erblickte, rannte die Schräge herab und auf der nächsten wieder hoch. Ohne Zweifel, mein kleines Hundemädchen war absolut glücklich mit der neuen Situation.

Leider war Tiffany der einzige Hund im Zirkus, einmal abgesehen von der garstigen Rottweiler-Hündin, welche im Pferdestall als Wache in einer Box lebte und nur unter

Aufsicht frei laufen durfte. Da sie wohl aggressiv zu anderen Hunden war, wurde ich vor ihrem Ausflug stets informierte, um Tiffany in den Wagen zu rufen. Dadurch besaß die Kleine eine Sonderstellung im Zirkus. Jeder mochte sie und wie selbstverständlich durfte sie in das Chapiteau vor der Veranstaltung und in die Manege, um von dort lässig das Publikum zu mustern, die in der Mitte stehenden Requisiten für den poetischen Programmauftakt mit dem Clown Sascha zu kontrollieren und die übliche Runde auf der Piste zu drehen. Der Direktor sprach Tiffany immer an wenn sie, ungerührt vom Lachen und Klatschen hinter ihr, durch den Vorhang aus der Manege kam. Er lobte sie und hatte oft einen Leckerbissen einstecken. Schließlich ließ er bei Tiffanys Privat-Show das Licht dimmen, farbig wechseln und einen Spot auf die vierbeinige Inspekteurin richten. Gage gab`s dafür nicht und Tiffany war auch zu sehr launige Diva, sie entschied, wie lange sie auftrat und ob überhaupt…

Das abwechslungsreiche Programm bestritt vorrangig die Familie K. mit Dressuren, Artistik und Clownerie, zusätzlich hatte sie eine bulgarische Familie mit Solotrapez, Hula-Hoop und Musical-Clownerie, sowie meine Reptile-Show engagiert. Eine kleine Truppe ging so gemeinsam auf Tournee durch den Harz, durch Thüringen, Sachsen und Brandenburg. Landschaftlich für Tiffany und mich ideal, wir wanderten stundenlang durch dichte Wälder, erkletterten Hänge und durchstreiften Burganlagen und Ruinen. Wir spielten gar in Orten, wo wir vor Jahren mit Zirkus A…. gastiert hatten und sogleich an Wandertouren von damals anknüpfen konnten. Bei einem Ausflug traute sich meine Globetrotterin zu sehr einen, zum Glück baumbewachsenen, Abhang hinunter, um nach dem tief unten rauschenden Gebirgsbach zu sehen. Dabei geriet sie ins Rutschen und alle kraftvollen Bemühungen rückwärts zu kriechen bremsten sie nur ab. Ich eilte zu der Stelle, an der die Kleine verschwand und kletterte zu ihr hinunter. Das Unglückshündchen hatte an einem dünnen Baumstamm drei Meter tiefer stoppen können. Da hockte sie, auf die Vorderbeinchen gestützt, das hochgereckte Köpfchen gegen den Stamm, das überlastige Hinterteil breitbeinig an den Boden gepresst und bemühte sich verzweifelt um Balance. Sie konnte sich unmöglich drehen und selbst wenn, dann musste der steile Hang mit lockerer Erde und Steinen bewältigt werden! Das konnte nicht gelingen! Wenige Meter tiefer endeten die Bäumchen und eine Wand fiel senkrecht in die Tiefe zum Bach. Während ich ihr mit *Vorsicht!* die Gefahr bestätigte und ruhig auf sie einsprach, hangelte ich mich an Baumkinder klammernd abwärts, bemüht möglichst wenig Steine unter den Füßen zu lösen. Endlich war ich nahe genug und nach einigen Fehlversuchen, Tiffany stemmte beide Hinterbeine weit nach vorne, konnte ich eines fest anpacken. Wir beide durchstanden eine große Angstphase. Ich wollte auf gar keinen Fall mehr Tiffany loslassen und lag seitlich hinter einem schlanken Baumstamm, einen Fuß hinter einen weiteren verhakt. Nun packte ich mit beiden Händen die strammen Terrier-Keulen. Es blieb keine Zeit und keine Wahl: ich zog die sich angstvoll dagegen wehrende Tiffany, sie verlor kurzzeitig schließlich jeden Halt, hoch und hatte meine Freeclimbing-Expertin bei mir. Sie wollte sich überschwänglich freuen und ich musste sie krass mit *Nein!* daran hindern, um nicht das labile Gleichgewicht zu verlieren. Es gelang mir mich zu drehen und mit dem Rücken am Baum schob ich das fellnasige Unglücksbündel hinter einen höheren Stamm. Ich ließ Tiffany nicht los, zog und drückte mich nach und so arbeiteten wir uns hinauf. Ein Stein fiel mir vom Herzen, als Tiffany sicheren Boden erreichte und mich aufgeregt hüpfend beobachtete, wie ich auf allen Vieren folgte. Sie hatte das Drama längst vergessen und setzte eilig den Spaziergang fort. Ich folgte etwas versteinert.

Uns blieb viel Zeit für Ausflüge, denn im Zirkus gab es reichlich Ausfalltage. Hauptursache war das alte Chapiteau mit den massiven Rundmasten und der schweren Sitzeinrichtung, deren Ab- und Aufbau einen enormen Kraftaufwand verlangte und oft bei der kleinen Stamm-Mannschaft, bestehend aus der Familie und zwei Arbeitern, hängen blieb und an seine Grenzen stieß, da zusätzlich engagierte Arbeiter ständig wechselten oder schlicht nicht verfügbar waren. Leider blieb auch das Publikumsinteresse weit hinter den Erwartungen zurück, obgleich das Programm und, unbedingt erwähnenswert, sogar die hauseigene Clownerie sehr gut waren. Dem Tournee-Ende im Spreewald schloss sich ein 7-tägiges Engagement auf dem Airport Leipzig-Halle an. Da standen unsere Wagen, so steril wie nie zuvor, auf einem Parkplatz vor dem Hangar, welcher für die Feierlichkeiten mit den Gala-Veranstaltungen hergerichtet worden war. Wir verließen das gesicherte Gelände in den Tagen kaum. Tiffany musste sich mit Asphalt und einigen Grasflecken begnügen und die Ödnis der Stadthunde erfahren, ich den kühlen, unkameradschaftlichen Umgang der Gala-Artisten untereinander. Jeder machte da sein eigenes Ding und fertig. So etwas war mir bisher fremd. Ich hatte keinerlei Unterstützung, verlud die Reptilien in einem Durchgangsraum voller Unruhe und wartete zwischen hin und her eilenden Kellnern, abgestellten Buffet-Tischen und auflaufenden Cateringdiensten auf meinen Auftritt. Kurz zuvor stellte ich meine Requisiten, bereits im Kostüm, alleine auf die leere Tanzfläche, zog danach meine Show durch, während gelangweilte vom Airport geladene Gäste an ihren Tischen saßen, aßen, tranken oder redeten. Deprimierend! Ich fragte mich, wie man als Artist mit derartigen Veranstaltungen seinen Beruf als befriedigend ansehen kann. Nur die Bezahlung war top, das war der Grund für meine Zusage gewesen. Tiffany hatte sich arg einschränken müssen: keine Abenteuer, dafür startende und landende Flugzeuge. Keine Ausflüge, dafür Rundendrehen zwischen Zäunen, wie in einem Ghetto. Immerhin: wenigstens mit dem Ball spielen konnten wir. Sonst hielten wir uns ausschließlich im Wohn- oder Tierwagen auf und zählten die Tage. Meine Kleine beklagte sich nicht, sie blieb geduldig, als wüsste sie von der baldigen Heimreise und bekämpfte die Langeweile mit viel Schlaf.

Vor der letzten Show bereitete ich die Fahrzeuge für die Abfahrt vor und gleich danach starteten wir zur ersten Tour mit angekoppelten Tierwagen nach Hirschburg. Wie gewohnt verschlief meine Copilotin die öde Autobahn zusammengeringelt auf dem Schoß, war aber hellwach, als wir in den frühen Morgenstunden auf unserer Wiese eintrafen. Ein kurzer Blick und sie wusste wo wir waren. Nur schnell raus aus dem Auto, um bei der während ihrer Abwesenheit sich explosionsartig vervielfacht habenden und jetzt zutiefst entsetzten Katzenclique klarstellen, dass sie erneut das Zepter auf dem Hof

122

führt. Damit war sie beschäftigt und mir blieb Zeit die Stromleitungen zu legen und das mitgebrachte Frühstück vorzubereiten, begleitet von Bellen, Knurren, Kreischen und Miauen. Ziemlich ungewöhnlich - ich musste Tiffany herbei rufen, dermaßen wurde sie von Katzen und Grundstückskontrolle aufgehalten. Nach dem Essen stiegen wir ins Auto, um den Wohnwagen vom Airport zu überführen und am späten Abend stand unsere kleine Wagenburg auf der Wiese unter dem Firmament, als wären wir nie fort gewesen.

Die Wintermonate verbrachten wir wie im Jahr zuvor mit Wald- und Strandwanderungen und Warnemünde-Besuchen. Wenige Tage vor Weihnachten schneite es stark und das Weiß verzauberte die braunen Wiesen und kahlen Felder in ein Winterland. Meine Tiffany flippte aus vor Freude über den Schnee. Und wie früher warf ich Schneebälle, spielte Greifen und zwischendurch wälzte sich die Kleine wild. Tagelang schneite es und unsere Waldwanderungen wurden schwieriger, weil Tiffany selbst auf den Hauptwegen sich entweder vor mir durch den Schnee schieben musste oder in meinen Spuren folgte. Auf Abkürzungen und Seitenwegen wendete sie die Technik der federnden Rehsprünge oder Wiesel-Sätze an. Als am folgenden Tag die Schneehöhe fast ihre Körpergröße erreichte und sie nach einem kühnen Sprung halstief und erstaunt aus einer schneegefüllten Erdmulde blickte und ich fast ausnahmslos zum Hundeträger wurde, da beendeten wir die Waldgang und fuhren ans Meer. Doch über Nacht war auch das vorbei, es hatte so viel geschneit, das wir dank der Abgeschiedenheit des Gehöftes für vier Tage völlig vom Dorf abgeschnitten wurden. Selbst unser Geländewagen schob gewaltige weiße Massen mühevoll vor sich her. Da gab ich auf, fügte mich gerne der Natur und der großen Stille. Um unsere Wagen schaufelte ich mächtige Schneeberge auf und schuf einen regelrechten Burgwall. Tiffany erarbeitete sich Wege zu den Versammlungsplätzen der Katzenbevölkerung um keinen Autoritätsverlust zu riskieren und später half ich ihr dabei, indem ich schmale Durchgänge zum Stall und Haus erarbeitete und auch davor gewisse Freiräume schuf, welche nicht nur wir, sondern auch Tierärztin und Katzen nutzten.

Silvester erlebten wir als gleichmäßige Geräuschkulisse aus weiter Ferne. Tiffany zog es dennoch vor, ab Mittag sicherheitshalber im Caravan zu bleiben. Sie klappte die Ohren nach hinten als eindeutige Zeichen ihres Unmutes zu der Knallerei da hinter den Schneebergen, blieb in ihrer Sitzecke liegen und steckte zum Feuerwerk den Kopf hinter das Kissen. In den Panic-Room unterm Bett flüchtete sie nicht, dafür war das Knallen nicht nahe genug. Ich stand auf der vom Mondlicht erhellten, tief verschneiten Wiese und sah mir das Feuerwerk über Hirschburg und Ribnitz an, danach nahm ich wie üblich Tiffany in den Arm und drückte sie fest an mich.

Eines Tages schloss uns ein Schneepflug wieder an Verkehrswege und Alltag an und wir verbrachten Stunden in den Märchenwäldern mit den aufregenden Wildspuren oder am Strand, wo unverändert das Eisbaden zum Terrier-Programm gehörte. Ich hatte mich an mein verrücktes Hündchen gewöhnt, wie sie durch die Wellen lief, sich durchnässt im Schnee wälzte und mich, bis zum Bauch im Wasser, zum „Steinchen-ins-Wasser-werfen" herausforderte, um erneuten Anlass zum Baden zu haben. Fassungslos sahen uns Spaziergänger zu und ich wurde nicht selten belehrt, es dem Hündchen zu verbieten und überhaupt wie verantwortungslos ich sei, ein glasklarer Fall für den Tierschutz. Recht bald fehlte mir die Lust auf sinnfreie Diskussionen und ich gab deutliche Antworten. Viel lieber freute ich mich zu Tiffanys Ausgelassenheit und genoss unseren Moment, als mit selbsternannten Tierschützern mit Halb- und Unwahrheitenwissen aus Fernsehen und Zeitung zu palavern. Tiffany wusste ganz allein was sie sich zutraute, sie war weder dumm noch suizidgefährdet! Wenn sie ruhiger wurde und die Energie nachließ, dann kehrten wir umgehend zum Auto zurück. Manchmal bildete sich auf ihrem Fellchen eine Schnee- und Eiskruste, welche ich bei laufender Heizung absammelte, die Kleine ordentlich trocken rubbelte und nach den wenigen Minuten Fahrt gleich mit in den kuschelig warmen Caravan nahm. Katzentreiben und Hauskontrolle gestattete ich dann nicht. Erst einmal richtig trocknen und durchwärmen. Niemals bekam Tiffany eine Erkältung!

Gerade rechtzeitig, als der Schnee schmutziger wurde und damit an Reiz verlor, setzte Tauwetter ein. Zwar folgten weitere Kälteschübe und tiefer Frost verwandelte Wiesen und Wege in harte Pisten, aber es schneite in jenem Winter nicht mehr. Bevor erstes Grün sprießen konnte, endete die Winterpause und wir reisten aus zu einem Engagement beim Circus Berolina, Dir. S. Dieser trägt den von der Treuhand erworbenen Namen des früheren Staatszirkusunternehmens, sonst gibt es absolut keinerlei Verbindungen. Schnell erkannte ich, dass der vielzählige Clan gar nichts mit der freundlichen Familie von Harlekin gemein hat. Mit Drei-Manegen-Chapiteau und unhaltbaren Reklamebehauptungen wurde das Publikum darüber getäuscht das "Berolina" trotz seiner Größe nur ein Familienzirkus mit drei engagierten Darbietungen war. Zwei kapitulierten zu Sommerbeginn vor den Geschäftspraktiken und verließen zwischen Nachmittags- und Abendvorstellung den Zirkus. Ich hielt mühsam bis Saisonende im November durch, indem ich jeglichem Umgang auf das unbedingt Erforderlichste reduzierte. Die Tournee führte kreuz und quer durch die neuen Bundesländer, von Thüringen bis zur Ostseeküste und zurück. Es waren die unangenehmsten Monate meiner Tätigkeit in Zirkusunternehmen in 22 Jahren! Abgesehen von dem unbekannten menschlichen Miteinander, den zahlreichen Razzien des Zolls, der Polizei, des Arbeitsamtes, den körperlichen Auseinandersetzungen mit einem anderen Zirkus-Clan und den untragbaren Zuständen der Tierhaltung, war pünktliche Gagenzahlung ein Fremdwort und erfolgte nur nach hartnäckigem Anmahnen. Welch ein Segen, Tiffany an der Seite zu haben. Sie schaffte es stets mit ihrem lustigen Wesen mich aus der Verärgerung zu locken. Sei es mit Anstupsen und schmusen wollen - zum Trösten für mich, denn sie spürte genau meine Gefühlslage - oder durch deutliches Auffordern zum Spielen, mit Ball oder Ring im Mäulchen und dem typisch frechen Tiffany-Blick. Ein kleiner weißer Kobold, ein Wunderhund. Ich bin der Überzeugung, Tiffany hatte auch Abneigung gegen diesen Zirkus. Vielleicht weil ich mich nicht mehr als unbedingt notwendig im Gelände aufhielt oder weil niemand sie überhaupt beachtete, obgleich sie, neben dem Direktionshund, der einzig weitere Hund auf dem Platz war. Sie folgte mir bei meinen Reinigungsarbeiten an den Requisiten ins Chapiteau und sah sich auch die drei Manegen an, von alleine ging sie dort nicht hin. Auch die Raubtierwagen, die Stallzelte und Elefantentransporter suchte sie nie alleine auf. Wir hatten uns mehrfach dort umgesehen, dann wusste ich Bescheid über die Einstellung zu Pflege und Haltung von Tieren...

Unverändert nutzte ich jede Gelegenheit für lange Spaziergänge und Ausflüge. In einer Parkanlage hatte Tiffany erstmalig eine ernste Prügelei mit einem Hund. Wir sahen ihn schon von weitem herbeilaufen, meine Kleine winselte und freute sich Schwänzchen wedelnd. Dann hoppelte sie spielerisch der etwas größeren Artgenossin entgegen. Begrüßung auf Hundeart: beschnuppern und sich aufgeregt umkreisen. Dabei packte die Fremde Tiffany urplötzlich im Nacken und während ich und die Halterin der Streitsüchtigen dazu liefen um einzugreifen, entwickelte sich im Handumdrehen eine wilde Rauferei mit wütendem Knurren. Das rotierende weiß-braun-schwarze Fellknäuel wälzte sich auf einer Wiese. Als ich eintraf war ich stolz, denn Tiffany stand und hatte die Angreiferin unter sich. Ohne Mühe konnte ich die Zwei trennen, mein Westie hörte auf mich und die unkultivierte Stadttöle flitze auf Abstand. Dafür blähte sich jetzt deren füllige Begleiterin zur lamentierenden Walküre auf und beschuldigte Tiffany als hinterhältige Ersttäterin, bedauerte ihre arme unschuldige Hündin und verlieh uns erstaunliche, doch wenig schmeichelhafte Titel. Womöglich wäre daraus eine Rauferei aus Zwei- und Vierbeinern geworden, wenn ich nicht die eindeutig lautere Stimme gehabt hätte, so trollte sich das schräge Duo in die Anlagen. Tiffany trug am Hals Blut und ich suchte nach Verletzungen, fand aber keine. Das dichte Fell ihrer Halskrause hatte sie geschützt und das Blut stammte nicht von ihr. Ich brauchte so ein Erlebnis wirklich nicht wieder, aber ich wusste nun, Tiffany wehrt sich. Und egal ob sie klein war, ihre Kondition und Kraft glich das aus! Die nicht zu zählenden Wanderkilometer über Berge und im weichen Strandsand, unsere täglichen „Ballfangen- und Ringziehen-Spiele" hatten ihren Körper trainiert. Zudem konnte sie einen reichen Erfahrungsschatz aus viele Situationen und Erlebnissen nutzen. Jedoch, wenn man sich derlei zu sicher ist, neigt man schon mal dazu angeborene Vorsicht auszublenden. So am Abhang im vergangenen Jahr und so an einem Tag im tiefen Forst von Brandenburg. Wie üblich wählten wir vorrangig unbefestigte Nebenwege für Streifzüge. Zwei Fahrspuren im Waldboden schienen geeignet, auch die Richtung passte und wir bogen ab. Herrlichster Wald, kühl, grün und duftend. Sonnenüberflutete Lichtungen mit blühenden Wiesen von hohen Farndickichten umrandet. Tiffany lief voraus und verschwand regelmäßig im seitlichen Unterholz. Sie verfügte über einen perfekten Orientierungssinn und kehrte stets wenige Minuten später zurück um nach mir Ausschau zu halten und wenn ich nicht nahe war, lief sie umgehend herbei. Jetzt blieb sie länger zwischen Tannen und Gestrüpp abgetaucht, ein Quäntchen mehr nur, aber ungewöhnlich und ich rief sofort nach ihr. Als Antwort folgten Grunzen und schrilles Quieken, dann Tiffanys Bellen. Aus dem dichten Forst wetzte ein Frischling über den Weg, es folgte ein weiterer und noch einer. Eine Meute gestreifter Babyschweine raste aufgescheucht und lauthals quiekend im Kreis und mittendrin der weiße Terrier Tiffany! Ich benötigte einen Augenblick um zu begreifen, was dort zehn Meter vor mir geschah. Meine Abenteuerin hoppelte fröhlich zwischen Frischlingen herum, duckte sich und forderte zum Fangen-Spiel. Die Wildschweinbabys, so groß wie ihr bellender Alptraum, empfanden weder Spaß noch verstanden sie überhaupt das Spiel und hasteten, aus Leibeskräften kreischend, um ihr Leben. Ich schrie nach Tiffany und rannte zu ihr. Die Frischlinge flüchteten sich gegenseitig stoßend und behindernd in den dichten Tann, ich nahm Tiffany auf den Arm und eilte schnellen Schrittes, ringsum beobachtend und lauschend dahin, wo wir hergekommen waren. Wir hatten unfassbares Glück, das sich die Bache nicht zu einem Angriff entschied. Ich hörte sie mehrfach tief grunzen, konnte sie jedoch nicht orten und ich machte mir wenig Mühe genauer hinzusehen. Nur fort! Was hätte ich bei einer wütenden Wildschweinmama tun können? Niemals hätte ich Tiffany abgesetzt, aber mit ihr wäre ich auch kaum auf einen Baum gekommen. Warum die Bache uns nicht attackierte, ob sie mit dem Durchzählen ihrer Ferkel durcheinander geriet oder ruhigen Gemütes war, egal, ich dankte für ihr Verhalten und hoffte sie hatte ein möglichst gutes Dasein.

Endlich Tourneeschluss! Das Angebot von "Berolina" für ihren Weihnachtszirkus in Berlin lehnte ich ab. "Berolina" ist für mich Symbol für legale Entwertung des großen Namens des einst modernsten Reiseunternehmens des Staatszirkus der DDR und für katastrophale Tierhaltung.

Zurück auf der Wiese bei den Kuhweiden, den Katzen, den Wäldern und in Sprungweite zu Meer und Warnemünde begann bald unser dortiger Alltag. Wir durchstreiften bekannte Pfade, doch dank neunmonatiger Abwesenheit freuten wir uns das Gewohnte neu zu entdecken. Zusätzlich brachten Schauvorführungen mit Reptilien in Schulen, Heimen und Reha-Zentren Geld und Abwechslung. Meine Copilotin begleitete mich auch hier, zumeist wartete sie im Auto oder hinter der Bühne auf mich. Vor und nach der Veranstaltungen durfte sie bei mir sein und sich beim Aufbauen oder Einräumen umsehen. Lagen die Temperaturen zu niedrig und es war nicht möglich oder nicht erlaubt sie mit in den Veranstaltungssaal zu nehmen, dann erhielt meine Kleine zwei frisch gefüllte Wärmflaschen neben sich auf den Sitz gelegt und eine dicke Kuscheldecke.

Für das neuen Jahr schloss ich einen guten Vertrag mit dem Vogelpark Marlow für tägliche Schauvorführungen ab, so dass ich vorerst nicht mit einem Zirkus reiste. Damit verbrachte Terrier-Mädchen Tiffany ihren 10. Geburtstag in Hirschburg. Wie stets gab es für sie außergewöhnliche, extra zubereitete Mahlzeiten. Mehr für mich zur Freude, die Kleine erhielt längst vorrangig von mir gekochtes Futter und ich bin mir nicht sicher, ob sie den Unterschied an ihrem Feiertag tatsächlich bemerkte.

Die täglichen Veranstaltungen in der Saison im Vogelpark waren wunderbar. Wegen der Nähe blieben unsere Fahrzeuge in Hirschburg und wir pendelten mit den Tieren zwischen Auftritts- und Wohnort. Ein seltsamer Transport rollte da: Copilotin Tiffany auf dem Schoß, hinter uns Schlangen in ihren Showkörben und, jeweils im Wechsel, ein Alligator frei daneben. Im Park durfte die Kleine vor und nach meiner Veranstaltung auf der Wiese herumlaufen, traf dort Besucherhunde und freundliche Leute. Nahmen die Zuschauer langsam ihre Plätze ein, kontrollierte sie wie im Zirkus das Geschehen von der Mitte der Wiese aus, auf welcher ich arbeitete. Saßen genügend Leute oder entdeckte sie eine Auffälligkeit, dann stolzierte sie näher heran. An Stelle einer Piste und Logenwände dienten nur Pfosten mit gespannten Tauen als Absperrung und Tiffany paradierte exakt da entlang, um die Zuschauer zu mustern und sie gab sich die Ehre Hunde in den ersten Reihen grundsätzlich direkt zu begrüßen.

Nun lernten wir auch unsere Wälder in Sommertracht kennen und weil die Schleichpfade ganz anders als im Winter aussahen, verlief ich mich tatsächlich. Auf Tournee erkundeten wir nur unbekannte Bereiche, da kam ich nie in Schwierigkeiten und hier, wo wir seit einigen Wintern mindestens dreimal die Woche spazieren gingen, passierte so etwas! Das Gras stand auf den Wegen hüfthoch, der ausgewachsene Adlerfarn nahm mir notwendige Weitsicht und an einer Urwaldkreuzung wusste ich nicht weiter. Ich stoppte und grübelte. Tiffany war hinter mir stehen geblieben - sie folgte meinem gebahnten Weg - und sah fragend zu mir hoch. Weil ich nicht reagierte, stupste sie mich an: *Geh weiter! - Ja, wohin denn?!* Ich entschied mich für geradeaus und schob mich im Wildwuchs vorwärts. Nach einigen Metern blickte ich mich wie gewöhnlich nach meiner Kleinen um. Aber die stand eisern an der Wegkreuzung und beobachtete meine Expedition. Meinem Rufen folgte sie zögerlich und zeigte durch ständiges Stehenbleiben - dort will sie nicht entlang. Das Verhalten der cleveren Waldläuferin weckte Mistrauen zur eigenen Entscheidung und als ich so ratlos herumstand, drehte sich Tiffany um, trippelte zurück und bog links ab. Ich folgte und als sie es bemerkte, kämpfte Tiffany sogleich eifriger gegen das hohe Gras an. *Ok, da will sie lang gehen.* Ich nahm den Wicht auf den Arm, sie konnte ja kaum einen Meter weit sehen, hielt mich an ihren Richtungshinweis und erreichte schließlich die Straße zum Auto. Tiffany hatte die Orientierung nicht verloren, sie wusste den richtigen Pfad!

Im Dezember reisten wir zum Weihnachtszirkus bei Franz Renz in Bremen aus. Direkt am Weser-Stadion hatte dieser seine Zelte aufgeschlagen und damit waren Spaziergänge durch die anliegenden Uferwege und Grünanlagen gesichert. Auch in diesem Familienzirkus wurden Fassade, Eingangszelt und Chapiteau festlich geschmückt und zu den Veranstaltungen strömte von der Restauration ein Gemisch weihnachtlicher Gerüche aus gebrannten Mandeln, Zuckerwatte, Popcorn, Lebkuchen und Glühwein durch den gesamten Zirkus. Der angenehme Umgang miteinander, die Sauberkeit überall, die kleinere Dimension des Unternehmens und das sie regelmäßig angesprochen wurde, muss dem weitgereisten Hundemädchen gefallen haben, denn sie streifte stetig durch den Zirkus.

Wie früher durfte sie während des Einlasses die Manege aufsuchen und Besucher beobachten. An einem Nachmittag unterbrach sie ihre Pistenrunde auf Höhe der Mittel-Loge und schnupperte neugierig die süßen Düfte aus dem gegenüber liegenden Restaurationszelt ein. Und weil sie zu verführerisch rochen, entschied sie sich für eine gründlichere Überprüfung, beendete unverzüglich ihren Show-Act und eilte, auf Beifall verzichtend, zwischen Logen und Sitzeinrichtung entlang zur Quelle der Wunderdüfte.

Tiffany kannte sich ja bestens in den Baulichkeiten eines Chapiteaus aus und nutzte den kürzesten Weg. Angekommen im Leckereien-Paradies hieß man sie willkommen, mit netten Worten und Proben vom köstlich frischen, süßen Popcorn. Fortan beschloss sie ihre Tätigkeit als drolliger Inspektions-Kobold zu beenden und nach Durchschreiten des Manegenvorhanges, wie es sich gehört in der Mitte und mit einem kurzen Informationsblick über die Besucherreihen, zügig zum Popcorn-Stand zu hasten. Kurz im Rampenlicht zu stehen - nur für Lachen und Beifall? Pah! Ein Bäuchlein voll mit dieser vorher nicht gekannten Köstlichkeit zog sie allemal vor. Ich erfuhr davon erst Tage später. Als nach meiner Vorbereitung der Requisiten für die Show Tiffany sich nicht bei mir einfand und ich darauf hin in die Manege sah, sie aber nicht entdeckte und sofort nervös wurde, lachte der Direktor und erklärte mir die Situation. Üblicherweise schickten Requisiteure spätestens dann, wenn sie den Manegenteppich wenige Minuten vor Veranstaltungsbeginn zusammen legten und somit die Manege freigaben, Tiffany das Feld aber nicht räumte, sie mit *Aber nachhause!* zu mir. Gleiches taten die Mädchen an der Restauration, das Kommando kannte mein Hündchen wohl, sie wusste, wenn sie dem nicht folgt gibt`s Ärger. Den vermied sie, wohl wissend: die nächste Vorstellung kommt bestimmt! Dieses Mal aber wirbelten die Süßigkeiten-Verteilerinnen an ihren Verkaufsständen herum, weil der Ansturm groß war und sie vergaßen Tiffany dabei. Ich musste schon lächeln, als ich sie artig sitzend und schwanzwedelnd vor dem bunten Popcorn-Stand sah. Sie bemerkte mich zuerst nicht, war nur bemüht die Popcorn-Maschine mit Hypnose zur Herausgabe der warmen Nascherei zu verleiten. Ungerne folgte sie mir in den Caravan.

Am ersten Weihnachtstag schneite es stark und auch nur zu Tiffanys Freude, welche auf dem Platz vor unseren Wagen, dem Chapiteau, Elefantenzelt und Pferdestall ausgelassen den Schnee aufwirbelte und mit mir, Kollegen oder ersonnenen Hunden spielte. Ohne Unterbrechung rieselten dicke Flocken und begannen Probleme zu bereiten. Beständig schaufelten wir Wege zwischen Zelten und Wohnwagen frei und dann musste das Chapiteau dauerbeheizt werden, weil der auf ihm lastende Schnee zu schwer wurde. Jetzt floss Schneeschlamm herunter und verwandelten den Platz in eine Eisfläche. Nicht nur die Zweibeiner rutschten, selbst Tiffany lag des Öfteren, wobei sie mir gegenüber absolut im Vorteil war: sie hatte es bis zum Boden nicht so weit wie ich oder sie machte nur eine Grätsche und lag auf dem Bauch, während ich Rücken- oder Kniefall bevorzugte. Trotz Bemühungen aller verlangten uns die Veranstaltungen mit ihrer Hektik hinter den Kulissen jetzt Einiges ab. Nach Tagen hörte es auf zu schneien, doch Eis und Schnee blieben uns bis zum letzten Vorstellungstag Mitte Januar erhalten und erschwerten Abbau, Rangieren und Abfahrten.

Doch zuvor galt es den Jahreswechsel zu überstehen. Tiffany schwante nichts Gutes, als sie wenige Tage vor Silvester häufiges Knallen und Zischen registrierte. Spontan legte sie keinen Wert auf Parkspaziergänge und dortige Hunde-Treffen. Ich musste sie zum Mitkommen auffordern und unterwegs zeigte sie mir die kürzesten Rückwege. Zur Veranstaltung an Silvester verstrahlte sogar das Popcorn nicht genügend Magie, um

Tiffany aus dem Caravan zu locken. Mitternacht prasselte eine Feuerwerk über Bremen das der Zirkus vibrierte und meine Kleine sich geschwind ihres Panic-Rooms erinnerte. Vor solch beängstigendem Lärm waren wir viele Jahre verschont geblieben, beim Aeros in Leipzig, vor sechs Jahren war es das letzte Mal. Vielleicht erinnerte sich die kleine Hündin auch gut an den schrecklichen Höllenlärm in Gent, wo sie als Hundekind vor Angst schlotterte und keine Kontrolle über ihre wackelnden Beinchen bekam. Tiffany mochte gehofft haben, derart Gruseliges würde nie wieder in ihrem Leben passieren. Und nun das! Aber, es war das letzte Feuerwerk welches sie hautnah erlebte. Doch das ahnten wir zu dem Zeitpunkt natürlich nicht.

Das neue Jahr führte uns nach anderthalb Monaten Pause im Winterlager neben den Kuhweiden und den dortigen Abwechslungen erneut zum Varieté-Circus Harlekin. Dieser hatte ein neues Outfit erhalten: nagelneues Chapiteau und Gratin mit Schalensitzen, dazu eine große, moderne Fassade, neue Licht- und Tonanlage. Damit sollte nicht nur das Reisen leichter und schneller werden, auch für das Publikum war Komfort geschaffen worden und im Programm zauberten viele Lichteffekte, Nebel, Seifenblasen und ein herausragender Soundklang magische Welten in das Manegenrund.

Tiffany begrüßte begeistert alte Bekannte und eroberte umgehend den neuen Zirkus. Sie reduzierte allerdings ihre Auftritte vor den Veranstaltungen in der Manege und trieb sich lieber am Buffetwagen herum. Sie hatte ihre Leidenschaft bei Renz nicht vergessen, hier gab es jetzt auch einen duftenden Popcornstand. Bereits in der ersten Gastspielstadt musste ich ihr den Aufenthalt im Restaurationszelt verbieten, denn die kleine Dame führte dort tatsächlich wieder Kunststücke auf, vorrangig "Schön-machen" und "tanzen", die bequemsten, aber wirksamsten Varianten halt. Und sie bellte auch mal, um sich in Erinnerung zu bringen und zu zeigen, dass ihre Geduld beim Warten auf Naschereien begrenzt ist. Damit drohte wieder unkontrollierbarer Futter-Nebenverdienst, den ich nicht duldete. Aus. Schluss damit. Alleine durfte sie nicht mehr während der Shows ins Zelt. Und auch nicht außen herum und dann von vorne durch den Haupteingang wieder hinein, da bin ich nur ein paarmal drauf hereingefallen! Diese kleine Ausgebuffte! Ich glaubte Tiffany artig vor Caravan oder Tierwagen, aber der Popcorn-Junkie trottete gelassen um das Chapiteau nach vorn zum Einlass. Durch die Manege war nicht mehr erlaubt, also eben dieser Weg. Viel überlegen musste sie dafür nicht. Hallo, war sie im Zirkus aufgewachsen? Abends, nach der letzten Show, wenn Desiree die Popcorn-Maschine leerte und reinigte, dann durfte sie zusehen und erhielt von ihr immer eine Handvoll der Begehrlichkeit.

Wurde der Zirkus abgebaut, überprüfte Tiffany wie eh und je den leeren Platz, war aufmerksamer Beifahrer bei den Umsetzungen und ging auf gründliche Entdeckertour auf den neuen Plätzen. Es war aufregend wie früher, jede Stadt etwas Neues! Dazu die Ausflüge in immer unbekannte Landschaften. Zirkus, ein ewig währendes Hunde-Abenteuer!

Die Saison brachte auch mir zusätzliche Abwechslung. Circus Harlekin war von einer im Osten recht populären Partei im Rahmen der Wahlen für einige große Städte komplett mit Programm gemietet worden. Für jeweils fünf Tage war der Eintritt zu den Programmen für die Besucher frei. Dafür gab es zu Anfang und mittendrin Werbung der Partei, indem sich Kandidaten und Funktionäre in gehabter Propagandamanier vorstellten. Die Auftrittstage dieser Leute waren abhängig von ihrer Stellung in der Parteihierarchie und steigerten sich zu den naturgemäß besser besuchten Sonnabenden und Sonntagen, da erschien Politprominenz aus Berlin und die "Stars" der zurückliegenden Woche gaben schmückendes Beiwerk. Auffallend, dass diese sich jedoch wichtiger nahmen als die Berliner Führungsriege. Für die drei Veranstaltungen am Wochenende wurde ein spezielles Programm entwickelt und zusätzlich assistierten Politiker in Darbietungen und spielten in kleinen Reprisen mit.

Meine Reptile-Show wurde für oder von Gregor G. ausgewählt und er half bei der Vorführung der Riesenschlangen und Krokodile. Es war eine angenehme Zusammenarbeit, er nahm sich Zeit bei den Vorbereitungen, wollte Vieles genau wissen und griff zumindest bei den etwas kleineren Pythons beherzt auch alleine zu.

Nervig waren die wegen ihrer Pflichterfüllung vor Dominanz sprühenden Bodyguards, welche uns wirklich keine Minute aus den Augen ließen. Zumindest einer war stets bemüht selbst in Wohnwagen und Tiertrailer zu folgen und schwer abzuwimmeln. Dafür postierte er sich dann mit seiner Mannschaft davor. Tiffany musterte die schwarzen Männer um uns herum. Geheuer waren die ihr nicht und zu denen ging sie auch nicht näher heran. Diesen Wesen schien es an Beweglichkeit zu mangeln und offensichtlich konnten sie auch nicht richtig laut sprechen, nur mit gesenktem Haupt mit sich selbst flüstern. Und ab und an wedelten sie Artgenossen etwas mit den Armen zu. *Erstaunlich!* Tiffany drehte den Kopf hin und her, um die Gesten genau zu beobachten und um bereit zu sein, auf unerlaubtes Verhalten zu reagieren. Zudem neigten sie zu Beharrlichkeit, standen gerne starr auf einem Fleck und gafften jeden genau an. Auch Tiffany, welche lauernd, mit abgeduckten Kopf und steil aufragenden Pinsel, sie nicht anders in Augenschein nahm. Diesen Blick, oh, den verstand die Kleine gut. So fixiert man Feinde! So hielt Tiffany es auch stets, wenn sie die Situation auslotete. So war sie bei den Großkatzen vorgegangen, den Schimpansen und allen anderen Ärgernissen. Ja, solche Blicke kannte sie. Tiffany behielt also dieses zweibeinige Gefahrenpotential besser sehr genau im Auge. Das war nicht einfach und ähnlich wie beim verhassten Katzenclan, denn die finsteren Wesen standen schier überall. Aber immerhin blieben sie in Sicherheitsabstand zu unserem Caravan, was Tiffany wohl als gutes Zeichen für Respekt ihr gegenüber ansah. Sie schob den Kopf leicht vor, spitzte die Ohren, stemmte die Hinterbeine schräg und pustete ihre Lefzen leise tief knurrend auf. Die ganze Körperhaltung verwies auf geschärfte Sinne. Dabei drehte sie sich regelmäßig, nicht das die da hinter ihrem Rücken glaubten heimlich etwas aushecken zu können! Und sie stiefelte auch neben die Wagen und blickte mit langem Hals um die Ecke, ob die dort Postierten nicht Schaden anrichten und wissen, dass sie unter Beobachtung stehen. *Das unterbindet Unfug oft im Ansatz* - auch da kannte Tiffany sich bestens aus!

Ihr fiel bestimmt ein Stein vom Herzchen, als die Bodyguards verschwanden ohne etwas angerichtet zu haben. Sie nahm ihre Aufgabe sehr ernst.

In Lübeck trennte ich mich für einige Wochen vom Harlekin, denn ich hatte einen Zweijahres-Vertrag mit dem Vogelpark Marlow und arbeitete dort wie im Vorjahr für über zwei Monate täglich mit der Schauvorführung. Wir standen wieder auf unserer Wiese und pendelten zum Park. Hirschburg brachte Tiffany die erstaunliche Erkenntnis dass sich der Katzenstaat mit einer Krankheit bemerkenswert reduziert hatte, somit weniger Hatzen erforderlich waren. Auch gut, dafür waren die Aufenthalte im stets gut besuchten Park aufregende Erlebnisse. Sie erkannte sofort, wo wir waren und untersuchte Wiese und Umgebung auf Veränderungen und Neuigkeiten. Es gab hier keinen Popcorn-Stand, dafür ein Eismädchen, von welchem wir regelmäßig ein Magnum kauften und Tiffany den großzügigen Rest am Stil zum Abschlecken von mir erhielt. Oh, Eis war ähnlich gut wie Popcorn. Aber das gab es erst nach der Show, so konnte sie wie gehabt auf unserer Auftrittswiese stolzieren und Besucher nebst Artgenossen begutachten. Ein Terrier-Spaß! Während meiner gut einstündigen Veranstaltung saß die Kleine im wenige Meter hinter mir geparkten Auto auf dem Fahrersitz, meist bei offenem Fenster und mit Blickrichtung zu mir. Auch wenn sie der Veranstaltung nur von hinten zusehen konnte, sie tat es und wartete brav auf das Ende, um dann sofort wieder auf die Wiese zu dürfen. Besucher standen oft lange bei mir, hatten Fragen zu den Reptilien und sprachen mit Tiffany. Ja, das fand sie o.k., aber anfassen? Dafür musste man ihre Sympathie gewonnen haben und diesbezüglich war Tiffany ziemlich knickrig, gab sich wählerisch und gestattete es nur ausnahmsweise. Nette Worte reichten dafür nicht. Und aufdringliche Leute oder gar kleine Kinder waren ihr ein Graus, da knurrte sie oder bellte laut auf: *Stopp! Nicht anfassen!* Also, nur weil sie ein kleiner Hund war, musste sie sich nicht alles gefallen oder gar befummeln lassen! Keine Kompromisse! Tiffany stellte es besonders klar, als eine, ihr bekannte, Mitarbeiterin des Vogelparks sie nach meiner Vorstellung aus dem Auto heben wollte – mit der gut gemeinten Absicht, das die Kleine schneller zu mir auf die Wiese kann. Meine Copilotin sah es anders, war sicher bereits erstaunt, dass jemand einfach die Autotür öffnete und als zwei Hände nach ihr griffen, da biss sie kräftig zu. Zuerst hörte ich wütendes Knurren und laute Schreie, dann sah ich die drohende Tiffany und die blutende Hand der völlig fassungslosen jungen Frau. (Ich war trotzdem stolz – sorry) Jene blieb freundlich und besuchte uns trotzdem regelmäßig, doch der Tiffany traute sie nicht mehr so richtig.

Die schöne Zeit im Vogelpark verging viel zu schnell und am Tag nach der Abschiedsveranstaltung reiste ich zurück zum Harlekin. Außer unseren Erkundungswanderungen und der ausgesprochen guten Gemeinschaft folgte leider nicht mehr viel Gutes. Ein Schicksalsherbst für den Zirkus und für uns bahnte sich an.

Die von der Partei gekauften Veranstaltungen waren beendet, der Eintritt nicht mehr gratis und damit reduzierte sich die Zuschauerzahl drastisch. Erschreckend, wovon Leute ihr Interesse abhängig machen und wie sie sich kaufen lassen. Panem et circenses. Brot und Spiele, die politische Methode funktioniert bis heute.

Ausfallveranstaltungen wurden Normalität.

Dann verunglückte einer der beiden afrikanischen Elefanten der Zirkus-Eigner und brach sich bei einem Sturz während einer Rangelei untereinander auf der Wiese, Minuten vor ihrem Auftritt, ein Hinterbein. Keinesfalls beim Training oder durch Misshandlungen im Zirkus, wie es sofort aufgescheuchte "Tierschutz-Organisationen" behaupteten. Eine Propaganda-Lüge, welche durch Unterstützung der sensationsgierigen Medien mit zum Ende des Zirkus beitrug. Der Elefant wurde in einer Berliner Tierklinik behandelt, jedoch scheiterten alle Versuche einer Heilung und das Tier musste Monate später eingeschläfert werden. Der Direktor hatte in dieser schweren Zeit sein Tier als Pfleger mit in die Klinik begleitet, damit entfielen die Elefantendressur und seine hervorragende Programmbegleitung als Sprechstallmeister. Die Veranstaltung verkürzte sich und büßte an Attraktivität ein.

Im Oktober, wir gastierten auf einem damals unbebauten Platz direkt neben der Waldbühne in Berlin, musste die laufende Veranstaltung wegen eines sich verstärkenden Sturmes abgebrochen werden und am Abend beschädigte der Orkan, trotz unserer Kämpfe, das nagelneue Chapiteau und verbog die Gittermasten. Damit war die Tournee schlagartig vorbei.

Und ich präsentierte, völlig unspektakulär und überraschend, meine letzte Reptile-Show. Die endgültig Letzte. Doch das ahnte ich zu dem Zeitpunkt nicht und hatte es nur auf diese Saison bezogen.

Circus Harlekin erholte sich nicht von den Schicksalsschlägen und ging nie mehr auf Tournee.

Wo das Meer das Land berührt

Horizonte & Katzenjammer - dichter Wald & kaltes Meer - Tierarztauslese - Pfauen-Geheimnisse - Americanos - Waldläufer Jonas - Sorgentage - Zoo Rostock

Wir wohnten wieder auf der Wiese vor dem Einsiedlergehöft inmitten der Felder und Weiden. Und erneut färbte ein Herbst die Blätter und unsere Wälder veränderten stetig ihr Aussehen. Gleich, ob im Wald hinter dem Haus, im Großen Moor oder an der Küste, überall weckten Wildfährten Tiffanys Neugier und Entdeckerlust. Sie folgte mir unbeirrt in bisher verborgen gebliebene Bereiche beim Pilze sammeln und am Strandparkplatz war sie wie eh und je die erste auf der Düne und hielt von dort Ausschau nach anderen Vierbeinern am Meer. Vielleicht traf sie ja Prinz, den Irish Setter, der sie so mochte, wie sie ihn. Häufig begegneten wir uns und während wir Zweibeiner ein langes Gespräch führten, tollten die Hunde im Wasser und Sand herum. Beide waren nicht mehr jung, doch sie tobten mit Ausdauer und Lebensfreude. Meine Tiffany hatte wie zumeist das Nachsehen, das ist halt so, wenn man sich stets weit größere Freunde wählt. Ihre Beinchen waren den langen Stelzen des Spielkameraden nicht gewachsen, sie musste aus Kräften rennen, während Prinz lässig trabte. Auch das Eisbaden konnte sie ebenso wenig unterlassen, wie die Katzenhatz auf der Kuhweide.

Aber, eine Veränderung trat ein. Langsam schlich sie sich heimlich in unsere Welt und irgendwann bemerkte ich sie. Das Näschen der Kleinen verlor Glanz und Farbe, das Lackschwarz wich einem bräunlichen Ton. Und auf der Haut bildeten sich zunehmend dunkle Pigmentflecken. Da wurde mir plötzlich bewusst, wie weit wir gegangen waren und das sie nun alt wurde, meine geliebte Tiffany. Andere Hunde bekommen deutlich graue Haare an Kopf und Schnauze, bei einem weißen Westie ändert sich nichts. Sie sah weiter jung aus und ihre ungeminderte Ausdauer bei Spiel, Jagen und Ausflug verstärkte den äußeren Eindruck.

Ende Dezember fiel Schnee und das flache Land wurde weiß bis zum Horizont. Die Kleine geriet wieder total aus dem Häuschen vor Begeisterung zu der Überraschung vorm Wohnwagen und Schneebälle tauschten Ball und Ring aus. Unverändert wie früher, in ihren Hundekindertagen.

In einer frostigen Nacht erwachte ich von Tiffanys Unruhe. Sie liebte es unter die Bettdecke zu kriechen, wenn es kühler im Wagen war und nur ihre Nase lugte hervor. Jetzt saß sie neben mir und lauschte, mit zerzaustem Köpfchen, aber spitzen Ohren. Etwas war da draußen in unserer Einsamkeit los. Nun vernahm auch ich ein gleichmäßiges, knisterndes Geräusch, welches ich nicht einordnen konnte. Also, raus aus dem Bett und besser einmal nachsehen! Bitterkalte Luft empfing uns vor der Tür und die tiefen Minusgrade froren mir die Atemluft in der Nase. Gehöft, Wiesen und Wald lagen in silbernes Licht getaucht. Ein großer voller Mond strahlte vom sternenübersäten Himmel und entzündete ein Glitzern auf den Schnee- und Eisflächen. Hell leuchtend im funkelnden Sternenozean, wölbte sich die Milchstraße über uns. Eine Traumkulisse. In tiefste Stille ruhte die Gegend, die Welt atmete friedlich, man hätte das Rieseln von Schnee gehört. Nur dieses monotone Knirschen durchzog den nächtlichen Frieden, zwar nicht bedrohlich, aber auch unerklärlich. Was verursachte es? Tiffany lief auf den Weg vor der Wiese und ich folgte ihrer Blickrichtung. Unglaublich! Keine einhundert Meter entfernt wechselte ein vielköpfiges Rotwildrudel hintereinander, wie auf einer Perlenschnur aufgereiht, gemächlich über die winterliche Wiese. Die Hirsche traten aus dem dichten Wald hervor und strebten einem entfernten Tannenforst zu. Ihre Schritte brachen mit der Last der Körper die eisglasierte Schneedecke und erzeugten jene knirschenden, knackenden Laute. Eine unvergessliche, eine grandiose Szene, wie in einem Märchen. Frierend sah ich zu, wie das Rudel unbeirrt seinem Ziel entgegen wanderte und wie schließlich die einzelnen Tiere mit der scherenschnittartigen, schwarzen Waldkulisse verschmolzen. Auch dann stand ich eine Weile nur da, es war fast zu schön für die Wirklichkeit. Rothirsche lebten zahlreich in den dortigen Wäldern und ich hatte das Glück ihnen öfter zu begegnen, sogar auf den Kuhweiden nahe am Gehöft. Aber das geschah am Tage oder in der Dämmerung und immer bei deren eiliger Flucht, nun, unter diesen Umständen war es atemberaubend! Als der Frost mich aus meiner Verzauberung löste, war der vierbeinige Kobold nicht mehr neben mir. Solange den Hirschen nachzusehen war ihr zu langweilig und sie vertrieb sich die Schlafunterbrechung bereits anders. Das Aufkreischen einer Katze an der Scheune verriet Tiffany Tätigkeit. Ich klatschte als Zeichen das sie kommen solle und flüchtete in die Wärme des Caravans. Kurz darauf polterte mein Hündchen an die Tür: *Rein, ich will rein!* Ich rubbelte ihr den Schnee von den Pfoten, dann verkrochen wir uns tief in den Federn.

Das Jahr 2003 hielt ein dickes Paket Sorgen bereit.

Nachdem ich schon in den zwei vergangenen Jahren mit zwei Investoren für den Aufbau eines Reptilien-Zoos bereits in den Anfangsphasen aus unterschiedlichen Gründen gescheitert war, erhielt ich die Gelegenheit, für ein geplantes Family-Resort-Hotel ganz in der Nähe ein Konzept für eine dauerhafte Reptilienausstellung zu erarbeiten, mit dem Ziel dort meinen Reptilien ein festes Zuhause zu geben. Baubesprechnungen in Lübeck, vor Ort in Zingst, in Behörden und Ämtern, zusätzlich die Anlagenentwürfe für die Tiere und die Planung der Gesamtanlage Dschungel-Farm hielten mich unter Druck. Von Beginn an begleitete Tiffany mich zu jedem, aber auch jedem Termin und ich machte diesbezüglich keine Kompromisse.

Im Februar verhielt sich Tiffany bei Futter- mehr aber bei Wasseraufnahme seltsam. Sie traute sich nur zögerlich an ihre Schüsseln und sprang beim Fressen oder Schlecken immer wieder erschrocken davon. Die Tierärztin, auf deren Gehöft wir standen, machte ausgiebige Untersuchungen, doch kam zu keinem Ergebnis. Sie verwies uns zur "Tierklinik Rostock", welche jedoch seit dem Ende der DDR keine Tierklinik mehr ist, sondern nur eine Tierarztgemeinschaft mit Krankenstation. Dort untersuchte eine Ärztin Tiffany, fand rein gar nichts, aber stellte beunruhigt fest, dass dieses Verhalten typisch für Tollwut sei und das es dann für Tiffany keine Chance gebe. *Wie bitte?!* Ich glaubte meinen Ohren nicht zu trauen, fragte nach und erhielt einen gründlichen Vortrag über Tollwut. Danke! Obwohl sie mir absolut nicht Neues sagte, ließ ich sie ausreden - was sich als teurer Fehler erwies, denn ich bekam ihn unter der Rubrik "Beratung" fürstlich berechnet. Ich erwähnte, das Tiffany seit ihrem ersten Lebensjahr, mit Impfpass nachgewiesen, regelmäßig Tollwut-Impfungen erhielt. Da stutzte sie, wusste nicht weiter und schickte uns erst einmal wieder, nach Barzahlung der Ohne-Behandlung-Kosten, nachhause, zur Beobachtung und *Vielleicht ändert der Hund sein Verhalten von allein.* Erstens ist mein Hund, deutlich erkennbar, spätestens seit der Untersuchung, und im Ausweis lesbar, eine Hündin und auch der Name Tiffany wäre für einen Rüden unpassend gewählt. Und zweitens, nein, sie änderte ihr Verhalten nicht von allein. Meine Vermieter-Tierärztin lachte über das Verhalten der "Tierklinik", hatte aber auch keinen Rat. Super! Da stand ich und suchte nach einer Lösung, irgendwie musste Tiffany doch geholfen werden! Obwohl ich bei unserem ersten Besuch absolut keinen guten Eindruck gewonnen hatte, machte ich den nachhaltigen Fehler und fuhr erneut in die "Tierklinik". Die Ärztin fummelte planlos, aber wichtig zur Berechnung, an meiner Kleinen herum, dann rief sie einen Kollegen um Hilfe. Dieser stellte sich erst auf meine bohrenden Nachfragen endlich selbstgefällig als „Kiefer-und Zahnspezialist" vor und hatte sofort die Diagnose parat. Er entdeckte auf Tiffanys Schnauze eine Fistel, welche direkte Verbindung zum Oberkiefer hätte und auf die Entzündung eines Backenzahnes hinwies. Also: Röntgen. Dafür: Sedierung. Wieso Sedierung? Tiffany legte sich auf die Seite und blieb brav liegen, wenn ich es ihr sagte. Unser Trick *Schlafen* war genau das. *Nein, ohne Narkose röntgen wir nicht.* Klare Ansage. Daraus entwickelte sich eine längere, sicher kostenpflichtige Diskussion, bis der Spezialist abbrach *Entweder Sedierung oder Sie gehen zu einem anderen Arzt.* Hätte ich tun sollen, doch ich wusste nicht weiter und wollte meiner Tiffany helfen. Also gut, geschickt überredet. Später wurde mir klar, warum Sedierung, Stichwort: Rechnung. Tiffany erhielt ihre Spritze und mir schlug das Herz bis zum Hals. Dann sollten wir ins Wartezimmer zurück. Wie bitte? Da war ein Kommen und Gehen, Hundebellen, Katzenmiauen. Der Raum voll mit wartenden Patienten. In dem Hexenkessel sollte Tiffany zur Ruhe kommen und einschlafen? *Ja, ein anderer Raum ist nicht frei.* Tierklinik! Wie nicht anders erwartet: Tiffany wankte und wackelte, schreckte immer wieder auf und weigerte sich müde zu werden. Dazu das nervenzehrende Bedauern der anderen Tierbesitzer wegen Tiffanys Zustand. Als die Ärztin kam um nachzusehen, ob wir röntgen können, saß die Kleine gerade auf meinem Schoß, nur das Köpfchen nickte ständig ab. *Ok, dann gibt es eine zusätzliche Spritze.* Hallo, geht`s noch?! Jetzt wurde ich laut, das Tiffany die Äugelein aufriss, weil sie glaubte ein bemerkenswertes Ereignis verpasst zu haben. Bei dem sich entwickelnden Disput stieß der „Spezialist" dazu und siehe, urplötzlich fand sich ein Raum, gleich nebenan bei der Krankenstation. Dort schlief Tiffany ohne Dosiserhöhung ein, wurde in meinem Beisein geröntgt und kam danach schnell wieder zu sich. Mein Herz beruhigte sich. Auf den Aufnahmen zeigten mir beide Ärzte den eindeutig vereiterten Backenzahn. Ich konnte die Schatten überhaupt nicht erkennen, auch nicht bei wiederholten Zeigen und Betrachten, aber natürlich war ich auch Laie. Dachte ich, doch da war ich wohl nicht allein im Raum… *Ganz simpel: den Zahn ziehen und das Problem ist gelöst.* Eine Woche später saß ich erneut im Warteraum und zitterte, während meine Kleine operiert wurde. Nach einer Stunde rief man mich in ein Behandlungszimmer und die schlafende Tiffany wurde gebracht. Blutverschmiert an Schnauze, Hals und Brust. Dass die Operation nicht ohne Blut verläuft ist selbst mir bewusst, aber so übergibt man das Tier nicht seinem Besitzer. Das sagte viel über die Motivation des rumwerkelnden Teams. Zu meiner Bemerkung wischte die Helferin erfolglos an Tiffany herum bis ich sie genervt bei der Schmiererei unterbrach, meine Rechnung zahlte und eilig nachhause fuhr. Schon beim Starten unseres Autos stand Tiffany plötzlich auf, kraxelte müde auf meinen Schoß und rollte sich zusammen. Auf der Wiese war sie hellwach und wollte es sogleich den Katzen heimzahlen. Eine Veränderung im Verhalten zeigte sich nicht, die Kleine schreckte weiter bei den Mahlzeiten zurück und wir fuhren sieben Tage darauf erneut in die "Tierklinik". Jetzt zuckte der „Kiefer- und Zahn*spezialist*" die Schultern und ließ mich tatsächlich stehen. Den folgenden heftigen Streit gelang nur ein weiterer Arzt nebst Helferinnen zu schlichten. Ich war unendlich zornig. Die prompt geforderte Rechnung für diese "Untersuchung" lehnte ich dankend ab und der erneut entfachte Streit wegen meiner Zahlungsunwilligkeit endete mit der Großzügigkeit der "Tierklinik" auf das Honorar "zu verzichten".

Dann erhielt ich durch Zufall eine Empfehlung für einen Tierarzt in Lübeck und so fuhren wir eben dorthin, zwei Stunden entfernt. Der Doktor streichelte Tiffany zur Begrüßung und schenkte ihr Leckereien. Nun wollte er die genaue Vorgeschichte erfahren und ich erzählte von den vorausgegangenen Behandlungen. Darauf untersuchte er Tiffany langsam und gründlich. Fragte mich erneut nach Zahn und Fistel und ich antwortete, wie man es mir erklärt hatte. Der Doktor blieb ruhig und sagte mir dass dies keine Fistel sei, sondern ein dicker Pickel, ohne jede Verbindung zum Kiefer natürlich und das ich das deutlich fühlen könnte. Und er zeigte es mir, ließ mich die Stelle abtasten. Dann sagte er *Wenn das nun aber eine Fistel gewesen wäre, mit Verbindung zum entzündeten Backenzahn im Kiefer, warum ist dann nicht dieser Zahn gezogen worden, sondern der auf der anderen Kieferseite?!* Mir verschlug es die Sprache, der "Spezialist" -oder eine Helferin?- hatte den falschen Zahn gezogen! Entweder, sagte der Doktor, der gezogene Zahn war entzündet oder jemand hätte die Seiten verwechselt. Dieser hier, der ja eigentlich krank sein sollte, laut Röntgenbild und Untersuchung, der ist völlig gesund. Tiffany hat ein hervorragend gutes Gebiss, für ihr Alter unglaublich selten und er hält es für höchst unwahrscheinlich dass der Zahn entzündet war. Denn, die Ursache für ihr Verhalten sei weder Tollwut - er lachte -, noch vereiterte Zähne, sondern klar erkennbar eine Wucherungen des Zahnfleisches. Wenn es da einen Wachstumsschub gibt, dann schmerzt es, besonders beim Fressen und Trinken. Und er verordnete eine Tinktur für vier Euro, mit welcher ich zuerst eine Zeitlang täglich das Zahnfleisch einpinseln solle, später nur wöchentlich. Das aber für den Rest ihres Lebens, um das Wuchern zu unterbinden. So haben wir es gehalten, auch wenn Tiffany die Prozedur nicht lustig fand, weil die Tinktur einfach nur bitter schmeckte (ich probierte natürlich). Nach wenigen Tagen fraß und trank Tiffany wieder ohne jede Probleme und das bis zu ihrer letzten Mahlzeit. Und, ich muss es erwähnen, die Rechnung war äußerst niedrig.

Mich lehrte diese auf dem Rücken meiner Kleinen ausgetragene Episode, nie bedingungslos Tierärzten zu vertrauen, durchaus nachzufragen und auch die Praxis zu wechseln. Es drängt sich da unwillkürlich diese Ähnlichkeit von Tier- und Menschenwelt auf. Beide werden von wenigen engagierten und guten Ärzten betreut, bei dem überwiegenden Teil blitzt das Eurozeichen in den Augen und verdrängt den eigentlichen Sinn der Tätigkeit. Ich selbst durfte wenige Jahre darauf unmittelbar erleben, wie lax Doktorarbeiten verteilt und gehandhabt werden können, wenn man nur die richtigen Leute kennt. Und das der Arrogantia -Titel "Doktor" nicht gleich Verantwortungsbewusstsein und Können ist, sollte selbst der letzte Obrigkeitsgläubige dank Medienberichten verstanden haben.

Meine Versuche die "Tierklinik" mit einem mir vom Zirkus A…. bekannten Top-Anwalt zu verklagen, scheiterten im Vorfeld. Die "Tierklinik" verweigerte, selbstverständlich, die Herausgabe der Behandlungsunterlagen, das Verfahren würde Jahre dauern und nur um den "Zeitwert" des Tieres, für das Gericht ein Sachgegenstand und keine lebende Seele, gehen. Tiffany war über zwölf Jahre alt und damit fast wertlos... Da kommt es erneut zu Parallelen beim Tier Tier und Tier Mensch. (*Die Würde des Menschen ist unantastbar. Art. 1 GG …???*)

In den Sommermonaten arbeitete ich mit der Reptilien-Schauvorführung im Zoo

Rostock. Vor meiner Veranstaltung spielten Tiffany und ich oft mit Ball und Ring auf der großen Wiese oder wir drehten eine kleine Runde im nahen Zoobereich, das fand sie viel besser! Da konnte sie gut bekannte Tiere beobachten, wie Elefanten, Seehunde und Bären, aber auch vorher unbekannte Wesen, wie die Pinguine, welche ihr im Pulk neugierig am Zaun folgten. Die quietschenden Nasenbären unterbrachen ihr Spiel, liefen herbei und betrachteten den weißen Hund auf meinem Arm, wie dieser sie. Bei den Schimpansen und anderen Menschenaffen in Außenkäfigen strebte Tiffany eilig vorbei, die Dreckschleudern im belgischen Park hatte sie nicht vergessen. Nein, dort wollte sie nicht stehen bleiben! *Weiß man, was einem da um die spitzen Ohren fliegen kann?* Natürlich bewahrte Tiffany Haltung, nur keine Angst oder Unsicherheit zeigen, dafür aber zur Schau getragenes Desinteresse. Ein richtiges Übel für uns beide war ein Pfauhahn, welcher ausgerechnet auf der Show-Wiese sein Revier besaß und nicht bereit war das Feld für die zwei Stunden unserer Anwesenheit frei zu geben. Ich musste ihn gar unzählige Male während jeder Vorführung vertreiben, weil er hartnäckig sofort umkehrte um mir weiter zu imponieren und zu drohen. Die Schlangen im Gras ignorierte der Depp völlig und stakste zwischen ihnen herum. Für die sechs Meter lange Netzpython „Makapa" wäre er ein durchaus passabler Happen gewesen, die warf bereits ein Auge auf ihn und in anderer Situation hätte ich meine zwei womöglich zugedrückt, hier natürlich undenkbar. Das Spektakel, wenn sie den Pfau vor so viel Publikum gepackt und gefressen hätte, wollte ich nicht erleben. Die Besucher lachten über meinen Zwist mit dem anhänglichen Vogel und konnten meine Sorge natürlich nicht verstehen. Aber die Situation war keinesfalls ungefährlich, die Schlangen waren in Lauerhaltung, ich musste sie mit äußerster Vorsicht aufnehmen um nicht selbst gebissen zu werden und war nur gestresst von dem stumpfsinnigen Bumerang-Vogel. Meinem Westie erging es nicht anders. Sie hatte zwar hinreichend Erfahrung im verbotenen, aber ach so beliebten Jagen, Fangen und Rupfen unserer Hühner, der zukünftigen Beute der Riesenschlangen, welche täglich frei auf der Wiese in Hirschburg herumliefen, doch Tiffany dachte bestimmt auch an den Schwan, welcher sie einmal am Hinterteil packte. Sie blieb vorsichtig, zumal der Pfau vor dem kleinen Hund keine Angst zeigte! Welch Ereignis, als er unmittelbar vor Tiffany sein Rad aufschlug und mit den Federn raschelte! Auf so einen Trick war Tiffany überhaupt nicht gefasst und flüchtete ein paar Meter, um dann, nachdem sie sich berappelt hatte und ja auch nichts weiter passierte, hinter das Rad sehen zu wollen. Dies erwies sich als schwierig, der Pfau zeigte kein Verlangen dem Terrier sein kahles Gesäß zu präsentieren und drehte sich mit. Aber nicht mit Tiffany! Nicht so! Sie flitzte immer rasanter im Kreis. Irgendwann kam sie so hinter das Geheimnis, das Pfau-Hahn nämlich jenseits der imposanten Fassade mit einer ziemlich ernüchternden, ja grotesk blanken Rückseite, gelagert auf krummen, dürren Beinen aufzuwarten hat. Welche Maskerade! Und beide führten ihren verrückten Tanz weiter. Pfau drehte sich auf der Stelle, schlug und schüttelte sein Feder-Rad um zu imponieren und die Aufmerksamkeit des vierbeinigen Koboldes von der Problemzone abzulenken. Tiffany blieb unbeeindruckt und sauste, hoppelnd vor Freude, in seiner Umlaufbahn, um einen neuerlichen, gründlicheren Blick von dem Vogelhintern zu erheischen. Sie siegte, nutzte umgehend die Situation und knapste dem eitlen Zoo-Gockel in den Steiß. Ein spitzer Schrei, das farbenprächtige Rad fiel zusammen und der Pfau stürmte von der Wiese. Er überließ uns sein Revier ab da freiwillig und verschwand von der Bildfläche, wenn wir mit dem Auto auf die Wiese fuhren. Ich konnte entspannter mit den Riesenschlangen arbeiten.

Während der Touristensaison vermied ich den Strand, nur selten besuchten wir ihn und strolchten lieber durch die ruhigen Wälder der Umgebung. Reicher Wildbestand hinterließ jeden Tag neue Informationen auf dem Waldboden und Tiffany hatte mit der Auswertung zu tun. An gefällten Baumstämmen konnte sie selten vorbei, zu gerne sprang sie da hinauf und balancierte neben mir her. Hauptgrund für diese Angewohnheit war natürlich der erweiterte Ausblick. Mit den kurzen Beinchen, da war der Horizont begrenzt - schon die meisten Grasbüschel überragten Tiffany! Wir erweiterten unsere Erkundungen, sprangen über Wassergräben, folgten Wildwechseln, rasteten auf einsamen Wiesen in der Sonne und wanderten regelmäßig zum schönen Jagdschloss Gelbensande. Eines Tages begegneten wir dort einer Gruppe amerikanischer Touristen, welche mit Bussen von ihrem in Warnemünde liegenden Kreuzfahrtschiff hierher zu einer Besichtigung kamen. Es war eine extravagant gekleidete, unbekümmert laute Gesellschaft und eine Frau mit riesigem, knallbuntem Sommerhut flippte vor Freude völlig aus, als sie Tiffany entdeckte. Sie lief herbei und fotografierte meine Kleine von allen Seiten und Positionen, hastete vor Tiffany her, warf sich auf den Rasen und schoss ein Bild nach dem anderen. Dem Westie war die Frau unheimlich, so wie die sich benahm, sie duldete keine Annäherung und wich den Versuchen einer Kontaktaufnahme geschickt aus. Und trotz der wohlgemeinten, jedoch schrillen Begeisterungsschreie zu ihr und zur Reisegruppe: *So beautyful! So lovely little dog! So loveley little princess!!!* untermalt mit wilder Gestik, zeigte die unerwartet in den Adelsstand Erhobene ihren Unmut jetzt mit Knurren und Aufbellen. Schließlich gab die Dame auf, trat zu mir und erzählte, das sie zwei alte Westies habe, daheim in Amerika und das die Kreuzfahrt wunderschön, aber trotzdem ein Fehler sei, denn sie vermisse ihre zwei so sehr. Und wie glücklich sie ist, Tiffany zu sehen und zugleich traurig, weil ihre Westies ihr nun noch mehr fehlten. Da rief ich Tiffany heran - *Welch wunderschöner Name für die kleine Prinzessin!* - nahm sie auf den Arm und die Frau streichelte und kraulte sie, während ihr die Tränen kullerten. Tiffany zog bei solchen Vertraulichkeiten einer Fremden den Kopf ein und schielte sie an. Wir standen lange und redeten, da legte "Prinzessin Tiffany" langsam ihr Misstrauen ab und spielte nebenbei Stöckchen mit der netten Amerikanerin. Diese verzichtete auf die Besichtigung des Jagdschlosses und als ihre Gruppe weitereilte, zum Bus und zur nächsten Sehenswürdigkeit, sagte sie mir, dass sie diese Begegnung niemals, niemals vergessen werde. Und das die vielen, vielen Bilder mit Tiffany in dem Album ihrer Hunde einen Platz erhalten und so immer die Erinnerung an diese schöne Begegnung im fernen Deutschland wachhalten werden. Sie drückte Tiffany herzlich, welche darüber wieder murrte, und drängte mir, flehend und überglücklich, Geld auf, um unbedingt *please, please, please* für Tiffany Leckereien zu kaufen, als Dank für Zeit und Geduld und Fotos und weil sie doch außer Süßigkeiten nichts dabei habe. Wir gingen wieder tiefer in den Wald, die Amerikaner zu den Bussen und wir winkten uns zu bis der wedelnde Hut hinter der Tür verschlossen wurde. Klar hielt ich Wort und die Waldläuferin bekam tolle Naschereien. Für mich blieben Bilder im Gedächtnis von einem amüsanten und außergewöhnlichen Treffen.

In jenem Sommer trafen wir auch Jonas. Mit seiner Familie war er in ein Haus unmittelbar am Waldrand gezogen und das Trio wanderte auf den Wegen, welche auch wir seit Jahren regelmäßig nutzten. So kreuzen sich Lebenswege. Beide Hunde verstanden sich sofort, obgleich der Unterschied nicht krasser hätte sein können. Jonas war ein Neufundländer und damit nicht nur pechschwarz, sondern auch riesengroß und massig. Tiffany konnte nur auf den Hinterbeinen stehend Jonas Nase beschnüffeln, wenn dieser seiner kleinen Freundin nicht entgegen kam. Aber. Wo ist das Problem? Tiffany war begeistert von Jonas. Allerdings verhielt sich meine Kleine langsam wirklich wie eine Prinzessin - was hatte ihr da die Amerikanerin eingeflüstert? - und wollte von Jonas begleitet werden. Und weil er das auch bedingungslos tat, nutzte Tiffany es, wie damals mit Brian, aus. Wenn wir uns im Wald begegneten, lief Tiffany nur ein kleines Stückchen entgegen, dann wartete sie fiepend auf Jonas, der zumeist schon über hundert Meter freudig herbei lief. Gingen wir Fünf zusammen eine Runde, folgte Jonas Tiffany. Seine Interessen waren ihr egal. Gleich wie tief er bellte, zum Auffordern in eine andere Richtung. Tiffany blieb stur und natürlich vergaß Jonas seinen Wunsch und folgte wieder ihr. Wollte Tiffany spielen, verhielt es sich ähnlich. Jonas sagte nie nein. Aber wenn er sie zum Toben animieren wollte, ließ die Prinzessin ihn durchaus ins Leere laufen, da konnte er sich egal wie stark bemühen und ereifern. Ging sein ruhiges Gemüt dann mit ihm durch und er gab einfach keine Ruhe, äußerte Tiffany ihren Unmut zuerst mit Knurren und Bellen, dann sprang sie ihn an und knapste. Ein außergewöhnliches Duo. Beim Spiel blieb Jonas vorsichtig, er wusste, wie mit Tiffanys Launen, auch mit ihrer Winzigkeit geschickt umzugehen. Und mit dieser selbst auferlegten Feinfühligkeit drehte er sich gerade einmal um, während Tiffany ihn schon dreimal umkreist hatte. Die Hundefreundschaft hielt sechs Jahre. Beide Partner wurden darüber alt. Dann erkrankte Jonas schwer und wurde ein großes Sorgenkind seiner Zweibeiner, welche Unendliches bewegten und möglich machten, um seine Genesung kämpften und ihn verwöhnten so sehr es nur ging. Tiffany alt und Jonas krank, wackelten weiter langsam nebeneinander durch ihren Wald und wir Zweibeiner reduzierten beständig Wegstrecke und Tempo. Im Frühjahr 2009 kam Jonas nicht mehr, er und seine Familie hatten den Kampf gegen die Krankheit verloren. Auch Tiffany und ich durften danach nur noch wenige Male in diesen Wald kommen.

Im Spätsommer begannen die Bauarbeiten am Hotel- und Wellnesskomplexes Sola-Mar in Zingst und auch die zukünftige Halle für die "Dschungelfarm" einschließlich der erforderlichen Wirtschaftsräume entstand im Rohbau. Das feste Heim für die Reptilien und uns rückte in greifbare Nähe. Die Freude darüber wurde getrübt durch gesundheitliche Probleme meiner Mutter und ihr zweiter Krankenhausaufenthalt endete völlig überraschend mit der Notwendigkeit ihres Umzuges in ein Pflegeheim. Es gelang mir, sie in einer Einrichtung in Graal-Müritz, ganz in der Nähe, unterzubringen. Eine einschneidende Veränderung in zwei Leben. Chaos in den Gefühlen, in den Gedanken, in meinem Handeln. Urplötzlich endeten die bei Tiffany völlig unbeliebten Spaziergänge in Warnemünde und begrenzten sich auf unangenehme wochenlange Tagesaufenthalte in der Wohnung, in welcher ich aufgewachsen war. Ausräumen, Sortieren, Entsorgen. Wieder Ausräumen, Sortieren und Entsorgen. Und wieder, bis ein paar Taschen von einem achtzigjährigen Leben übrig blieben. Total überfordert. Unwirkliche Stunden, Tage wie im Rauschzustand. Leere Wohnung, Schlüsselübergabe und Warnemünde erweiterte meine Vergangenheit.

Mutter und Warnemünde waren stets der Fixpunkt in meiner Welt gewesen, gleich wo ich mich auf Tournee befand. Unmöglich konnte ich an weiteres Reisen denken und sie im Altersheim auf ungewisse Zeit ohne Besuche lassen - es gab keine weitere Familie. Ich entschied mich im kommenden Jahr nicht auf Tournee zu gehen.

Oft fuhr ich nun zum Pflegeheim und war mit Mutter im Rollstuhl und Tiffany an der Leine in Graal-Müritz unterwegs. Der kleine Ort liegt eingebettet in Wäldern direkt am Meer. Wir spazierten durch den Rhododendron-Park, in den Parkanlagen hinter den Dünen und auf der kilometerlangen Strandpromenade. Die warmen Monate bringen viele Touristen hierher, in der übrigen Zeit ist es ruhig und einsam. Tiffany mochte auch diese Spaziergänge nicht. Egal ob kleiner Ort, egal ob Nebensaison, hier herrschte mit eiserner Hand absoluter Leinenzwang. Damit hatten wir beide bekanntlich heftige Probleme und es gelang uns wieder und wieder mit der langen Leine in Verwicklungen zu geraten. Das Wesen meiner Mutter veränderte sich zudem und der vormals von ihr so sehr geliebten Tiffany schenkte sie keinerlei Beachtung, wollte sie auch nie mehr streicheln, sie zog nun ein Stoffkätzchen vor. Die Spaziergänge waren für meine Kleine eine Art Pflichtveranstaltung und sie trottete gelangweilt hinterher. Als Dank für ihre Geduld fuhren wir stets nach dem Besuch an unseren Strand mit dem Windrad oder hielten im Ribnitzer Großen Moor für einen Waldgang. Im Heim wurde Tiffany schnell der Star bei vielen Bewohnerinnen, alle wollten sie mit Naschereien verwöhnen und mit Liebkosungen überschütten. Wie erwartet, verhielt sich die Weitgereiste entsprechend der Situation: Naschen gerne, Anfassen nur bedingt. Als wir mehrfach in die Zeit des Abendessens gerieten und Tiffany Mengen an Wurst und Käse von den begeisterten Bewohnern erntete und sie gerne zur Abgabensteigerung altbewährte Kunststückchen einsetzte, verschob ich unsere Ankunftszeiten. Ich verstand die alten Leute zugut, nur, angesichts der Masse an zugestecktem Brotbelag machte ich mir Sorgen um Tiffanys Gesundheit und Körperfülle. Kaum das wir mit dem Fahrstuhl im Wohnbereich eintrafen, verbreitete sich die Nachricht von unserer Anwesenheit und eine steigenden Anzahl von aufgeregten Bewohnerinnen feierte Tiffany. Wenn an kalten oder schlechten Tagen Mutti und ich in einem der Wintergärten unter dem Dach saßen, mit Blick über die kleine Straße mit den gemütlichen Häusern in ihren Gärten und den Baumkronen des Parks dahinter, dann durfte Tiffany sich frei in den Wohnbereichen bewegen, sie hatte längst die Herzen des Pflegepersonales mit ihrem artistischen Können erobert. Sie kontrollierte die Aufenthaltsräume, andere Sitzecken und wackelte in offene Zimmer. Meist gefolgt von dem Pulk ihrer Fan-Gemeinde in Rollstühlen und an Rollatoren, welche nicht verpassen wollte, was Tiffany anstellt. Es war sehr berührend. Fuhren wir fort, winkten uns viele Bewohner an den Fenstern hinterher. Meine Mutti war nie darunter. Unser letzter Spaziergang zu dritt führte in den in voller Blüte stehenden, prächtigen, farbenfrohen Rhododendronhain und wir saßen, wie meist, schweigend in der warmen Sonne. Wenige Tage später verließ meine Mutter diese Welt.

Eine Woche später platzte der Traum SolaMar Zingst und damit die "Dschungelfarm". Nicht ganz unerwartet, denn erhebliche Schwierigkeiten signalisierten schon länger schlechte Vorzeichen. Firmen erhielten keine Gelder, die Hoteltrakte lagen als halbfertige Bauruinen brach, die Bautätigkeit stoppte seit Wochen. Jetzt waren Investor und Fördergelder fort und der im Sommer einsteigende neue Investor wollte ein anderes Betreiberkonzept, in welchem ein Reptilien-Zoo keinen Platz fand. Die Leuchtwerbung Dschungel-Farm wurde demontiert, die Halle ein Indoor-Spielplatz. Nach diesem nun vierten Reinfall mit einem Investor hatte ich endgültig genug von einer Zusammenarbeit mit derlei menschlichen Daseinsformen, nahm an Fortbildung und Kursen teil, entwickelte Konzept und Businessplan für einen eigenen Reptilien-Zoo, führte Gespräche mit Stadtverwaltungen und Banken, suchte nach geeigneten Grundstücken oder Objekten - stets mit Tiffany an meiner Seite. So rückte der Winter näher und die Erkenntnis dass meine kleine Prinzessin jetzt wirklich alt wurde, denn ab Herbst stellte sie das Baden in der Ostsee ein. Zuerst ließ sie sich nicht mehr von den Wellen überspülen, stakste aber weiter bauchtief im Wasser herum. Dann lief sie nur in den anlaufenden Wellen und schließlich wich sie diesen aus. Langsam aber beständig war die Entwicklung. Ich lockte sie mit Steinchen-Werfen aus der Reserve und sie flitzte auch hinterher, aber dem Wasser wich sie aus. Das war ok, sie wusste was ihr gut tat und wir spielten eben am Ufer und wanderten weit am Meer entlang. Im Auto lagen keine Badetücher mehr, Tiffany ging niemals mehr ins Meer.

Dafür erwarben wir eine Neuigkeit für sie. Ich registrierte mehrfach wie die Kleine fror, wenn wir in das kalte Auto stiegen und bis es darin warm wurde. Ein Hundemäntelchen musste her, was auch Sinn machte, denn aus dem warmen Caravan in die Kälte hinaus ist für ein älteres Hündchen eine Umstellung. Solange sie sich warm hielt mit der Katzenjagd und Wiesen- und Hofkontrolle war das Mäntelchen entbehrlich. Aber sie wurde ruhiger und bei längerem, langsamen wandern oder bei hohem Schnee lernte sie die Annehmlichkeit des kuscheligen Kleidungsstückchens schätzen. Von Beginn an bereitete es keine Schwierigkeiten es ihr anzuziehen, zu sehr vertraute sie mir. Das Mäntelchen war praktisch, der Webpelz ließ sich leicht entfernen und die Außenschicht als Regenmäntelchen verwenden. Im Frühjahr und Herbst trug ich es bei mir, um es Tiffany bei starkem Regen anzuziehen. So wurden nur Köpfchen und Pinsel nass, Rücken und Bauch blieben herrlich trocken. Gut für ein alterndes Hündchen! Bereits ab Spätherbst legten wir bei den langen Waldspaziergängen eine Pause ein, weil Tiffanys

Beinchen nicht mehr konnten. Als ich sie dann gar eine ganze Strecke tragen musste, suchten wir die Tierärztin auf. Sie verordnete prophylaktisch ein durchblutungsförderndes Präparat und eine Nahrungsergänzung gegen Gelenkprobleme und zur Bildung von Gelenkschmiere. Beide Mittel erhielt die Kleine jahrelang täglich bis wenige Tage vor ihrem Fortgang. Das Präparat aus Grünlippmuschel und Haifischknorpel bewährte sich hervorragend, bereits wenige Wochen später waren keine Pausen mehr nötig und Tiffany lief wie eh und je täglich viele Kilometer mit mir. Allerdings unterband ich ihren morgendlichen Lauf. Ich joggte über Wiesen und durch den Wald. Als ich mich vor Jahren erstmals dafür vorbereitete, hetzte Tiffany gerade wieder einmal Katzen in ihre Löcher. Ich war naiv und plante schnell eine kurze Runde zu laufen, ohne das es Tiffany überhaupt bemerken würde. Denkste! Als ich den Sandweg zwischen den Weiden bereits gute zweihundert Meter gelaufen war und auf den Hauptweg einbog, sah ich Tiffany als weißen Klecks weit neben unseren Wagen auf der Pferdekoppel stehen, von dort hatte sie eine freie Sicht auf eben jenen Hauptweg. Sie entdeckte mich und folgte in Riesensätzen, schnitt über die Koppeln den Weg ab und war schnell bei mir. Ihre Freude über dieses neue Spiel war riesig! Sie hüpfte wild herum und war glücklich mich gefangen zu haben! Ich lief weiter, kürzte aber die geplante Strecke wegen Tiffany - und mehr noch meiner grausigen Kondition - erheblich. Bis zurück zum Caravan rannte die Zwergin neben mir, blickte mich dabei schelmisch an und hoppelte Zusatzkreise. Zuhause wetzte sie umgehend den Katzen hinterher, während ich verzweifelt nach Luft rang. Dieser Winzling war mir haushoch überlegen! Dennoch dachte ich, sie würde nicht viel Freude an dem Dauerlauf haben. Weit gefehlt. Jeden Morgen begleitete sie mich auf meinen immer länger werdenden Läufen. Tiffany war clever, sie kürzte die Wege ab, wie früher im spanischen Safaripark, sie kannte sich doch im Forst perfekt aus und fand nebenbei Zeit zum Schnüffeln oder um diesen und jenen Maulwurfshügel zu verwüsten. Es bereitete Freude, in ihrer Begleitung zu joggen. Mit den entstandenen Gelenkproblemen erlaubte ich das schließlich nicht mehr. Ich ließ sie im Wohnwagen zurück, sonst wäre sie mir trotzdem gefolgt, dessen war ich sicher.

Als mit den letzten Stunden am Silvesterabend sich das Jahr verabschiedete und diese fast ehrfürchtige Stille vor dem mitternächtlichen Sturm über dem Land lag, drehten Tiffany und ich die allabendliche Runde zwischen Wiese, Kuhweiden, dem Gehöft mit der Praxis und der Katzenscheune. Zum Jahreswechsel funkelte über unserer Abgeschiedenheit ein traumhafter Sternenhimmel und erinnerte an notwendige Demut zu jener großartigen Natur. Das Universum mit seinen Mysterien und unbegreiflichen Dimensionen zeigt die Grenzen des eigenen Dasein und dessen Bedeutungslosigkeit im gigantischen Ganzen. Sternenstaub. (Angesichts der Unbegreiflichkeit grüble ich oft, ist das Realität oder wird sie in unseren Gehirnen geschaffen, verkoppelt mit Empfindungen, Gedanken und Sinne…) Es waren unbeschreiblich schöne Momente. Die Ruhe, die Natur und Tiffany an der Seite. Die *sweet lovely princess* folgte mir, aber kaum meinen Träumereien, sie beschäftigte sich mit irdischen Gegebenheiten vor der Fellnase. Auch im direkten Umfeld waren genug Fährten zu lesen und entsprechend der von ihr festgelegten Wichtigkeitsstufe nur zu registrieren oder ein Stückchen zu verfolgen. Das Rotwild-Rudel stand regelmäßig gleich hinter der Pferdekoppel, tagsüber trauten sich die Rehe dorthin. Fasane hasteten über die Wiesen von einem Feldgehölz zum nächsten. Füchse und Marderhunde waren dreister und stahlen uns und den Riesenschlangen regelmäßig Hühner, brachen gar in die Nachtunterkünfte am Tierwagen ein, frech die Anwesenheit eines Terriers im Wohnwagen zwei Meter daneben missachtend. Auf dem angrenzenden Acker lebten zahlreiche Hasen, in der Böschung zum Bach hatte ein Dachs seinen Bau und die Wiese davor, sowie der rückwärtige Mischwald mit seinen masttragenden Bäumen und dem dichten Unterholz, war ideales Revier einer Rotte Wildschweine. Also, über die Gepflogenheiten all dieser Nachbarn musste Tiffany selbstverständlich informiert sein! Während sie es nachts bezüglich der Wildtiere nur bei der Feststellung der Besuche beließ, war sie dem Katzenvolk gegenüber nicht so gnädig, die wurden sofort, wenn nicht bis in die Scheune oder Bäume, so wenigstens aus dem Gesichtsfeld getrieben. Ab und an stieg über Hirschburg eine Rakete zischend in den Himmel und zerbarst mit einem Knall in buntem Feuerregen. Auch am Horizont flammten einzelne Farbspiele auf. Tiffany beachtete es nicht und drehte mit mir ungerührt ihre Runde. Als ich um Mitternacht auf die Wiese ging, um dem Feuerwerk zu zusehen, als die Farben und sprühenden Fontänen den Glanz der Sterne überstrahlten und Zischen und Explosionen die Stille zerrissen, blieb meine Kleine weiter entspannt und lief gar zum Haus, weil sie Katzen sichtete und sie sich in der Pflicht sah für eine Auflösung der Versammlung zu sorgen. Das weit entfernte Leuchten am Himmel hatte sie nie gestört oder geängstigt, die Knall-Lawine schon und stets flüchtete sie davor in den Caravan. Diesen Silvester nicht. Und mir wurde klar, das Tiffany nicht gelassener wurde, sondern den Lärm nicht mehr hörte.

Der Winter ging ohne das Hündchen mit Schnee erfreut zu haben, dafür sprang sie im Frühjahr wild auf den vom leuchtenden Gelb der blühenden Butterblumen übersäten Wiesen herum, stöberte Hasen auf und schachtete in frischen Maulwurfshügeln. Ich musste laut nach ihr rufen und verband mit den Kommandos deutliche Gesten. Tiffany war klug und passte sich fließend an. Wenn die Ohren auch nicht mehr konnten wie früher, die Sehkraft war unverändert und sie drehte sich jetzt häufiger zu mir um und regierte auf die neuen Signale. Wie gewohnt machte sie es mir leicht. Aus Rücksicht auf ihre angeschlagenen Gelenke schränkte ich das Abrufen der Kunststückchen ein. *Tanzen*, *Jump* und *Rolle* gab es nicht mehr und ich forderte nie mehr das Stehen auf den Hinterbeinchen, mit den Hüftgelenken gab es die meisten Probleme. Doch Tiffany führte es von alleine aus, vor allem in der Vorfreude auf bevorstehende Mahlzeiten oder bei der Beobachtung der Zubereitungen - ich stoppte sie jedes Mal. Zunehmend bereitete ihr es Schwierigkeiten auf die geliebte Sitzecke zu springen und auch über den Tritt in den Wohnwagen kletterte sie mühevoll oder stieg vorsichtig hinaus. So ging das nicht weiter und um ihr die wertvolle Selbstständigkeit zu erhalten, baute ich eine palettengroße Plattform auf Fußbodenniveau des Caravans. Für mich blieb der Tritt, Tiffany erhielt eine lange Schräge als Zugang. Für innen bastelte ich eine mobile, schmale

Schräge mit seitlichen Begrenzungen, welche ich in Sekunden dem Bedürfnis der Kleinen entsprechend an jeder Stelle positionieren oder entfernen konnte, um den begrenzten Raum im Caravan nicht unnötig zu blockieren. Tiffany erkannte den Sinn meiner Konstruktion sofort und tippelte geschickt auf Sitzecke und Bett oder hinunter und sie musste nicht mehr für Hilfe beim Hoch- oder Herunterheben auf sich aufmerksam machen. Die Plattform vorm Caravan-Eingang erwies sich zudem als idealer Aussichtsplatz. Natürlich half ich der Kleinen gerne, aber ich bin mir sicher dass ihr diese einfachen Hilfsmittel die Freiheit gaben, welche sie so schätze. Die Spaziergänge wurden ebenfalls ruhiger, Tiffany streifte nicht mehr in das Unterholz, sie blieb auf den ausgetretenen Pfaden. Unsere Wege verkürzten sich nicht, aber wir gingen langsamer. Unverändert blieben die ausgelassenen Spiele mit Ball, Ring, Raupe und Stöckchen. Da drehte die Kleine mit ihren nun vierzehn Jahren auf wie ein junges Hündchen! Sie flitzte hin und her, robbte vor Übermut, zerrte voller Hingabe mit mir um die Wette und fing unverändert geschickt Quietschball und kleine Muscheln. Sie hatte so viel Lebensfreude und steckte mich damit an. Aber ich begann mir Sorgen zu machen und Gedanken, wie es weitergeht und was ich ohne sie wäre.

Im Frühsommer fuhren wir für eine Woche zu T. & D. auf ihre Ranch im Busch. Ich wollte Tiffany unbedingt gründlich von der Tierärztin in Pulheim durchchecken lassen und noch einmal einen Ort besuchen, an welchem sie eine glückliche Zeit verbracht hatte. Ich war gespannt auf Tiffanys Verhalten, ob sie sich erinnern und alles wieder erkennen würde! Als unser Auto langsamer fuhr und in die 30er Zone einbog, krabbelte sie von meinem Schoß auf und sah aus dem Fenster. Bisher hatte sie den langen Weg auf der Autobahn erfolgreich tief geschlafen, jetzt, als ahne sie die Ankunft, saß sie hellwach. Wir erreichten die Ranch und fuhren auf das Gelände. Tiffany fiepte und stand mit den Vorderbeinchen auf der Armlehne um besser sehen zu können. Als ich stoppte, den Motor abstellte, sie aus dem Auto hob und auf den Weg setzte war es klar: Tiffany drehte sich orientierend um, lief T. und D. begrüßen und verschwand in Richtung unseres alten Stellplatzes! Dort hatte sich Einiges verändert. Sieben Jahre waren ins Land gegangen, Gebüsch und hohes Gras hatten die Fläche wo unsere Wagen standen als wir aus Spanien kamen, überwachsen und die Schimpansen mit ihre Familie gab es auch längst nicht mehr. Doch Tiffany wusste genau wo sie sich befand und lief hektisch auf dem Gelände herum, inspizierte alles, oberflächlich vorerst, um möglichst viel zu erfassen und ja nichts bei uns Dreien zu versäumen, schließlich saßen wir beim Essen zusammen! Für die gründliche Überprüfung der Ranch blieb in den folgenden Tagen Zeit und die Kleine nutze es. Zwischendurch hatten wir unsere Tierarztbesuche. Als wir vor der Praxis parkten, dachte ich an den alten Westie, welchen Tiffany auf seinem letzten Weg damals so freundlich verabschiedete. Zu meiner großen Freude verliefen alle Untersuchungen positiv und auch das große Blutbild zeigte nur gute Werte. Tiffany, die kleine Hündin mit der starken Kondition! Ihre Schwierigkeiten beim Springen und Klettern waren normale Begleiterscheinung des Alters, das Röntgenbild zeigte deutliche Abnutzungen an den Hüftgelenken. Doch ihre gut entwickelten Muskeln, aufgebaut bei vielen Wanderungen, stützten nun und halfen die Bewegungsprobleme zu mindern. Heilende Medikamente dafür gab es nicht, nur dauerhafte Schmerzmittel konnten das Gehen erleichtern, doch soweit war es zum Glück nicht. Das Mittel mit den Grünlippmuscheln bewährte sich hervorragend! Wir sollten nur schonender wandern, keine anstrengenden Touren und so wie Tiffany es vorgeben würde, nach ihrem Tempo und ihrer Ausdauer. Für einmal schlechtere Tage erhielten wir ein schmerzlinderndes Medikament in geringster Dosis verschrieben. So blieben wir noch lange Jahre mobil.

Wie damals, als wir hier im Stommeler Busch den neue Tierwagen ausgebauten, zog es uns zum nahen Wald. Der Parkplatz war unverändert und wir trafen gleich einige Hunde, doch auch da hatte sich rein gar nichts geändert, die waren ebenso desinteressiert an Tiffany wie ihre Vorgänger. Entweder lag es nun am ruhigeren Wesen des älteren Hundemädchens, welches allerdings ihre Freude über die Sichtung mit eifrigem Wedeln zeigte, oder die neue Generation Stadthunde waren eingebildete Rassisten. Die kleine Alte ignorierten sie eiskalt und darüber sackte ihr Pinselchen auf halbe Höhe und sie blickte nur erstaunt hinterher. Dann jedoch zeigte sie mir den Wald. Ihren alten Wald! Sie lief vor und fand ohne Mühe den Weg, welchen sie früher am liebsten einschlug! Tiffany führte mich über Weggabelungen, Nebenwege und Trampelpfade über eine Stunde auf unserer alten Strecke und zielsicher wieder zum Parkplatz. Auch an den folgenden Tagen, wo ich andere Wege in den Wald vorgab, kannte sie sich aus. Hier und dort zögerte sie ein wenig, aber sie verirrte sich nicht. Wie tief hatten sich die Spaziergänge ins Gedächtnis eingegraben, das sie sieben Jahren später übergangslos und ohne meine Hilfe an damals anknüpfte, so als wären wir mal kurz nicht hier gewesen? Die Tage vergingen schnell, bald nahmen wir Abschied und ich hoffte auf ein Wiedersehen.

Zurück auf heimatlicher Wiese trat im Herbst eine große Veränderung ins Leben. Was da zuerst positiv unsere Welt aus den Angeln hob und Altgewohntes kräftig durcheinander wirbelte, endet Jahre später im Chaos und läutete das Ende einer Ära ein.

Labyrinthe

Richtungswechsel - Aliens - Tribut gelebter Jahre - Special-Guest Henne Aimee - Kopfgewitter & Verwirrungen - Eiswinter - Alligator´s World

Tiffany und ich lebten nicht mehr allein, ein weiblicher Zweibeiner war eingezogen. Wenn jetzt auch unsere Wildwechsel abrupt an neuen Pfaden endeten, ich bemühte mich Tiffanys Gewohnheiten beizubehalten. Auf gar keinen Fall sollte sie das Gefühl haben nicht mehr wie früher geliebt zu werden. Ihre Stammplätze blieben, wir Zweibeiner schränkten uns dafür ein und auch der Schlafplatz im Bett gehörte ihr weiter. Dabei staunte ich, das Tiffany meine Partnerin dort, im großen „Körbchen", duldete. Lag es an ihrem Alter, vielleicht an Sympathie, das sie nicht protestierte? Von früher, da kannte ich sie ganz anders, da reagierte sie oft heftig, knurrte und murrte vor sich hin, wenn wir das Lager mit einer Fremden teilten. Mitgebrachte Leckereien besänftigten solange sie mit dem Fressen beschäftigt war und auf Streicheln von der ausgemachten Feindin lege sie gleich überhaupt keinen Wert. Im Gegensatz zum Menschen blieb dieses kleine Hündchen unbestechlich.

Hier mit M. war aber alles gut... Wir sollten uns beide irren.

Der übliche Tagesablauf änderte sich nicht, wir spielten auf der Wiese und machten Spaziergänge im Wald und am Meer, nur das wir eben öfter zu Dritt unterwegs waren. Um die kleine Princess aber allmählich an eine weit größere Veränderung zu gewöhnen, holte meine Lebensgefährtin regelmäßig ihr zwei Hunde zu den Ausflügen. Bella, einige Jahre älter und deren Tochter Feline, drei Jahre jünger als Tiffany, waren nicht sozialisiert und ausgiebige Spaziergänge für sie unbekannte Ereignisse. Beim ersten Treffen warteten wir am Waldrand auf das zehnbeinige Trio. Meine kleine Waldläuferin stand ratlos neben mir, sah mich fragend an und wurde ungeduldig, sie wollte endlich in den Forst! Dann kam Jonas, der Neufundländer, mit seinen Zweibeinern von zuhause angelaufen. Ach, auf den warteten wir! Toll. Tiffany freute sich und genoss Begrüßung und Aufmerksamkeit des großen Freundes. Wie immer lief sie ihm nur andeutungsweise entgegen und machte auf Diva. Jonas war daran gewöhnt, er begrüßte sie und mich bellend und schwanzwedelnd. Kurz darauf stoppte ein Auto nahe bei uns. Das ungleiche Hundepaar stand nebeneinander und beobachtete es genau, die Erfahrungen sagten beiden: da ist bestimmt ein Artgenosse zum Spaziergang angekommen. Tiffany, ganz erfreut als dort gleich zwei mittelgroße, spillrige Mischlingshunde aus M.´s Auto sprangen, wurde prompt enttäuscht, denn die taten als gäbe es sie überhaupt nicht. Unglaublich das! Dabei war weder sie im weißen Fellchen, noch der pechschwarze, riesengroße Jonas an ihrer Seite zu übersehen! Sie blickte ratlos zu Jonas hoch und der zu ihr ebenso hinunter. Ist ja ein Benehmen wie bei den Kölner Stadtschnöseln, nur das die da vom Dorf kommen und weit geringeren Anlass haben sich eingebildet zu geben. Die glaubten doch bisher ihr Grundstück und höchstens, wenn sie durch die Astlöcher im Holzzaun schielten, die Straße davor sei die ganze existierende Welt! Jetzt durften sie in einem Auto fahren und waren wie in einem Raumschiff auf einem unbekannten Planeten gelandet. Eventuell hatten sie ja nie zuvor einen kleinen weißen und einen großen schwarzen Hund gesehen und hielten beide für Alien, für unheimliche Wesen aus einer fremden Welt? Feline rannte bellend geradewegs auf den Waldweg zu und wies jeden Kontaktversuch von Jonas mit unwirschem Schnappen ab. Tiffany hoppelte ein Weilchen nebenher und sah dabei zu, dann drehte sie ab, das Verhalten war ihr gar zu blöd, und sie versuchte ihr Glück bei der alten Bella. Die trippelte verwirrt mit Nase am Boden und krummen Rücken in einem großen Kreis wie ein Zirkus-Pferd in der Manege, verzog bei jedem Annäherungsversuch von Tiffany und Jonas ihr Gesichtchen zu einer Teufelsfratze und biss um sich. Der Waldspaziergang gestaltete sich zu einem außergewöhnlichen Erlebnis. Bella verlor ständig den Anschluss und musste, garstig geifernd, herbeigetragen werden. Schließlich drehte sie um und trippelte eilig, wie vorher im Kreis, nun den Weg zurück. Oder dahin, wo sie das Zurück vermutete. Ausflug zu Ende. Feline raste während dessen unkontrollierbar durchs Unterholz oder verbellte und verschreckte jeden Spaziergänger. Wochen später gaben wir bei Bella auf. Sie war zu alt, nicht mehr offen für Spaziergänge und sie blieb vorerst bei den Eltern meiner Freundin. Feline gewöhnte sich an die Ausflüge, nicht aber an Tiffany, welche sie weiter schlicht ignorierte.

Der Winter brachte ein Wechselspiel aus Schnee mit Kälte in den Nächten und Tauwetter am Tage. Wege und Straßen versteckten sich unter dicker Eispanzerung, die Wiesen überzog eine unter den Füßen knackende Eisglasur und harter Schnee. Wir nutzten fast ausschließlich die immer besser ausgetretenen eigene Fußspuren und zogen private Wechsel durch das Umland des Einsiedlerhofes. Bei längeren Wegen, Minusgraden und den kalten Nordwinden zog ich Tiffany regelmäßig ihr Wintermäntelchen an. Sie marschierte langsamer durch die Winterwelt und der häufige, eisige Sturm, welcher mit Kraft die Kälte Sibiriens brachte und ungebremst über die Hirschburger Kuhweiden fegte, kühlte den kleinen alternden Körper schnell aus. Da bewährte sich der kuschelige Pelz mit der windundurchlässigen Oberschicht und Tiffany war schön warm wenn wir, wieder im Caravan, das Mäntelchen auszogen.

Mitte Januar setzte richtiges Tauwetter ein und schmolz auch das härteste Eis fort. Es schneite nicht mehr in jenem Winter, dafür gab es oft unangenehmen Schneeregen. An ebenso einem Tag hatten die Eltern meiner Lebensgefährtin morgens vor dem Dienst

Bella auf das Grundstück geschickt, weil sie wieder einmal in den Heizraum gepullert hatte. In das große, bodengefliese Wohnhaus, wo sie fast achtzehn Jahre gelebt hatte, durfte sie mit ihrer altersschwachen Blase schon eine Weile nicht mehr hinein. Als M. abends von der Arbeit kam und vorbeifuhr um die Hunde zu versorgen, fiel dann auf das Bella vergessen worden war und irgendwo im weitläufigen Garten sein musste. Es dauerte sehr lange bis sie in der Dunkelheit Bella zusammengerollt, nass und fast erfroren, unter einem Gebüsch fand. Das Haus blieb ihr dennoch verwehrt und als ich das am Telefon erfuhr, zog Bella bei uns ein. Sie erhielt ihr Körbchen unter dem Tisch in der Ecke, an einer Austrittsöffnung der Umluftheizung. Sitzecke und Bett waren Privilegien von Prinzessin Tiffany. Leider war das Zusammenleben mit Bella nicht einfach. Sie machte Fratzengesicht mit geblecktem Maul und knurrte Tiffany in ihrer Sitzecke an. Die protestierte, knurrte, bellte wütend und nieste ständig dabei, weil Bellas Atem sie erreichte. Bella hatte an den wenigen braunen Zähnen übelsten Zahnstein und verbreitete keine Atemfrische. Falsche Ernährung und keinerlei Zahnpflege ihr lebenslang. Was konnte sie dafür? Um die zeternden Alten zu beruhigen, klemmte ich ein Polster als Sichtschutz unter den Tisch und das bewährte sich. Ärger entstand auch beim Futter. Bella war fast blind, aber verfressen und bezog die Rufe zu Mahlzeiten grundsätzlich auf sich, egal ob sie dann eben mal Tiffany hieß. Und schon war Zoff vorprogrammiert. Ich hatte der klapprig wirkenden Bella nicht dieses Tempo zugetraut und deshalb gab es zweimal eine kurze, aber wilde Schlägerei im Caravan zwischen Tiffany und Bella. Ich erhielt von Bella meinen Teil, als ich eingriff. Also kam demnächst Bella zum Pullern auf die Wiese, während Tiffany ruhig ihre Mahlzeit verputzte. Wenn es regnete setzte das bewährte Polster an neuer Position eine Sichtgrenze. Nur gewusst wie! Wurde Bella ihr Futter gereicht, war Tiffany nicht interessiert. Sie hatte das Bäuchlein gefüllt und Bella erhielt Spezialfutter für die nicht mehr gut arbeitenden Nieren, das roch der *lovely Princess* nicht lecker genug. Natürlich pullerte Bella auch hin und wieder in den Wohnwagen, doch wir konnten das beeinflussen: nachts erhielt sie dicke Einlagen ins Körbchen und sonst konnte sie sooft sie wollte auf die Wiese. Hier trippelte sie stur im Kreis, lief nie weiter, und dort wo man sie hinsetzte, wartete man entsprechende Runden um sie wieder hoch zu heben. Wenn sie derart in sich versunken mit hängendem Kopf ihre Runden drehte, sagten wir *Bella sucht die verloren gegangene Zeit.*

Ich war mit den Plänen eines Reptilien-Zoo nicht über die Konzeption hinaus gekommen. "Berater-" und "Wir machen den Weg frei"-Banken taten sich, trotz Bürgschaften, schwer mit der Zusage für erforderliche Kredite und bewiesen damit einmal mehr die Leere ihrer Behauptungen auf bunten Hochglanz-Bildern. Um voran zu kommen, planten wir für die Sommermonate eine Saisonausstellung. Ein geeignetes Grundstück, auch als späterer Standort der festen Einrichtung, fanden wir schnell und konnten es von der zuständigen Stadt kurzfristig anmieten.

Häufig hatte ich mit einer Unternehmensberatung in Rostock zu tun. Natürlich begleitete Tiffany mich und war gern gesehener Gast. Eines Tages stand in Sichtweite des Parkplatzes ein Zirkus. Wie üblich half ich zuerst der Kleinen aus dem Auto, nahm dann

Notwendiges heraus und verschloss den Wagen. Ich vermutete Tiffany gleich neben dem Fußweg auf dem Rasen. Da war sie auch, als ich sie anleinen wollte, nur nicht mehr nahe am Auto. Sie hoppelte viele Meter entfernt über die Wiese in Richtung Zirkus. Mein Rufen blieb erfolglos, ihr Gehör war weit schlechter geworden. Ich mochte nicht laut schreien und lief dem Terrier hinterher. Abenteuerin Tiffany drehte sich nicht einmal nach mir um, sie war sich absolut sicher wohin wir wollten. Nicht in dieses hässliche Gebäude mit dem Fahrstuhl, sondern natürlich in den Zirkus! Als ich sie einholte und ihr wie bravem Stadthündchen Halsband und Leine anlegte, gebärdete die Kleine sich so nervös, das ich sie ständig ermahnen musste still zu stehen. Dann zuckelte sie mit mir umgehend weiter zum bunten Zirkusplatz. An dessen Zaun angekommen, steckte sie das Köpfchen zwischen den Latten hindurch und sog tief die wohlbekannten Gerüche ein. Ich konnte ihr nicht den Wunsch verwehren und umwanderte das Gelände. Ach, wie gerne wäre Tiffany da hineingegangen! Sie winselte und fiepte und ihre Sehnsucht war offensichtlich. Vier Jahre lag unser letzter Kontakt mit einem Zirkus zurück und sie war gefangen von dieser Welt! Wonach sehnte sie sich? Nach der Gemeinschaft mit anderen Hunden, dem Reisen, den Abenteuern, dem völlig anderen Leben? Hatte ihre Welpenzeit sie so geprägt? Was konnte ich ihr jetzt nicht geben, was vermisste sie? Es schien, als ob sie mit der Welt außerhalb des Zaunes ebenso wenig zu Recht kam, wie ich. Tiffany konnte sich nicht von dem Anblick des fremden Zirkus lösen, da half keine Aufforderung und kein Ziehen, ich musste sie forttragen, zurück in unser anderes Leben. Erstmal in die Stadt mit der in Beton gegossenen Tristesse, dann wenigstens auf eine Wiese in der Mecklenburg-Vorpolnischen Pampa am Meer und in unsere kleine Restwelt einer einst aufregenden Zeit.

Im Mai wurde die gemietete Zelthalle errichtet und wir fuhren mit Fahrzeugen und Wohnwagen auf das Gelände des in den "Wendejahren" großzügig überdimensionierten Gewerbegebietes der Stadt Ribnitz. Wenige Kilometer von der Katzenkommune entfernt, unmittelbar an der einzigen Auffahrtsstraße auf die touristisch erschlossene Halbinsel Fischland-Darß-Zingst, wurde hier eine Wiese, von der Straße durch dichtes Feldgehölz getrennt, zu unserem Hauptquartier. Absolut ruhig war es, das Dorf Klockenhagen in Sichtweite und die Beleuchtungen der Wendeschleifen und der im Nichts endenden Straßen brannten nur für uns, denn keine Firma hatte sich in den fünfzehn Jahren angesiedelt. Der Traum von einer florierenden Wirtschaft war wie eine Seifenblase geplatzt.

Tiffany, jetzt bereits fünfzehn, fand sich mit der neuen Situation sofort ab. Sie strolchte auf der Wiese herum und hatte, als Ausgleich für die entfallenden Zwistigkeiten mit der Katzengemeinde, hinreichend mit Maulwürfen und Wühlmäusen zu tun. Bella kreiste derweil wie üblich und legte einen Ringweg ins frische Grün. Als ich mit der Einrichtung der Zelthalle begann und von morgens bis abends an großen Terrarien-Anlagen und den Krokodilgehegen arbeitete, war Tiffany fast ausschließlich bei mir und stand dauernd im Wege wenn ich mit schweren Platten hantierte. Oder öfter gerne hinter mir, so dass ich über sie stolperte. Die Kleine fand Unordnung und Arbeiten höchst interessant und zudem war hinreichend Grün vorhanden, um zu schnuppern oder zu schlafen. Als ich die erhöhten Bodenbretter für die Alligatoren fertig und mit Rasenteppich belegt hatte, erkor Tiffany dies als idealen Aussichtspunkt und Nickerchen-Platz. So war sie stets bei mir. Leider schränkten sich Ausflüge ein, weil ich unter beträchtlichem Zeit- und Gelddruck stand.

Eine geflutete Kiesgrube ganz in der Nähe erwies sich als lohnenswertes Ziel für Spaziergänge und wir besuchten sie wenigstens alle zwei Tage, sonst spielten wir auf dem Gelände und drehten auf den Wiesen und im "Gewerbegebiet" kleine Runden. Jetzt stieß auch Feline endgültig zu uns, sie hatte ihren Aufenthalt im elterlichen Haus meiner Lebensgefährtin ebenfalls mit irgendeinem Frevel verspielt. Tiffany kam mit diesem weiteren Bewohner im Caravan zurecht, ihre uralten Rechte beschränkten sich nicht im Geringsten. Feline schlief auf der gegenüber liegenden Sitzecke und schien Tiffanys Grundrechte nicht zu bezweifeln, es gab niemals Streitereien, beide beachteten einander überhaupt nicht. Dafür prügelten sich Mutter und Tochter regelmäßig umso mehr, das hatten sie ja schon im vorherigen Zuhause praktiziert, und Tiffany schaute interessiert zu bei dem Tumult. Einer seltsamen Gesellschaft musste sie da ihre Gastfreundschaft gewähren! Ich hatte gehofft mit den zwei Hunden würde sie sich anfreunden und ein kleines Rudel bilden, wie früher im Zirkus und das ihr die Gemeinschaft im Alter gut tun würde. Aber das war nicht so. Tiffany hatte aufgegeben, Kontakt zu den verschrobenen Dorfweibern zu suchen. Die eine zog Fratze und stank, die andere schien sie nicht zu sehen. Was soll man dazu sagen? Gut, dann konnte Tiffany auch anders, sie wusste das sie meine Prinzessin war und das absolute Vorrecht besaß. Sie übersah die Zwei jetzt eben auch, wehe nur, die wagten sich in ihre Nähe! Da trennte sie nicht zwischen dreistem zu nahe Vorbeigehen oder versehentlichem Anstolpern. Ihre Toleranzgrenze war ausgereizt, auch sie konnte drohen, mit hochgezogenen Lefzen, zwar ohne solche grimmige Miene und ohne Geruch, aber immerhin! Sie sprang auch herum und schnappte, wie es ihr freundliches Wesen gebot, ins Leere, als Zeichen das sie es ernst meint und das sie kann, wenn sie nur will. Das machte bei Feline Eindruck und selbst Bella stoppte dann ihren Lauf im Kreis. Und so wie Tiffany ihnen beim familiären Prügeln zusah, so beobachteten die zwei fassungslos unser Ball- oder Ringspiel.

Allmählich verstanden selbst Feline und Bella dass es bei uns nicht gestattet war, sich beständig wegen Lappalien zu dreschen und es zog angenehme Ruhe ein. Die drei Hunde gingen ihre eigenen Wege. Oft liefen diese beim Fisch-Imbiss zusammen, welcher sich neben unserer Halle einpachtete. Da roch es für Hundenasen verführerisch, der Verkaufswagen stand nur wenige Terrier-Sätze entfernt vom Caravan, das Verkäuferpaar war freundlich zu ihnen und hatte sogar immer wieder Naschereien. Es dauerte nicht lange und Feline betrachtete den Imbisswagen samt Inhalt ganz selbstverständlich als zu ihrem neuen Revier gehörend. Bei jeder sich bietenden Gelegenheit waren sie und ihre Mutter, die bei den verführerischen Düften tatsächlich das Kreisen vergaß und den Hufschlag verließ, schwupp im Wagen um zu betteln oder, weit einfacher, sich selbst zu bedienen. Feline gab sich da auch mit einer trockenen Semmel zufrieden, die hatte eventuell über Nacht den Fischgeruch angenommen, wer weiß. Tiffany, obwohl Zirkuskind und von ihrem Freund Brian ans Klauen gewöhnt, stieg nie in den Wagen. Warum auch? Das Klettern über die zwei Gitterstiegen fiel ihr schwer, schon Bella brauchte dazu, vor Ungeduld dabei herzerweichend klagend, eine Ewigkeit und die trippelte zwar krumm und war langsam, hatte jedoch dafür keine Hüftprobleme. Und das stumme Angaffen der Hände, ob da wohl was herausfällt, war ihr zu blöd. Wieso dem Zufall nicht auf die Sprünge helfen? War sie nicht Artistin? Tiffany machte vor dem Wagen, an der Verkaufsseite, lässig ruhig ihre Kunststücke und errang damit die meiste Begeisterung. Als dann regelmäßig Gäste an den Tischen saßen, lungerte das Hundetrio nur dort herum. M. sah dabei weniger Probleme, ich hingegen verbot Tiffany dies, ich wollte keine unkontrollierten Fütterungen. Im Laufe der Wochen erkannten wir die hygienischen Probleme im Wagen und nun durften selbst Feline und Bella nicht mehr hin. Sollte der Fisch man lieber für die Touris bleiben! Diese beklagten erwartungsgemäß des Öfteren Magenprobleme und sich danach bei der Lebensmittelkontrolle und die schloss nach einigen Verwarnungen vor Sommerende den leckeren Fischimbiss.

Während der Öffnungszeiten meiner Ausstellung blieb Tiffany vorrangig bei mir. Aber auch die Hunde zu dritt im Caravan stellten sich als unproblematisch heraus, jede hatte ihre private Nische und es herrschte friedliche Gleichgültigkeit. Bei vielen Besuchern in der Zelthalle oder während der Führungen war Tiffany besser im Caravan aufgehoben. Zuviel Trubel mochte sie überhaupt nicht mehr.

An einem Morgen, während Tiffany die Halle kontrollierte und ich gerade mit frischen Ästen die begehbaren Schlangenterrarien neu gestaltete, betraten erste Besucher "Alligator´s World". Die Familie zeigte sich sehr an Reptilien interessiert, ließ sich viel Zeit und stellte Fragen über Fragen. Tiffany, neugierig geworden, begleitete uns und wurde wieder einmal der Liebling. Erwachsene und Kinder waren hingerissen von der Kleinen. Nach einer Weile überließ ich die Besucher sich selbst und setzte die Arbeiten in den Terrarien fort. Irgendwann rief mir die Familie Abschiedsworte zu und verließ die Ausstellung. Ich beendete meine Tätigkeit bei den Netzpythons, schloss die Tür und sah nach Tiffany, aber die war nicht zu finden! Die Zelthalle konnte ich, trotz der vielen Pflanzendekoration, schnell überblicken. Hier war Tiffany nicht. Womöglich hatte sie mit der Familie die Ausstellung verlassen und beschäftigte sich auf der Grünanlage vor der Halle. Aber nein, da war sie auch nicht. Einmal herum zum Fischimbiss, welcher bereits geschlossen seit Tagen zum Abtransport bereitstand. Nichts! Also zum Caravan und Tierwagen nebenan. Wieder nichts. Ich umrundete im Eiltempo mehrfach die Zelthalle, wir spielten hier regelmäßig Verstecken und Fangen. Ich ging auf die Knie und blickte unter unsere Fahrzeuge. Keine Spur von der Kleinen. Wieder in die Ausstellung und gründlicher nachsehen, obgleich ich sie kaum übersehen haben konnte! Nein, hier war sie nicht! Jetzt schloss ich den Eingang ab und suchte draußen. Nur hier konnte die Vermisste sein. Ich schrie laut ihren Namen, weil sie ja inzwischen schlecht hörte, naja und aus Angst. Wie blöde und unpassend, doch Erinnerungen an Spanien kamen und das Gewitter am Meer, als sie unter das Auto geflohen war und ich sie ebenso verzweifelt suchte. Ich rannte durch das Feldgehölz zwischen der Straße und unserem Gelände. Wechsel durchzogen das Gestrüpp und Tiffany strolchte hier gerne herum, weil es Unterschlupf und Passage von Rehen und Füchsen war. Zur Straße trennte ein breiter Wassergraben. Ich lief weit hoch und zurück, sah über die weiten Wiesen - ein weißes Fellchen musste doch auffallen! Doch ich fand sie nicht, gleich wie oft ich unter die Wagen sah und um den Platz lief. Das war überhaupt nicht typisch für Tiffany und mir kam der Gedanke, dass die Familie sie mitgenommen haben könnte! Die waren doch so vernarrt in sie gewesen! Ich rannte erneut in die Ausstellung und versuchte mir den Ablauf, als die Familie ging, ins Gedächtnis zurück zu rufen und da schoss mir ein Gedanke in den Kopf: ich war in der Netzpython-Anlage gewesen, der größten Schlangen-Anlage und in diese führte eine seitliche Tür, welche auch den halben Meter Hohlraum unter der Anlage, als Isolation, verschloss. Bei geöffneter Tür konnte man also unter die Anlage gelangen und Tiffany fand diesen Bunker faszinierend! Mit nassen Augen und zitternd sprang ich zu den Netzpythons und öffnete die Tür. Da stand sie, meine *lovely Princess* und freute sich, das der Alte sie endlich aus dem Verließ befreite. Unbemerkt war Tiffany während meiner Arbeit in der Anlage unter diese gestiefelt und ich schloss beim Verlassen selbstverständlich die Tür. Damit sperrte ich Tiffany ein und suchte fast eine Stunde lang nach ihr, verdächtigte gar fremde Leute des Hundeklaus, während die Kleine still und brav im dunklen Verlies stand und auf Erlösung wartete! Sie kratzte nicht, bellte nicht, sie wartete artig! Tiffany, wie sie eben war. So etwas wäre Feline nicht passiert, die hätte gehörig lamentiert! Ich war glücklich, Tiffany in den Armen zu halten und kam erst zu mir, als Besucher an die verschlossene Tür klopften. Wir waren ein seltsames Duo.

Die langen Öffnungszeiten von "Alligator´s World" beschränkten die Freizeit, so dass wir fast täglich an die geflutete Kiesgrube, von der Stadt Ribnitz hoffnungsvoll-werbewirksam, doch grundlos, "Bernsteinsee" benannt, fuhren. Der drei Kilometer lange Trampelpfad entlang des Ufers führte durch Wiesen und dichtes Gehölz und bildete mit natürlich gewachsener Wildnis und abwechslungsreichen Uferbereichen eine schöne Wanderstrecke. Feline rannte stets weit voraus, Tiffany blieb in meiner Nähe oder trödelte hinterher. Ein Stück Seeufer mit breitem Sandstrand besuchten oft andere Hundehalter, damit gab es dort regelmäßig Vierbeiner-Treffen. Für Tiffany ein Highlight, auch wenn sie nur noch andeutungsweise spielte, sie genoss die Kontakte. Anders Feline, die stets mürrisch nonstop kläffte und nur zum Luftholen kurz verstummte. Warf ich Steinchen in das flache Wasser watete Tiffany gerne hinein, jedoch nur bis wenige Zentimeter Tiefe. Gerne nahm sie auch schwimmende Stöckchen auf, aber sie mussten schon in schnappbaren Nähe dümpeln, sie stakste hinterher, streng darauf achtend, die von ihr festgesetzte Maximaltiefe nicht zu überschreiten. Sie wurde wieder zu dem jungen Hündchen, welches sich nicht in das Wasser traute. Und wieder lächelten Leute über die vorsichtige kleine Hündin und hätten angesichts ihrer zögerlichen Bewegungen nie geglaubt, was für eine Wasserratte sie einmal war. Wenn wir manchmal im Sand saßen, nebeneinander, dann wurde Tiffany immer für ein junges Hündchen gehalten, erst wenn sie sich bewegte und langsam herumschritt, erkannte man ihr Alter. Das ging uns so bis zuletzt, ja sogar darüber hinaus.

Der Bernsteinsee wurde zu unserem bevorzugten Ziel, auch in den kommenden zwei Jahren.

An warmen Tagen saß Tiffany zu gerne mit mir vor dem Eingang der Ausstellungshalle in der Sonne. Hier konnte sie die Straße beobachten und haltende Autos, deren Insassen einen kurzen Stopp auf ihrer Fahrt in das Urlaubsgebiet einlegten oder zu uns kamen. Oft gehörten Hunde dazu oder es gingen sogar einige Dorfhunde dort spazieren, das war interessant. Dann lief die frühere Weltenbummlerin bis vor auf den Fußgängerweg um besser sehen und *Hallo* sagen zu können. Trotz der zwei "Untermieter" im Caravan blieb Tiffany hundeeinsam und zeigte sich begierig auf Bekanntschaften. Bella, Feline und Tiffany hatten sich angenähert. Man beschnupperte sich auch inzwischen kurz und selbst die alte Bella murrte und schnappte nicht mehr, doch von einer Freundschaft konnte keine Rede sein. Tiffany liebte weiterhin das Ball- und Ringfangen. Dem kleinen Quietschball wurden Dauertöne abverlangt und mir Geschicklichkeit, um ihn für einen weiteren Wurf zu mausen. Endlich in meinem vorübergehenden Besitz, quietschte ich kräftig damit und Tiffany geriet darüber vor Freude ganz aus dem Häuschen. Den rollenden Ring erwischte sie nicht mehr jedes Mal, manchmal lief sie nebenher und ließ ihn ausrollen. Dann brachte sie ihn zu mir und ich musste daran ziehen, dazu stieß mich Tiffany mit dem Ring herausfordernd an. Das machte ihr richtig Spaß, sie knurrte voller Hingabe und ich ließ sie stets, zu ihrem sichtlichen Stolz, gewinnen. Gerade weil sie nicht mehr so stark zerren konnte wie früher und deutlich ruhiger wurde. Selbst die seit ihren Welpentagen verhasste, nasenzwickende Rattenbande musste keine Lynchaktionen und wütende Beschimpfungen mehr ertragen, sondern wurde still in ihrer Betriebsamkeit beobachtet. Nur wenn bei dem winzigen Gesindel ein Geplänkel entstand, mit Gekreische und Gepolter, dann ließ sich Tiffany zu Knurren und Bellen vor dem Hundekino hinreißen, mit weit aufgerissenen Äugelein.

Die wilde Verfolgung der stets neuen Hühner hatte sie auch eingestellt. Nur wenn sich da mal wieder ein dreister Junghahn, eigentlich eine Kleinkind, zu einem Drohen gegen Tiffany ermuntert fühlte, weil er größer war und deshalb mit geschwellter Brust, langem Hals und flatternden Flügel provozierte, dann schlug sie zurück mit Angriff, Unterwerfung und wirbelnden Federn. Bei aller inneren Ruhe ihres Alters fuhr da der Jagdterrier aus dem weißen Fellchen! Wie man ihr, so sie denen!

Ein Huhn inmitten der Hähnchen aus der Mastfabrik fiel in jenem Jahr aus der Reihe, auch so eine ungewöhnliche Seele in dieser Welt. Bereits wenige Tage nach Ankunft bei uns wurden wir auf sie aufmerksam. Alle anderen weißen Federbälle mit nicht vier Wochen Leben durchstreiften im Pulk fast den gesamten Tag das Gelände und umliegende Wiesen, diese eine Henne hielt sich abseits und dafür gerne in Caravan-Nähe auf. Ihre Flügelgefährten blieben uns und den Hunden gegenüber vorsichtiger, sie aber hatte keine Angst und ließ sich anfassen. Aimee, so nannten wir die anhängliche Henne, ruhte derweil neben der Treppe zum Wohnwagen, hatte erkannt das es hier Leckerbissen gab und das man auf dem Arm getragen die Umgebung viel leichter überblicken konnte. Wenige Tage und Aimee gehörte nicht mehr zur Federhorde, sondern zu uns. Die Hühnertruppe reduzierte sich wie vorgesehen durch die Terrarien-Bewohner, löste sich auf und neue Hühnergenerationen folgten. Aimee, privilegiert durch gesonderten Nachtplatz in der Zelthalle und engsten Kontakt zu uns, beachtete die anderen Hühner nicht. Suchten jene zu ihr Kontakt, reagierte sie mit Hacken. Aimee war sich ihrer Besonderheit bewusst und verwandelte sich durch unser Tun zu einem anderen Wesen, einem Wanderer zwischen unserer und Hühnerwelt. Viele Artgenossen erlebte sie im beständigen Wechsel von Kommen und Gehen. Deren tausende Gleichgeschlüpfte gingen den Weg vom Dasein in gigantischen, stinkenden Hallen ohne Tageslicht, über, in Käfigen zusammen gepfercht, lange Transporte zu den industrialisierten Schlachtfabriken mit Töten, Rupfen und Zerteilen im Sekundentakt und in die Tiefkühltruhen der Supermärkte oder Hähnchengrille. Achtundzwanzig Tage „Dasein" unter menschlicher Gewaltherrschaft, kaum zaghaft befiedert, aber mit Turbofutter hochgepowert auf das Wunschgewicht gleichgültiger Verbraucher. Auch den von mir erworbenen Hühnern war das Ende vorprogrammiert, doch erlebten sie wenigstens einige Zeit frische Luft, Tageslicht und Wiesen und dann einen schnellen Tod, ohne stundenlangen Stress davor. Aimee hingegen war zum Familienmitglied gewachsen, sie kannte keinerlei Hemmungen in den Wohnwagen zu steigen oder die Hundenäpfe zu kontrollieren. Bella mussten wir schließlich extra füttern, Aimee stahl ihr das Futter direkt neben der Hundenase fort, unbeeindruckt vom Gegeifer der Zukurzgekommenen. Ganztägig streifte die Henne über die Wiesen, stand gerne auf dem Rasen vor dem Eingang zur Ausstellung, doch ihr Nickerchen hielt sie auf der Plattform vor der Tür des Caravans oder dicht angerückt an Tiffany auf dem Rasen. Diese war längst viel kleiner als Huhn Aimee, doch genauso weiß - das schien zu verbinden. Früher hätte meine Kleine das nie geduldet, jetzt war es ok. Ein lustiges und anrührendes Bild, wenn Fellchen und Federball angekuschelt schliefen. Beide wurden zum häufigen Fotomotiv der Ausstellungsbesucher, wenn sie so am Eingang in der Sonne ruhten. Aimee hatte sich zu einem prächtigen großen Huhn mit gelben Beinen und rotem Kamm entwickelt, über drei Kilogramm schwer. Sie reagierte perfekt auf ihren Namen, besser als Bella, die nichts mehr und Tiffany, die kaum noch was hören konnte und Feline, die nichts hören wollte. Aimee kam bei ihrem Namen umgehend angewetzt, zur Tempoerhöhung und Balance dabei wild mit den Flügeln schlagend. Leckerbissen standen an, das wusste sie genau. Im Herbst verschwand Aimee plötzlich am Tag und wir suchten und riefen stundenlang umsonst. Und als wir schon dachten ein Marderhund oder Fuchs hätte sie geholt, erschien sie am Morgen darauf wieder, als wäre nichts geschehen. Abends war sie erneut fort, um am Tag darauf ungerührt an der Zelthalle nach Fressbarem zu scharren. Derart narrte sie uns eine Weile, das Rufen blieb unbeachtet und wir fanden ihren Schlupfwinkel einfach nicht. Erst als wir, durch tagelange Nutzung, einen Pfad im hohen Gras nahe des Zelthalleneinganges entdeckten und ihm folgten, fanden wir Aimee in einem Nest auf elf Eiern im Gestrüpp am Wassergraben neben der stark befahrenen Straße. Dann begingen wir den Fehler und ließen sie sitzen, weil wir glaubten die Henne würde schon aufgeben zu brüten. Drei Nächte später weckten uns Hühnerschreie. Aimee! Aimee war in Gefahr! Wir sprangen aus dem Bett, hasteten vor zur Halle und seitlich in die Büsche. Das Gelege war zerstört und verlassen. M. entdeckte Aimee zwanzig Meter weiter, sie war einem Wimmern gefolgt. Da lag unsere Henne blutüberströmt mit aufgerissenem Hals und Bauch. Sie lebte noch, hatte aber so schwere Verletzungen das ich sie tötete. Von der anderen Straßenseite sahen uns dabei frech zwei Marderhunde zu. Wir haben die Nacht nicht mehr schlafen können, Aimees Schicksal tat uns weh und wir machten uns Vorwürfe leichtsinnig gehandelt zu haben.

Ende Oktober beendete ich die Ausstellung, demontierte Terrarien und Einrichtungen und die Zelthalle wurde abgebaut. Den Winter verbrachten wir letztmalig auf der Wiese in Hirschburg. Tiffany erschrak über die neuerliche Bevölkerungsexplosion bei den Katzen, wir über deren Gesundheitszustand. Schwere, räudige Fellschäden und teils eitrige Augen bei fast allen Tieren. Die Katzen wurden gefüttert und mit Katzenmilch versorgt, gegen die untragbaren Verhältnisse aber nichts unternommen. Ich war bemüht Tiffanys Katzenhatz zu verhindern, aus Angst sie könne sich eine Krankheit einfangen. Allerding waren diese Verbote nicht häufig notwendig, Tiffany kapitulierte ob der schieren Übermacht der Katzen in allen Größen, deren Beharrlichkeit und geringeren Scheu ihr gegenüber und sie erkannte die eigenen körperlichen Einschränkungen. Das kleine Hundemädchen war nicht mehr behände beim Überwinden von Hindernissen und musste ihren Sprint gegen einen hoppelnden Lauf tauschen. Natürlich bemerkte die Katzengemeinde das Altern der Erzrivalin und verhielt sich entsprechend dreist. Sicher entmutigend für Tiffany, wenn nur wenige Meter entfernt die Katzen getrost sitzen blieben und ihr die eigenen Grenzen verdeutlichten. Ganz oft tat sie dann, als wäre sie arg mit Spurenschnüffeln beschäftigt und hat überhaupt keine Zeit zum Verjagen oder als hätte sie die Katzen nicht gesehen. Eigene Schwäche verleugnen. Es geht dem Hund nicht anders als dem Mensch.

Im Frühjahr, als die Tage länger wurden, endlich wieder leuchtend gelbe Butterblumen die saftig grünen Wiesen übersäten und wir der neuen Saison mit Alligator's World entgegen planten, da verließ uns Bella. Bei M. stand eine Familienfeier an, ich hatte mit umfangreichen Reparaturarbeiten in den Krokodil-Poolen zu tun und damit entschieden wir, das Bella und Feline für die Stunden solange mit M. auf dem Grundstück ihrer Eltern bleiben sollten. Bereits wenig später erhielt ich den Anruf meiner Lebensgefährtin, dass Bella dort mit dem Auto überfahren wurde und gestorben war. Der alte wackelige Hund, der immer nur seine Kreise zog, achtete nicht auf das losfahrende Auto und deren drei Insassen übersahen den Hund mitten auf dem Hof zwischen Haus und Schuppen... und für die alte Bella verrannen die letzten Minuten in diesem Leben. Im Wald als erwachsenes Findelkind gerettet und durch einen gedankenlos herbeigeführten Unfall auf dem Hof getötet, wo sie solange lebte. *Die war ja schon alt genug, senil, garstig und pinkelt ständig* waren die Kommentare. Bella wurde zwanzig Jahre alt. Mit Tiffany und Feline begleiteten wir sie nach Badbergen in das Kleintierkrematorium, wo wir uns in einer würdevollen Zeremonie von ihr verabschiedeten und sie einäschern ließen. Ihre Urne kam mit in den Wohnwagen, sie blieb dort an einem Ehrenplatz bis M. und Feline uns verließen. Bellas Fratzengesicht und ihre Suche nach der verlorenen Zeit werde ich nicht vergessen. Bella ging an Tiffanys sechzehnten Geburtstag.

Wenige Wochen später und kurz vor der Umsetzung zurück auf die Wiese im Klockenhagener "Gewerbegebiet" erkrankte Tiffany. Sie hatte starken eitrigen Ausfluss, was meiner Lebensgefährtin mit gerade abgeschlossenem Veterinärstudium als Gebärmutter-Entzündung diagnostizierte und, da sie noch über keinerlei Möglichkeiten einer Behandlung verfügte, dringend zum sofortigen Besuch einer Tierarztpraxis riet. Bei Nichtbehandlung wird der Körper innerhalb weniger Tage vergiftet und die Patientin stirbt. Eile war geboten! Da ich nach erheblichen Querelen mit meiner Vermieterin und der Kündigung des Winterquartieres nicht in ihre Praxis gehen wollte und auch die "Tierklinik" Rostock durch mein Raster fiel, suchte ich umgehend die einzige Praxis in der Nähe auf, mit Magendrücken. Zu Recht, wie sich bewies, denn ich hatte kaum erklärt, was für Krankheitsanzeichen Tiffany zeigt, erhielt ich zur Antwort *Gebärmutterentzündung. Sofort für eine Notoperation fertig machen. Die Gebärmutter muss raus.* Auf meinen Einwand: *Aber, sie hat keine erhöhte Temperatur, hat gefressen und zeigt kein verändertes Verhalten.* folgte nur: *Egal. Totaloperation.* Nun wollte ich aber doch erstmal Genaueres wissen und fragte nach Alternativen, erhielt keine wirkliche Erklärung, aber die Arzthelferin dafür den Hinweis das Narkosemittel aufzuziehen. Aus den Augenwinkeln sah ich wie die Frau mit Spritze, Kanüle und Medikamenten hantierte, während der Tierarzt Anweisungen erteilte und nach meinem Hündchen grabschte. Halt! Moment! Ich entzog ihm Tiffany. Das irritierte ihn kurz, dann übernahm er die aufgezogene Spritze und die Helferin streckte ihre Hände nach Tiffany aus, welche ich im völligen Misstrauen auf den Arm genommen hatte. Auf meinen weiteren Einwand *Aber Tiffany ist sechzehn Jahre alt, was ist mit dem Narkose-Risiko?* bekam ich zur Antwort: *Habe ich in den Angaben gelesen. Sie haben keine Wahl. Da hat sie soundso nur, wenn überhaupt, eine fünfzig-fünfzig Chance. Besser sie stirbt auf dem OP-Tisch in der Narkose, als unter Qualen bei ihnen.* Das, Arzt, das war die falsche Antwort. *Mir gefällt Ihre respektlose Umgangsweise mit mir und meinem Hund nicht und ich habe Zweifel an Ihrer Kompetenz.* Es entwickelte sich ein kurzer Streit, bei welchem meine Lebensgefährtin dank ihrer Semester Veterinärstudium sich klar auf die Seite des "Kollegen" stellte. Mir egal, notfalls fahre ich nach Köln! Ich rief die Tierärztin an und schilderte die Symptome. Sie hielt es keineswegs für eine Gebärmuttervereiterung, dann wäre Tiffanys Verhalten anders und sie tippte auf einen Infekt. Erst einmal beruhigter fuhr ich nun doch zur Kuhweide und konsultierte die Tierärztin mit der simplen Praxis, dem aber umfangreichen Wissen und jahrelangen Erfahrungen. Sie hielt es gleichfalls für einen Infekt und stellte Tiffany unter Antibiotika und ein weiteres Mittel. Nun erhielt die Kleine zwar drei Tage Spritzen, aber die nahm sie gelassen. Ein Klacks für Tiffany! Sie bekam kein Fieber, fraß weiter und wurde gesund. Wie von der Doktor voraus gesagt, werden diese teuren Behandlungen regelmäßig zwei bis drei Male im Jahr, auch noch wenige Wochen vor ihrem Fortgang, notwendig. Aber: für die gefürchtete OP in dem hohen Alter gab es eine Alternative!

Die Ausstellung lief sehr schlecht in dem Jahr. Dauerregen und kaltes Wetter trieben die Urlauber aus ihren Zelten und Wohnquartieren zurück nachhause und meine Heizungskosten für die Zelthalle in beängstigende Höhen. Das ewige Wolkenwasser durchweichte den Boden und mehrfach wurde unser Gelände einschließlich der Zelthalle durch sintflutartige Niederschläge komplett überflutet. Wohnwagen, Tierwagen, Fahrzeuge und Zelthalle standen in einem See. Die verbliebenen Urlauber versuchten aus dem geplatzten Strandurlaub das Beste zu machen und strömten in Mengen zu den verschiedensten Ausflugszielen. Bei uns hielten Autos wie nie zuvor. Doch an eine Öffnung der Zelthalle war nicht zu denken. Tagelang liefen unsere Pumpen und die der Feuerwehr, um zumindest das Oberflächenwasser abzusaugen. Das hohe Grundwasser und die Feuchtigkeit blieben, bevor überhaupt etwas trocknen konnte, schüttete es erneut und es hieß: Land unter. Ich beendete die Saison im Herbst schwer finanziell angeschlagen.

Für uns Zweibeiner gab es Kürzungen, nicht bei den Hunden und Reptilien. Tiffany sollte nichts vermissen und erhielt weiter ihre geliebten Purina-Leckereien und das Trockenfleisch für Zwischendurch, sowie im Wechsel ihr bevorzugtes Rinti-Dosenfutter und von mir gekochte Hühner- oder Rindfleischbrühe oder gedünsteten Fisch mit viel Gemüse und Reis. Die Kleine war nun wirklich Prinzessin geworden, ich verwöhnte sie wo ich nur konnte. Einfach, weil ich sie unglaublich gern hatte, sie ein Teil von mir war und mir ihre Altersprobleme seelische Schmerzen bereiteten. Es war zu deutlich: Tiffany war ein altes Hündchen. Unsere Wanderungen wurden kurz und langsam, ihr einst immer steil stehendes Pinselchen ragte nur nach hinten weg und ich brauchte länger Zeit um sie zum Spielen zu animieren. Angst vor dem Unausweichlichen bedrückte meine Seele. Die schönste und längste Zeit lag hinter uns, was für Prüfungen würden vor uns liegen?

Das Jahr 2008 startete mit einem zeitigen Frühjahr und neuem Mut für die Saison. Wir hatten auf dem Gelände der Ausstellung überwintert, die Jahre der Kuhweiden-Idylle gehörten zum Verlebten. Nachdem wir die Wiese in der Nachbarschaft des Katzenvolkes vor einem Jahr nicht ohne Wehmut räumen mussten, war es abgeschlossen, dieses Kapitel. Nie mehr kehren wir dorthin zurück, durch die stillen Streitigkeiten und Beleidigungen hinter unserem Rücken, auch nicht zu einem Besuch.

Tiffanys Beinchen bereiteten zunehmend Schwierigkeiten, das ehemals nur selten gegebene Medikament erhielt sie jetzt täglich. Es befreite von Schmerzen beim Gehen, gaukelte dem Hündchen eine wieder erlangte Gesundheit vor und sie schonte sich nicht. Sie konnte es natürlich nicht verstehen und es war meine Aufgabe, Tiffanys Initiativen zu drosseln. Nein, wir spielten nicht mehr ausgelassen und lange mit dem Ball, auch wenn die Kleine noch so sehr mit ihm herausfordernd quietschte. Die täglichen Spaziergänge führten uns vorrangig zum Bernsteinsee und in die Wälder. An das Meer wollte Tiffany nicht mehr gerne. Sie freute sich immer auf Fahrten mit dem Auto, das bedeutete schließlich eine Abwechslung von dem Einerlei auf der Ausstellungswiese und sie folgte mir als artiges Hündchen an den Strand. Doch der weiche Sand bereitete ihr Gehprobleme und erst unten am Meeressaum, da wo das Meer das Land berührt, konnte sie freier und leichter tapsen. Weil sie ausschließlich dort lief und nicht mehr im Strandsand, wurde es langweilig. Klar, sie fing weiter geworfene Muscheln geschickt mit dem Schnäuzchen und tippelte auch geworfenen Steinchen nach, ohne die Wasserlinie zu berühren, aber was gab es sonst viel zu schnuppern? Auch Prinz, der Setter und Freund bei vielen Strandwanderungen, auch ihn gab es längst nicht mehr. So zogen wir die wunderschönen Wälder vor, vermieden strikt die breiten Hauptwege und bevorzugten die schmalen für Reiter angelegten, von jenen aber nie genutzten, Pfade. Die Rundenlänge entschied ich nach Tageslaune von Tiffany, welche von ihren Beschwerden abhing. Unsere Wege wurden nicht viel kürzer, aber die benötigte Zeit viel mehr. Gerne legten wir eine kleine Pause ein, in welcher es stets eine Näscherei als Zwischenmahlzeit und Motivation gab. Zurück im Auto folgte eine weitere Kaustange. Tiffany kämpfte tapfer gegen ihre ermüdenden Beinchen an!

Ab und zu, ganz selten zum Glück, tobte in ihrem Köpfchen ein Gewitter und entlud sich in epileptischen Anfällen. Sie kamen nur abends oder in der Nacht. Urplötzlich verkrampfte sich der kleine Körper, drückte das Köpfchen weit in den Nacken und die Äugelein starrten ins Leere. Ich öffnete das fest zusammen gepresste Mäulchen und legte meine Finger hinein, welche sie in ihrem Krampf furchtbar biss. Aber das war egal, ich wollte dass sie sich nicht verletzte und Luft bekam. Wenn der Krampf sie verließ, sich das Mäulchen lockerte, nahm ich sie auf den Arm und ging an die frische Luft. Wenige Minuten nach der völligen Erschlaffung des ganzen Körpers, berappelte sie sich und ich stellte sie auf die Beine. Tiffany schien benommen, doch das gab sich schnell und sie stiefelte erstaunt, wo sie sich wiederfand, herum und sah mich immer lange, wie fragend, an. Ich weiß nicht, ob sie realisierte, was mit ihr geschehen war. Sicher schmerzten ihre Muskeln von den Verkrampfungen, denn sie stakste zuerst vorsichtiger. Vielleicht hatte sie sich auch wehgetan, war sie doch mehrfach bei einem Anfall von der Sitzecke gefallen. Vor Schmerz oder aus Angst leerte sich im Anfall die Blase. Ich konnte schwer die Nerven behalten, wenn ich Tiffany derart erlebte und war danach ähnlich geschafft wie sie. Nur alle paar Monate überfiel uns ein epileptischer Anfall und dank seiner Seltenheit und kurzen Dauer wurde von Medikamenten abgeraten.

Im Oktober schloss ich die Ausstellung endgültig. Trotz größter Mühen war das Besucherinteresse katastrophal. Viel Raum für Spekulationen, aber sicher hatte der heiße Sommer die Touristen an den Strand gebunden, die Reptilien-Wanderausstellung eines ehemaligen Zirkus, welche mitten im Tourismusgebiet während der gesamten Saison ihre Zelte errichtet hatte, sog die interessierten Besucher mit ihrer Größe und Nähe auf und mein zu geringes Eigenkapital konnte diese Verluste nicht ausgleichen. Bei derlei schlechten Abschlüssen war auch eine Kreditwürdigkeit für das Projekt Reptilien-Zoo nicht gegeben und ich musste den Traum aufgeben. Und weil die Situation offensichtlich nicht verfahren und angespannt genug war, entschied sich meine Freundin die neue Ex zu werden und für einem anderen, einfacheren und lukrativeren Lebensweg und verließ mit Feline am ersten Weihnachtstag unser Pleitewelt. Tiffany und ich bekamen die Freiheit wieder und anders als ich hat die Kleine wohl kaum etwas vermisst oder irgendwem nachgetrauert.

Mit dem Schneefall begann die Suche nach einer Lösung für die Abgabe der Reptilien und einem Ziel für uns im restlichen gemeinsamen Leben. Es folgte ein kurzer, harter Winter und es wurde der letzte Schnee über welchen Tiffany sich freuen konnte. Sie hoppelte mir im Schnee hinterher, immer auf dem Näschen eine kleines Häuflein der weißen Flocken und robbte gerne, wälzen konnte sie sich nicht mehr, und warf dazu den Kopf nach links und rechts. Ein neues Wintermäntelchen trug sie nun, aus Spezialmaterial und schöner, doch vor allem weit kuscheliger und passender für einen etwas zu lang geratenen Westhighland-White-Terrier-Körper. Es ließ sich auch praktischer an- und auszuziehen - hilfreich bei einem alten Hündchen. Tiffany lernte auf meine Handzeichen zu reagieren, sie hörte mich nur, wie alle Wesen im weiten Umkreis, wenn ich laut, sehr laut mit ihr sprach. Weil ich beim Spaziergang ihren Namen schreien musste, selbst wenn die Kleine keine zehn Meter weiter trottete und mir mehrfach Leute spöttisch sagten: *Na, die kann ja überhaupt nicht gehorchen!* koppelte ich wichtige Worte mit deutlichen Gesten. Tiffany, die kluge Alte, lernte selbst das noch.

Im Frühjahr, Tiffany hatte ihren achtzehnten Geburtstag, wurde ihr Augenlicht schlecht. Die einmal lebhaften braunen, vorwitzig blickenden Knopfaugen wurden trüb. Das linke mehr als das rechte und Tiffany war bemüht den Sehverlust auszugleichen, indem sie nun schräg blickte. Im Dunkeln schien es besonders arg, Tiffany verwechselte mich durchaus mit einem Hydranten, an welchem ich kurz vorher stand, oder bellte eine am Schrank hängende Jacke an um auf ihr fälliges Abendbrot hinzuweisen. Jedes Mal erschrak sie verwirrt, wenn ich auftauchte und Hydrant und Jacke sich als Fake entpuppten. Was wurde aus diesem lustigen und intelligenten Hundemädchen? Merkte und empfand sie ihre Veränderungen wie ich?

Dann arbeitete auch das Köpfchen nicht mehr richtig, sie wurde verwirrt. Im Frühsommer hoppelte sie über die Wiesen, planlos zielstrebig und ich musste sie mehrfach von den angrenzenden Bullenkoppeln holen. Niemals vorher war sie dorthin gegangen. Wenn ich sie endlich erreichte, freute sie sich maßlos zu mir. Eines Tages lag Tiffany ruhig im Rasen neben mir, während ich am Tierwagen arbeitete. Immer wieder sah ich zu ihr, doch plötzlich war sie fort. Innerhalb einer Minute war sie vor zur Straße gelaufen. Ich erschrak, als ich sie dort entdeckte und rannte hinterher. Tiffany eilte ohne sichtlichen Grund und hastete in ihrem Hoppel-Gang den Fußgängerweg weiter, vor zur Einmündung in die viel befahrene Hauptstraße. Ich lief was ich konnte, rufen nutze ja nichts, aber die kurzbeinige Verwirrte war hektisch unterwegs und überquerte die große Straße in Richtung der dort liegenden Werkhallen. Wie durch ein Wunder kamen jetzt gerade keine Autos! Sonst wurde hier, obgleich Dorfeingang, mit Tempo einhundert gerast und wer rechnete schon mit einem kleinen Hund? Erst zwanzig Meter hinter der anderen Straßenseite holte ich sie ein. Tiffany war außer sich vor Freude mich hier zu treffen. Sie sprang wild im Kreis und feierte mich. Ich weiß nicht, was sie hierher getrieben haben mag, nie zuvor waren wir dort und allein die Nähe der Straße war stets tabu für sie gewesen. Aber das verstand Tiffany nicht mehr, es war verloren gegangen aus ihrem einst klugen Köpfchen.

Ich war dumm und reagierte nicht sofort, denn am nächsten Morgen, als sie aus dem Caravan stieg, kleidete ich mich erst an. Nur wenige Minuten später trat ich vor die Tür, aber da befand sich Tiffany erneut nur als kleiner weißer Fleck mitten auf der Straße, diesmal im Gewerbegebiet. Ein Wunder, das ich sie überhaupt sofort dort entdeckte! Und wenn die Flächen auch leer geblieben waren, so übten dort oft Fahrschulen und eine Abkürzung über Feldwege führte nach Ribnitz und umging die Blitzer der Hauptstraße. Wenig, aber rücksichtsloser, schneller Verkehr. Jetzt zog ich Konsequenzen und einen Zaun um unsere Wagenburg, ohne meine Aufsicht konnte Tiffany nicht mehr die Wiese verlassen. Jetzt stand sie oft lange am Zaun, steckte das Schnäuzchen so weit als möglich durch die Lücken und himmelte den sicher für sie im Nebel liegenden Horizont an. Oh, Tiffany, geliebtes kleines Sorgenkind.

Der Sommer brachte uns schöne Spaziergänge. Hier gab es keine Schwierigkeiten mit Tiffany. Sie lief weiter ohne Leine, allerdings ließ ich sie nicht aus den Augen und nie zu weit hinter mir. Prinzessin Sorgenkind drehte auch schon mal um und ging zurück zum Auto, dann trottete ich ihr nach. Wie damals, als wir alle der alten Bella hinterher laufen mussten. Wie sich die Dinge gleichen.

Wir unternahmen einen wunderschönen Tages-Ausflug in den Dinosaurierpark Rügen, ohne Probleme bewältigte Tiffany die vielen Kilometer Wanderwege, welche Leistung in ihrem Alter! Zum letzten Mal besuchten wir Anfang September den Strand von Graal-Müritz, wo Tiffany viele Winter eisbadete und den Weg entlang der Kaninchenburgen in den Dünen, am Windrad vorbei. Meine Kleine interessierte sich nicht mehr für die Verfolgung der langohrigen Nager und nicht für das rotierende Blatt, sie hatte mit dem Weg zu tun, hielt jedoch wacker durch. Zeitgleich drehten wir unsere abschließende kurze Runde im herrlichen Wald des Großen Ribnitzer Moores, unseren jahrelangen Weg konnte ich ihr nicht mehr zumuten. Im Wald von Hirschburg begegneten wir letztmalig dem von der Krankheit geschwächten, tapferen Jonas. Die Alte und der Todkranke wankten und stolperten einen kurze Weg noch einmal gemeinsam durch jenen Forst, in welchem sie sich kennengelernt und so viele, so lange Wege zusammen gelaufen waren. Der große Schwarze und die kleine Weiße, die schöne Hundefreundschaft. Dass wir Jonas nicht mehr sehen würden, wusste ich nicht. Wenn man etwas sehr gerne hat, will man die Wahrheit oft nicht erkennen.

Wir zogen dann fort und begegneten ein halbes Jahr später Jonas Zweibeiner durch Zufall eben wieder in diesem Wald, mit Jonas Nachfolger. Wieder ein Neufundländer, jung und ungestüm und freundlich zur alten Tiffany. Doch diese wollte ihre Ruhe haben und keinen Kontakt mehr mit anderen Hunden. Sie ließ ihn ruppig abblitzen und erhielt die letzten, ausgiebigen Liebkosungen von Jonas Familie, welche sie in all den Jahren sehr ins Herz geschlossen hatte.

Im Sommer gründete ich mit einem Geschäftspartner eine GmbH mit dem Ziel der

Errichtung eines Dinosaurier- & Reptilien Parks im engsten Umkreis von Rostock. Bei den vielen Gesprächen, Besichtigungen und Planungen war Tiffany dabei. Keine Minute ließ ich sie alleine. Ich hatte stets ihre Decke zum Schlafen mit und häufig trug ich die Kleine nun auf dem Arm, ihre Beinchen wurden beständig langsamer, ihre Bewegungen mühevoller und sie schlief gerne und viel. Ihr Appetit blieb unverändert riesig und bei aller, manchmal arger, Verwirrtheit und Orientierungslosigkeit, ihre innere Uhr tickte perfekt wie eine Atomuhr und sagte genau, wann es Zeit für Mahlzeiten war! Im Herbst gab es zusätzlichen Trubel, denn täglich fuhren wir sehr früh auf den Darß zu einem Lehrgang und kehrten erst spät zurück auf die Wiese in Klockenhagen. In den vielen Stunden des Unterrichtes schlief Tiffany im geliebten Auto. In jeder Pause sah ich zu ihr und in der einstündigen Mittagspause spazierten wir eine Runde. Der erste Weg führte zum nahen Drogerie-Markt, das wusste Tiffany bereits, denn da wurde Naschen gekauft. Immer noch stand das harte Trockenfleisch von Rinti in den vielen Geschmacksrichtungen ganz oben auf ihrer Lieblingsliste, daran knabberte sie mühelos herum. Für zwischendurch, wie jetzt in diesem Sonderfall, waren aber auch weiche Fleischstreifen und Kaustangen für Tiffany in Ordnung. Favoriten dabei blieben, unverändert seit den Jahren in Spanien, die Schinken-Käse-Stangen von Purina Funtastix. Von dem "Hundeimbiss" trotteten wir zum nahen Wald und der Wiese gleich hinter dem Schulungsobjekt, danach hieß es weitere Stunden im Auto schlafen. Manchmal bemerkte sie mich nicht, wenn ich durch das Fenster zu ihr sah. Dann störte ich auch nicht. Sie hatte aber nach wenigen Tagen bereits die Zeit der Mittagspause im Gefühl, saß dann am Fenster, blickte zur nahen Eingangstür und wartete auf mich. Nach Unterrichtschluss, auf dem Rückweg, stoppte ich an einem Waldparkplatz in Ahrenshoop oder am Bernsteinsee zu einem kurzen abschließenden Spaziergang, als Dank für die lange Wartezeit im Auto, obgleich Tiffany dieses ja für ihr zweites Zuhause hielt - wohin war sie damit bitte schön überall gefahren!- und dort fest schlief. Als ich nach vierzehn Tagen meine Prüfung bestand, endeten die Fahrtage und Wanderungen in Zingst.

Im November koppelte ich den Tierwagen an und setzte ihn in die Nähe von Warnemünde um. Mit dem Caravan bei der zweiten Tour endete ein weiteres Kapitel in unserem Leben. Hirschburg, Klockenhagen, Alligator´s World, Maria und Feline blieben hinter uns zurück. Über Graal-Müritz, mit der Fähre nach Warnemünde und durch meinen Heimatort, vorbei am Haus meiner Kindheit, war ein kleiner Gewerbepark das Ziel. Hier rangierten wir Tierhänger und Wohnwagen in eine winterfeste, beheizte Halle und Tiffany und ich bezogen einen gemieteten Bungalow in Sichtweite. Das kleine ebenerdige Domizil mit Fußbodenheizung und eigenem Gartenbereich, durch eine hohe Hecke abgetrennt von dem Haus der Vermieter, hatte mein Geschäftspartner gefunden und speziell für Tiffany ausgesucht. Wie richtig er da lag!

Wir pendelten am Tag zwischen Halle, um die Tiere zu versorgen, und Bungalow. Tiffany trug nun ein Brustgeschirr, alleine ging sie nicht mehr. Zu unsicher fühlte sie sich, fast taub und blind. Sie verließ sich auf den Kontakt zu mir über die Leine, so trottete sie dann hinterher. Was ein altes Hundemädchen noch lernen musste! Ich kaufte ein wunderschönes Hundekörbchen. Das alte aus ihren Kindheitstagen, das beknabberte, war ja im Zeitenstrudel hängen geblieben. Das Neue war nicht aus Weide geflochten, es bestand aus dicken Schaumstoffpolstern, zusätzlich mit einem Kuschelkissen und, besonders wichtig für einen alten Hund, mit wasserdichten Boden. Tiffany lag wieder gerne unter dem Tisch, neben der Warmluft-Öffnung und dafür kaufte ich das Körbchen. Die Schräge zum Caravan erklomm sie weiter und nachdem sie mehrfach hinuntergefallen war, baute ich höhere seitliche Begrenzungen an. Die wegen des Platzmangels steilere Schräge hoch zur Sitzecke schaffte sie nicht mehr. Hier musste sie hoch- und heruntergehoben werden. Ich denke, dass dafür notwendige auf sich aufmerksam machen müssen, diese Unselbstständigkeit, auch wenn ich es gerne tat, die war ihr nichts. Von Welpenzeit an, als sie Liegestuhl und Treppen bezwang, war sie immer bemüht alle Hindernisse alleine zu bewältigen. Auf den Arm nehmen, davon hielt sie herzlich wenig. Gut, in Ausnahmefällen, wegen der besseren Aussicht oder bei nicht ganz überschaubaren Situationen, da war sie einverstanden. Doch einfach so? Nein! Da fing sie bereits wenig später zu zappeln an. Jetzt musste sie es immer häufiger erdulden, ohne zappeln, in der Erkenntnis ihrer verloren gegangenen Kräfte. Tiffany schlief weiter neben mir im Bett, oft in ihrem Körbchen. Es gab ihr eine Begrenzung, denn sie war mehrfach von dem freistehenden Bett gepurzelt. Dann ging es gar nicht mehr ohne Körbchen, die Kleine nässte ab und an nachts ein. Wieder eine neue Erfahrung, für Tiffany und mich. Ich wurde stets wach von ihrer Unruhe, sie war über sich selbst verwundert und blickte mich versöhnlich an. Ich war nie böse mit ihr. Schnell ein neues Kuschelkissen ins Körbchen und fertig. Sie tat es doch nicht um mich zu ärgern. Morgens, wenn wir erwachten, spielten wir stets eine Weile im Bett, fast wie früher. Knuddeln, robben und zaghaft auf dem Ball quietschen. Dann versteckte ich eine Kaustange und Tiffany suchte mit Hingabe. Krabbelte unter und über Kissen und Decken und stieß trotzig Hindernisse mit dem Kopf beiseite. Auf das Näschen war Verlass!

Kurz vor Weihnachten schneite es kräftig. Wie beim Wohnwagen lag auch hier die Natur gleich vor der Bungalowtür und Tiffany stutzte überrascht. Sie wackelte auf den verschneiten Rasen und stapfte dort herum. Schneebälle fangen wollte sie nicht mehr, aber sie ließ sich zu meinen kurzen Neckereien mit lockerem Schneewerfen herausfordern, schnappte nach den Flocken und hoppelte im Kreis, sprang sogar mit den Vorderbeinchen ein wenig hoch. Ja, sie freute sich zu dem Schnee. Was hatten wir früher darin getobt! Am Heiligen Abend luden uns liebe Bekannte ein, es war ein schöner Tag. Tiffany tapste durch die Wohnung und drückte sich immer wieder das Näschen an der Glastür zum Wintergarten platt, bis sie *Endlich!* da hinein durfte. Da gab's zwar auch nicht viel zu sehen, Balkonbrüstungen sind nicht eben für kleine Hunde gebaut und damit blieben ihr die vielen beleuchteten Fenster der umliegenden Häuser verborgen, eine Abwechslung plus frische Luft war es allemal! Magisch auch der Weihnachtsbaum und sie schaffte es regelmäßig, sich mit dem herabhängenden Lametta zu schmücken. Ich hatte ihre Decke dabei, als Lager auf dem Teppichboden und artig nutzte die Kleine dieses Angebot neben meinen Füßen zum Nickerchen. Für sie schien die Welt in Ordnung, solange ich nur da war. Mir ging es umgekehrt ebenso. Es war unser letztes Weihnachten.

Silvester saß ich lange vor dem großen Fenster des Bungalows und sah über die Wiesen zu der bunten Skyline der Rostocker Neubaugebiete. Ab und zu zerplatzte eine Rakete über den Häusern. Ganz links konnte ich die Reste der ehemaligen Werft von Warnemünde sehen, nur ein Terrier-Hopps dorthin. Zu Mitternacht nahm ich mein kleines Hündchen auf den Arm, legte ihr eine Decke über, denn es war sehr kalt, und wir traten vor die Tür. Über den unter wadenhohem Schnee schlafenden Rasen schritten wir neben den Bungalow, dort überstieg ich den niedrigen Zaun und stapfte mühevoll weit bis auf das Feld. Tiffany, aus dem Schlaf gerissen, schnupperte und drehte das Köpfchen hin und her: *Was hat der Alte vor? - Keine Sorge, Kleines, alles ist gut.*

Dann jagten Raketen über Raketen in den sternenübersäten Himmel und erhellten mit farbigen Explosionszauber Nacht und Häuserschluchten. Über Warnemünde leuchteten ebenfalls gleißende Farbspiele und das Pfeifen und Knallen wurde vom tiefen Dauerton etlicher Schiffssirenen untermalt, das kannte ich so bereits aus meinen Kindertagen. Tiffany blieb völlig gelassen im Arm unter der Decke, was sie genau registrierte, ich weiß es nicht. Vor achtzehn Jahren hatte sie als Welpe beim Weihnachtszirkus in Gent zitternd unter dem Tisch gesessen und geglaubt die Welt geht unter, kaum das ihr Leben eben begann. So lange war es her, doch ich sah es deutlich in diesen Minuten und vieles, so vieles mehr. Und mich überkam Angst vor der Zukunft und der bevorstehenden Leere im Leben.

Ich wartete auf dem Schneefeld in Elmenhorst die letzten Raketen ab, dann drückte ich Tiffany fester an mich und knuddelte sie. Womöglich hätte ich weiter dort gestanden, doch Tiffany brachte mich aus meinen Gedanken in die Kälte des Neujahrtages 2010 zurück. Sie knurrte ob meiner gar zu engen Liebkosungen und überhaupt, sie wollte erst mal hinunter vom Arm.

Wir stapften nebeneinander langsam zum Bungalow und in unser Abschiedsjahr.

Ich werde in die Tannen gehen,
dahin wo ich sie zuletzt gesehen.
Doch der Abend wirft ein Tuch aufs Land
und auf die Wege hinterm Waldesrand.
Und der Wald er steht so schwarz und leer.
Weh mir, oh weh.
Ohne dich kann ich nicht sein.
Ohne dich.
Auf den Ästen in den Gräben
ist es nun still und ohne Leben.
Und das Atmen fällt mir ach so schwer.
Weh mir, oh weh.
Und die Vögel singen nicht mehr.
Ohne dich kann ich nicht sein.
Ohne dich.
Ohne dich zähl ich die Stunden ohne dich.
Mit dir stehen die Sekunden.
Lohnen nicht,
ohne dich.
Rammstein

Am Ende einer langen Reise

Winterland - Sommerwiese & Storchennest - Kampf & Müdigkeit - Galaxien & Fortgehen

Der Winter brach mit aller Macht herein, über das Land wo das Meer zu Ende ist. Zum ersten Mal war ich froh, nicht mit Tierwagen und Caravan auf einer Wiese im Freien zu stehen. Es schneite unaufhörlich und der kleine Ort wurde durch Schneemassen und Verwehungen an seinen asphaltierten Lebensadern von der restlichen Welt für eine Woche gekappt. Zur Halle konnte ich Tiffany nur streckenweise auf den notdürftig von Schnee befreiten Bürgersteigen vor den Häuser tippeln lassen. Es war eisig kalt, ich hatte das alte Mädchen dick eingepackt, doch wir kamen so langsam und mühevoll voran, dass ich sie zumeist trug. Es wurde der heftigste Winter an der Ostsee seit Jahrzehnten. Trotz moderner Technik und üblicher Propaganda versagten Winterdienste genauso erbarmungslos wie im Katastrophenwinter 1979, nur das man es sich jetzt nicht eingestand. Ist es so schwer zu verstehen, dass Winter Schnee bringen kann und die Natur sich nicht bedingungslos beherrschen lässt?

Tiffany mühte sich tapfer in der hohen Schneedecke voran zu kommen. Doch sie scheiterte immer häufiger, weil ihre verlorengehende Kraft den Makel der kurzen Beinchen nicht mehr ausgleichen konnte. Wie erstaunt hatte sie den ersten Schnee in ihrem Leben entdeckt, als Hundekind im Zirkus. Wieviel Freude bereiteten ihr die tanzenden dicken, weißen Flocken und wie verrückt war sie durch den Schnee gewirbelt?! Kaum eine Schneewehe war zu hoch, mit Hüpfen und Kraxeln wurde sie bewältigt! Wie lustig war die Jagd den Schneebällen hinterher und das anschließende Zerbeißen! Jetzt stand die Kleine auf dem Weg zum Bungalow und sah mir beim Schneeschaufeln zu. Verloren in ihrer Zeit, verloren vielleicht auch in Erinnerungen.

Als die Straßen beräumt wurde fuhren wir die drei Kilometer zu der Steilküste von Wilhelmshöhe, um dort im Küstenwald auf Wanderwegen spazieren zu gehen - wilde Nebenwege schaffte meine Kleine nicht mehr. Oder wir kreisten im Warnemünder Park, nahe Stolteraa. Dort waren die Anlagen seit meiner Kinderzeit unverändert geblieben, noch nicht in befestigte Wege mit Rasenkante und aufwendig einfallslosen Blumenrabatten verbaut. Hier, in dem in fünfzehn Minuten zu durchschreitenden Areal, konnten Hunde ohne Leine laufen. Tiffany und ich brauchten selbst für den kürzesten Bogen mehr als diese Zeit, damit war es für uns geeignet. Auch wegen der vielen Hunde die wir trafen und bald waren Zwei- und Vierbeiner miteinander bekannt. Tiffany legte keinen Wert mehr auf zu enge Kontakte mit Artgenossen. Sie war unsicher mit ihren altersbedingten Behinderungen, knurrte recht schnell und wollte weiter. Erstaunlich blieb das Verhalten der anderen Hunde zu ihr. Junge Hunde hielten die Kleine für einen idealen Spielkameraden, bis sie merkten, dass selbst das hingebungsvollste Auffordern zum Spiel keine Beachtung findet. Dann ließ das Interesse schnell nach, zumal Tiffany bei den jungen Hüpfern äußerst mürrisch reagierte. Ältere Hunde waren vorsichtig freundlich zu Tiffany. Fast hatte es den Anschein, sie spürten ihre Lebenserfahrung, ihre Müdigkeit und verhielten sich respektvoll. Bei solchen ruhigen Kontakten wackelte sogar Tiffanys hängendes Schwänzchen. Wohltuend für mich waren die vielen Gespräche mit den Hundehaltern, welche alle beeindruckt vom Alter der Kleinen waren, mir Mut zusprachen und uns oft mit freundlichsten Worten begrüßten. In jenen Tagen wurde Tiffany dort eine kleine Legende *Ach, das ist die alte Dame, von welcher wir bereits gehört haben!* Und jeder wünschte uns alles Gute.

Spät zog nach dem kalten Schneewinter der Frühling über die Landschaft und frisches Grün begann das winterliche Restegrau zu überdecken. In diese Zeit der zaghaft erwachenden Natur fiel Tiffanys Geburtstag. Sie war neunzehn Jahre alt und tatsächlich schien an ihrem Tag die Sonne. Ich sagte damals, wir beide werden auch den zwanzigsten Geburtstag erleben, doch ich konnte mein Versprechen nicht halten. Wir spazierten am Geburtstag-Nachmittag im Wald an der Steilküste. Schön war es dort, Sonnenstrahlen tanzten im Rhythmus der sich im Wind wiegenden Baumkronen auf den Wegen und die Wellen des glitzernden Meeres liefen rauschend im gleichmäßigen Takt am Strand auf. Wir gingen die kleine Schlucht bei Wilhelmshöhe hinunter zur Ostsee und ich trug Tiffany bis an das Wasser, weil ihr der weiche Sand und die vielen Steine Schwierigkeiten bereiteten. So standen wir am Meer. Mein altes Hündchen stakste ein wenig unschlüssig mit den Pfötchen in den Ausläufern der sich verlierenden Wellen, wie damals, in der Zeitrechnung vor Spanien. Ich sah ihr zu und aus meinem Gedächtnis spulten Filme ab, von ausgelassenen Wasserspielen im warmen Mittelmeer, von dem mit weit aufgerissenen Augen neben mir schwimmenden Terrier-Mädchen und ihrem Eisbaden in der kalten Ostsee in den Graal-Müritz-Wintern. Was nur habe ich mit dem kleinen Wesen alles erleben dürfen und warum verdrängt man es aus dem täglichen Bewusstsein und sieht nur den Moment und den Abend? Tiffany wusste nichts mit sich anzufangen, deshalb nahm ich sie auf den Arm und blickte, meine Nase tief in ihr Nackenfellchen vergraben, über die Küstenlinie der Stolteraa nach Warnemünde mit seinem Leuchtturm und der Hafeneinfahrt. Dann gingen wir zurück in den Wald. Einmal noch standen wir dort am Ufer und nahmen Abschied vom Meer. Die Besuche an der Steilküste wurden rar, die hügeligen Wege mit den knorrigen Wurzeln wurden für Tiffany immer anstrengender. So entdeckte ich eine Grünanlage am Ortseingang von Warnemünde wieder, kaum zweihundert Meter lang und nur wenige Schritte vom Wohnhaus meiner Kindheit entfernt. Selbst nach all den Jahrzehnten war die Anlage unverändert, die Büsche und Bäume ragten höher, waren erwachsener geworden, aber sie standen weiter dort und behüteten uralte, wohl vertraute Bänke! Wie oft spielten wir Freunde hier zusammen, oder saßen nur und fantasierten von der Zukunft und was wir einmal würden tun wollen. Das Leben hatte mich eingeholt, überholt. Nun saß ich hier mit Tiffany. Das ruhige Fleckchen Grün blieb uns vorerst und eine wunderschöne Wiese am Ortsrand von Elmenhorst. Im Park waren bald häufiger auch Spaziergänger ohne Hunde unterwegs und denen fehlte jede Toleranz gegenüber einem alten Hund. Bemerkungen wie: *Ach der kann ja überhaupt nicht mehr* oder *Der ist wohl richtig krank* waren noch harmlos, wenn auch schmerzhaft. Und kam es zu einem Gespräch, dann hörte ich oft: *Ja, wenn sie schon so alt ist! Vielleicht sollten Sie nicht mehr mit ihr ausgehen.* Klar, verstecken, wegschließen in einem Hundealtenheim, das wär`s doch. Irgendwann reagierte ich nur noch aggressiv auf solche Sätze oder Bemerkungen im Vorübergehen. Wie leicht Leute sich anmaßen Urteile über völlig Fremde zu fällen, ohne die tatsächliche Situation zu kennen und die Bemühungen um das Tier. Ähnliche Gespräche gab es niemals mit Hundeleuten! Eines Tages wankte uns ein uraltes Paar entgegen, arg gekrümmt von Vergangenheit, und der Greis, selbst an der Krücke, sagte in absoluter Selbstverkennung und ohne jede Art von Respekt zu mir *Der Köter kann ja nicht mehr laufen, lass den man bloß abspritzen.* Das war zu viel, meine Toleranzgrenze liegt eh niedrig und da ich Achtung vor dem Wesen, aber nicht dessen Alter habe, welches bekanntlich von alleine kommt und nicht erarbeitet werden muss, platzte ich vor Wut. Fragte in gleicher Tonlage, was er erblickt, wenn er in einen Spiegel schaut und empfahl bei seiner Meinung mit bestem Beispiel selbst vorangehen. Jetzt war ich Hundequäler und zudem "unverschämt". Das an Jahren reiche Gemisch zeterte vereint, fühlte sich beleidigt und angegriffen und war nicht kleinlich mit Beschimpfungen. *Wieso ticken die so*, fragte ich mich *und, wenn man uns doch weiszumachen versucht, das alles seinen Sinn hat, was ist dann deren Aufgabe?* Wahrscheinlich waren sie eher ein Programmfehler in der Matrix… Ich ließ sie keifen, aber die Begegnung veränderte mich. Nun wich ich Leuten aus und bevorzugte die Grünanlage meiner Kindheit und vor allem die ruhige Wiese. Ich versteckte die alte Tiffany, auf welche ich eigentlich so stolz war.

Im Mai beschloss ich einen Besuch bei der freundlichen Tierärztin in Köln. Die Tiffany in Rostock behandelnde Veterinärin kannte meine Kleine zwar auch viele Jahre, doch stets musste ich hinterfragen und Hinweise für Behandlungen geben. Selbst Blutbilder hatte ich fordern müssen. Diese brachten dann auch die Erklärung, warum das Antibiotika bei Tiffanys immer häufiger wiederkehrende Infektion nicht den erhofften Erfolg zeigte: gegen dieses Mittel waren die Keime resistent. Klasse, wochenlange Antibiotika ohne jeden Sinn. Ich wollte nun die Meinung einer Person meines Vertrauens.

So packten wir an einem Morgen unseren *neuen* gebrauchten Kleinbus, extra ausgewählt um in ihm zu reisen und zu übernachten, und fuhren in Richtung der Ranch im Busch. Zu T. und D., am Ende der Straße, nahe am Wald. Meine erprobte Copilotin verschlief die vielstündige Fahrt. Nur bei dem obligatorischen Zwischenstopp auf einem Parkplatz verdrängte sie Müdigkeit zum pullern und schnuppern, trinken und Kaustreifen naschen. Erfahrungen sagten ihr klar, Autobahn-Rastplatz bedeutet eine ziemlich lange Tour. Doch, was soll`s, derartiges war ihr nicht neu und sie stieg wieder freiwillig in den Bus und rollte sich auf dem Schoß zusammen. Mochte die nächste Etappe kommen. Sie schlief tief und bemerkte nicht die langsame Fahrt in der 30er Zone, nicht das Abbiegen auf die Ranch. Erst als der Motor verstummte, setzte sich Tiffany auf und blickte mit den trübgewordenen Knopfaugen aus dem Fenster. Ich stieg mit ihr auf dem Arm aus und setzte sie auf den Rasen. Nun musste sie aber doch eilig kontrollieren, denn etwas sagte ihr, wir sind am Ziel und sie folgte mir bis vor das Büro, wo D. bereits auf uns wartete. Nach der Begrüßung durch ihn und T. zuckelte Tiffany draußen los, selbstsicher ging sie um die Ecke, um auf den dort befindlichen Platz zu sehen. Unser alter Stellplatz vor über zwölf Jahren, Tiffany hatte ihn nicht vergessen! Sie verschwand im Dunkel zur Besichtigung der Umgebung, um nach dem Rechten und Linken zu sehen, und ich ließ sie gewähren. Sie wusste wo sie war, ich musste mir keine Sorgen machen. Regelmäßig kehrte sie zu uns zurück, um dann schließlich vor mir sitzen zu bleiben und mich anzusehen. *Ja, Tiffany, ich weiß.* Ich hob sie hoch und die kleine Prinzessin rollte sich auf meinem Schoß zusammen. Sie hatte vorerst genug gesehen.

Wieder war seit dem letzten Besuch viel Zeit vergangen. Vier Jahre hatten auch im Leben der Freunde in ihrem abgeschiedenen, selbst geschaffenen kleinen Reservat manch einschneidende Veränderung gebracht. Jemand forderte erbarmungslos Zinsen für gelebtes Hiersein und nahm Gesundheit und ihre einst zahlreiche Hundemeute war auf vier alte Ladys geschmolzen.

Wir schliefen hervorragend in unserem Bus, auf dem großen Bett, aneinander gekuschelt. Vormittags besuchten wir die Tierarztpraxis, wo Tiffany freudig begrüßt wurde und unverändert interessiert in den Warteraum blickte und in das Behandlungszimmer ging. Fast alle Untersuchungen brachten erstaunlich gute Werte, nur die Nieren arbeiteten nicht mehr richtig und ab sofort erhielt Tiffany ein Präparat zur dauerhaften Einnahme. Zum Schmunzeln brachte uns der vom Labor kommende Befund der Blutuntersuchungen, dort hatte man Anbetracht der guten Werte das von uns eingetragene Alter Tiffanys gekürzt und dick die 1 durchgestrichen… Die Schwierigkeiten beim Laufen waren nicht behandelbar, hier galt es Schmerzen zu lindern, die Gelenke waren verbraucht von der vielen Jahren Arbeit. Meine Bedenken, das ich dem kleinen Wesen zu viel zugemutet hatte bei unseren unzähligen, langen Wanderungen, versuchte mir die Tierärztin zu nehmen. Nur dank Tiffanys kräftiger Muskeln konnte sie überhaupt noch gehen, es war fast ein kleines Wunder. Die täglichen Aktivitäten von klein an hatten sie stark gemacht für das Alter, hatten Muskeln und Herz trainiert. *Doch einmal wird auch dieses Herzchen verbraucht sein. Tiffany ist richtig alt, vergessen Sie das nicht,* erinnerte die Ärztin. Ich wusste es und ich dachte wieder an den alten Westie, damals vor der Praxis. Eigentlich war alles gut, nach Tiffanys so lange Lebensreise. Wir fuhren zurück zur Ranch und besuchten den Wald der eingebildeten Stadthunde, doch die Kleine wollte und konnte kaum laufen. Ich nahm Abschied von dort, blieb eine ganze Zeitlang mit dem Bus stehen und meine Gedanken verloren sich in der Zeit des ersten Besuches genau hier und wie unwirsch Globetrotterin Tiffany von den anderen Hunden missachtete wurde, trotz ihrer emsigen Bemühungen um Aufmerksamkeit und wie sie über das ihr fremde Verhalten staunte.

Wir blieben einige Tage auf der Ranch wegen der laufenden Untersuchungen. Tiffany kreiste auf der Wiese unmittelbar vor dem Bus herum und folgte mir, nur mit der Leine, bei klitzekleinen Rundgängen. Das erwachsene Rottweiler-Mädchen Pink, der Ranch-Hund, verhielt sich total freundlich zu Tiffany. Sie nahm Kontakt auf, ohne die Alte zu belästigen, war einfach oft nur da und zeigte Achtung vor dem kleinen Hundemädchen, auch wenn diese wiedermal knurrte, weil Pink ihrer Meinung nach zu dicht gekommen war. Pink spürte Alter und Gebrechlichkeit und empfand es nicht als Provokation. Sie ging dann einfach langsam fort und drehte sich oft zu uns um.

Was geschehen war ließ sich nicht genau klären. Vielleicht passierte es beim Gehen auf dem Ranch-Gelände an einem Brombeerfortsatz, ohne das Tiffany eine Reaktion zeigte, auch nicht als ich sie später auf unser Bett im Bus setzte. Da rollte sie sich sogleich zusammen. Eher war es aber wohl das Platzen eines Blutgefäßes in Folge eines Schlaganfalles. Als ich sie wenige Stunden später zum üblichen Austreten-Müssen wecken wollte, saß sie bereits auf dem Bett. Ich streichelte sie, doch sie wich meinen Liebkosungen aus, sprang hektisch herum als ich ihr Köpfchen berühren wollte. Dann sah ich das stark tränende und zusammengepresste Äugelein. Es gelang mir nicht zu sehen, was überhaupt passiert war, Tiffany entwickelte Kraft und Behändigkeit um mir zu entkommen und wimmerte dabei. So etwas kannte ich von ihr nicht, sie war doch immer so stark im Nehmen. Tiffany vermochte nicht mehr gerade zu laufen, sie hatte mit den rechten Beinchen Koordinierungsprobleme und drehte auf diese Seite ein. Das deutete auf einen erlittenen Schlaganfall hin. Unsere Tierärztin verabreichte dem kleinen Sorgenkind sofort schmerzstillende Medikamente und Tropfen, um überhaupt untersuchen zu können, und dann entdeckte sie die tief eingerissene Hornhaut und die hervorquellende Pupille. Es war abends und so konnte sie uns erst für den nächsten Tag an eine Augenspezialistin überweisen. Bis dahin musste das Äugelein ständig mit einer Salbe feucht gehalten werden.

Bemerkenswert und typisch für meinen kleinen Schatz, das sie sowohl abends, als auch am nächsten Morgen ihr Futter gierig in sich hinein stopfte, auch wenn sie mehrfach am Schüsselchen vorbei wankte, weil ihre Beinchen sie nicht dorthin bringen konnten, wohin sie wollte. Dann fuhren wir zu der Augenärztin und fanden uns in einem überfüllten, schrecklichen Wartezimmer wieder. Die Tierärztin untersuchte gründlich und erklärte, das Auge könne nur mit einer kostenaufwendigen Operation gerettet werden, das hohe Alter von Tiffany schließe dies jedoch wegen des Narkoserisikos eigentlich aus. In Anbetracht der ungeheuren Schmerzen solle ich entscheiden, sie würde Tiffany gleich einschläfern um ihr Leiden zu ersparen. Ich sehe den halbdunklen Behandlungsraum mit der altgedienten Ausstattung vor mir und das kleine Häufchen Unglück in meinen Armen auf dem Tisch. Ich geriet aus der Fassung und bat um eine Rücksprache mit unserer Tierärztin.

Das Gespräch der Beiden dauert eine Zeit, mir fiel das Atmen schwer und ich ging mit Tiffany vor die Tür der Praxis. Eine enge Straße, düstere Häuser, eingemauerte Blumenrabatte, eingezäunte Bäume. Wie konnte hier gelebt werden? Wie schrecklich wäre unser Leben in so einer beklemmenden Umgebung gewesen? Welch Glück, so gelebt zu haben wie wir es konnten! Tiffany ging vorsichtig neben mir her, ich war glücklich erst einmal aus der Praxis, von diesem Tisch fort zu sein, als mich aus einem parkenden Auto ein älterer Herr ansprach: *Es ist ein altes Hündchen nicht wahr, oder ist es so krank?* Ich antwortete ihm und werde nie seine Worte vergessen: *Bitte lassen Sie sie nicht einschläfern. Meine Frau und ich nehmen sie gerne mit zu uns, kümmern uns um sie und geben ihr einen schönen Lebensabend. Wir hatten viele alte Hunde, sie wird es gut haben. Aber bitte lassen Sie die Kleine nicht einschläfern, sie ist doch nur alt, nicht teilnahmslos.* Ich erklärte, wie ich zu Tiffany stehe, was sie mir bedeutet und das ich alles mir nur mögliche für sie tun werde. Und ich dankte für die freundlichen Worte und herzlichen Wünsche.

Unsere Tierärztin wies ein Einschläfern rigoros ab und empfahl eine alternative Heilmethode als Versuch Infektionen und das Auslaufen des Auges zu verhindern. Dazu musste Tiffany intensiv mit zwei Augensalben behandelt werden, so oft als nur möglich, mindestens zweimal die Stunde, auch nachts. Die Augenärztin bezweifelte mein Engagement dies durchzuhalten und war mit der Entscheidung sichtlich unzufrieden. Gut, sie kannte weder mich noch meine Liebe zu dem kleinen Vierbeiner.

Nein, das Äugelein war nicht zu retten, das war von Beginn an klar. Doch die Verletzung vernarbte, es entstand keine Infektion und Tiffany erblindete auf dem Auge, es wurde weiß. Nun hielt sie beim Hinsehen ihr Köpfchen schief. Wie früher in den Welpentagen, wenn etwas Besonderes ihre Aufmerksamkeit erregte. Auch das zweite Äugelein war längst trübe, der einst hervorblitzende Schalk war für immer gegangen.

Wieder zuhause, mit Mengen an Medikamenten, kämpften wir beide. Ich um den Erhalt des Auges und innere Ruhe, Tiffany mit ihren Beinchen. Bei den Behandlungen und regelmäßigen Temperaturkontrollen hielt sie artig still, hatte weiterhin Riesenappetit, aber ohne Leine ging sie kaum mehr von alleine. Ende Mai stellte ich die Spaziergänge ein. Mehrfach am Tage stolperten wir vorsichtig über ein Stückchen Rasen und fuhren täglich zu einer großen Wiese am Ortsrand, neben einem wunderschönen Rapsfeld. Das einst geliebte Meer und der Wald, beides lag greifbar nahe und doch unerreichbar für uns. Die wunderschöne Wiese mit den leuchtend gelben Butterblumen mochte Tiffany, hier tapste sie ein wenig herum und schlief in der Sonne auf ihrer blauen Decke. Wir hatten Naschereien mit und Wasser und zu lesen für mich. Viele schöne Stunden verbrachten wir dort neben dem duftenden Raps. Dort entstanden die letzten Fotos von meiner Kleinen. Schöne Fotos einer alten, immer noch wunderschönen Tiffany. Aufmerksam zu mir blickend, ohne mich genau sehen zu können, mit einem blinden und einem trüben Knopfauge. Die Öhrchen spitz aufgestellt, weil sie mein Händeklatschen wahrnahm. Und mit jetzt dauerschiefem Köpfchen, durch den Schlaganfall.

Es begann unsere Letzte-Mal-Etappe. Im Frühsommer nahmen wir Abschied von Warnemünde und Park und siedelten mit Tierwagen und Caravan zu Freunden um. Zwischen dichten Baumreihen, auf einer sonnenüberfluteten Wiese mit einem Storchennest, am Rande eines kleinen Dorfes und abseits der einzigen Straße, fanden wir das letzte gemeinsame Zuhause. Ruhig, grün und groß genug für zeitlich lange, aber kurze Runden. Durch beharrliches Gehen-Müssen-Training hatte Tiffany die Probleme des Schlaganfalles fast völlig ausgeglichen. Sie wackelte wie eben ein altes Hündchen, doch der Drang nach rechts zu tippeln war besiegt! Jetzt entfernte ich die Schrägen zur Plattform vor dem und die mobile Schräge im Caravan, selbst mit Nachschieben gelang es der Kleinen nur mühselig sie zu benutzen, häufig fiel sie, trotz Begrenzung herunter. Sie wurde wieder hoch gehoben, die kleine Alte, wie in den ersten Monaten ihres Lebens, als es dem Welpen Tiffany an Sprungkraft fehlte, um Bett oder Sitzecke zu erreichen. Nachdem sie mehrfach von der einst von ihr beschlagnahmten Lieblingsecke der Sitzgruppe gefallen war, errichtete ich aus Polstern eine Barriere um weitere Stürze zu verhindern. Selbst jetzt wollte die kleine Prinzessin möglichst viel Eigenständigkeit wahren und zog das Schlafen im neuen Hundepolsterkörbchen unter dem Tisch vor. Da konnte sie alleine hinein und hinaus, so wie sie wollte, und musste nicht auf sich aufmerksam machen. Dabei war ich nur für sie da, ließ sie kaum aus den Augen und holte sie in unsere Ecke hoch. Ich fand keine Ruhe ohne Tiffany an meiner Seite.

Im Frühsommer löste ich die GmbH auf. Bei den vielen Querelen und immer neuen Forderungen der steigenden Anzahl sich verantwortlich fühlender Ämter, den unzähligen Gespräche mit stets begeisterten Personen, doch ohne Ergebnis, bei den ständig neuen Projektüberarbeitungen und dem sich auflösenden Geld fiel mir diese Entscheidung nicht schwer. Ich hatte reichlich genug von dem tatenlosen Geschwätz und keine Kraft zu verschenken für einen jahrelangen Kampf um Gelände und Genehmigungen.

Diese brauchte ich für Tiffany. Sie verdiente meine ganze Fürsorge und ständige Anwesenheit. Ich begrub das Projekt "Dinosaurier- und Reptilienpark" und bereute es niemals. Für die Reptilien begann die langwierige und mühsame Suche nach einem, ihnen gerecht werdendem, neuem Heim. Ich hatte mich für einen Cut in meiner Reptilienhaltung entschieden, Schluss nach zweiunddreißig Jahren.

Ich bin dankbar, sehr dankbar für den letzten Sommer meiner Tiffany. Ihr Auge war allen Prognosen zum Trotz nicht ausgelaufen, musste nicht entfernt werden und die Folgen des Schlaganfalles verringerten sich täglich. Ganz bestimmt trug die ruhige Umgebung, unser wunderschöne Stellplatz, viel dazu bei. Tiffany schlief jetzt sehr viel, gerne in ihrem weichen Körbchen vor dem Caravan und dem Alligatorengehege in der Sonne. Sie war fast völlig erblindet und orientierte sich nur nach meinem immer lauter werdenden Händeklatschen und Rufen. Naja, und nach ihrem Näschen, das ihr stets den Weg zum gefüllten Futterschüsselchen wies. Da stolperte sie dem Geruch hinterher und ihr Appetit erfreute mich immer wieder. Doch ihr kleiner Körper veränderte sich, schnell, viel zu schnell. Tiffany verlor Gewicht, ihre Muskeln schwanden, die Beinchen wurden dünn, die Wirbelsäule zeigte sich immer deutlicher, Rücken und Hüfte wurden knochiger, sogar das Pinselchen. Welch Gegensatz dazu ihr dichtes, weißes Fellchen, welches ihr weiter den Anschein eines jungen Hündchen verlieh. Andere Hunde werden grau, Tiffany blieb bis zuletzt das weiße, alterslose Fellbündelchen.

Als die Störche ihr Nest verließen und zu einer Reise in wärmere Länder aufbrachen, als auch unser Sommer endete, diese Zeit an diesem Ort, gab ich auch den Versuch auf, Tiffany zu kleinen Wegen am Wald, auf der Rückfahrt vom Einkaufen, zu begeistern. Sie folgte an der Leine, welche stets straff gezogen war, weil sie so Kontakt und Vertrauen hatte, doch Spaß bereitete es ihr offensichtlich nicht. Kein Näschen mehr für Waldboden, den Spuren des Wildes, dem Duft der Bäume. Vergessen, uninteressant. Müdigkeit verdrängte einstige Wissbegierde, Abenteuerlust und Freude. Nur auf unserer Wiese gelang es mir ab und an die einmal große Jägerin zum zaghaften Nachkratzen in einem Maulwurfshügel aufzufordern, dann steckte sie sogar die grau und glanzlos gewordene Nase in das Loch und sog die Luft tief ein. Aber das blieben wenige Ausnahmen. Wir verließen das Gelände nicht mehr und zuckelten hier täglich mehrfach mühevoll herum, wichtig um Kreislauf und Stoffwechsel in Bewegung zuhalten.

Mitte Oktober fuhren wir erneut auf die Ranch im Busch. Ein runder, besonderer Geburtstag stand an und Tiffany sollte der Tierärztin vorgestellt werden. Ich machte mir unendliche Sorgen und wollte nichts unversucht lassen, nichts falsch machen. Ich redete mir ein, ich werde das Bestmögliche für Tiffany tun, um mir später nichts vorzuwerfen zu können. Ein Trugschluss. Immer wieder laufen die Bilder von damals ab und ich hinterfrage ständig, werfe mir Vieles vor und frage mich, ob ich wirklich richtig entschied und ob ich nicht mehr hätte tun können. Tiffany hatte zum ersten Mal in ihrem Leben keine Lust auf Untersuchung auf dem Behandlungstisch, da wollte sie unbedingt herunter und in meinen Arm. Die Blutuntersuchungen in den nächsten Tagen brachten nur Gutes, sogar die Nierenwerte hatten sich verbessert. Doch das Tiffany-

Herzchen war am Ende seiner Kraft, es schlug dennoch tapfer weiter, bemüht mir mein Wertvollstes dieser Welt möglichst lange zu erhalten. Ihre Begeisterung für gereichte Naschereien hatte Tiffany trotz Untersuchungsabneigung nicht verloren und auch nicht den Heißhunger auf Mahlzeiten. So versuchte mich die Tierärztin aufzubauen und sagte, ich werde merken, wenn Tiffany nicht mehr kann und wenn sie gehen muss. Solange solle ich jeden Tag mit ihr genießen. Dort in dieser großen, viel besuchten Praxis war Tiffany die kleine Sensation mit ihren gelebten Jahren, die mit Abstand älteste Patientin überhaupt. Es war eine nicht zu beschreibenden Beruhigung selbst bei der Distanz von achthundert Kilometern diese gesegnete Tierärztin an meiner Seite zu haben, ständig mit gründlicher Beratung am Telefon bereit. Wir verließen die Praxis, ich sah wieder den alten Westie von damals, Schwänzchen wedelnd wegen Tiffany, auf seinem letzten Gang in diesem Leben und ich sah, fühlte, nun, zwölf Jahre später, mein altes Westie-Mädchen auf meinem Arm und wusste, dass unser gemeinsamer Weg endete. Tiffany und ich verabschiedeten uns von der freundlichen Tierärztin, standen noch einmal am Wald der Großstadthunde-Snobs und sagten der Ranch im Busch, T. und D. und wundervollen Erinnerungen hier Danke und Adiós.

Eigentlich ging dann alles schnell. Kaum zuhause, in unserer gewählten Ruhe und Einsamkeit, erlitt Tiffany wenig später einen neuen Schlaganfall. Nun sackte das Köpfchen noch tiefer beim Stehen. Beim Staksen auf der Wiese wanderte sie am unten verschalten Tierwagen entlang, die Holzplatten gaben ihr Begrenzung, denn sie folgte wieder den verqueren Anordnungen des durcheinander geratenen Köpfchens und versuchte beständig nach rechts zu laufen, lief irgendwo gegen, wollte da unbedingt weiter, nicht rechts oder links vorbei. Lieber bleibe sie davor stehen, bis ich sie zog oder schob. Im Caravan wackelt sie oft ruhelos von einer Ecke in die andere und dabei war ihr die Kontrolle ihrer Schüsselchen wichtig. Denn futtern mochte sie noch zu gerne, auch naschen. Nicht nur einmal schnappte sie dabei in meine Finger und erkannte erst darauf den Irrtum. Ich gab ihr das so geliebte Trockenfleisch von Rinti nicht mehr. Sie knabberte gerne, hatte weiter fast alle Zähnchen, wenn auch mit deutlichen Abnutzungsspuren. Die hatten ja auch was zu leisten gehabt in den Lebensjahren! Von Stöckchen, Knochen, bis Knapperzeug in allen Härtegraden. Oh, die hatten wahrlich viel gearbeitet. Nun zernagte Tiffany weiter das harte Fleisch, doch sie schluckte es teils in großen Stücke herunter. Deshalb gab es jetzt, mit neunzehn Jahren und sieben Monaten Lebensalter, angepasste Naschereien, wie weiche Kaustreifen und die stets verehrten Käse-Schinken-Stangen "Funtastix". Eine weitere Erfahrung ertrug die Kleine ohne Proteste: nachts trug sie ein Läufigkeitshöschen mit Inkontinenzeinlagen aus der Humanhygiene. Sie schlief nun in ihrem wasserdichten weichen Polsterkörbchen im Bett neben mir und unzählige Male erwachte ich von ihrer Unruhe, weil sie ihren Harndrang nicht richtig kontrollieren konnte, eingenässt hatte und völlig verstört über sich selbst dasaß. Also, Höschen und Einlagen wechseln. Oft auch das Kissen und die Unterdecke. Ich hatte hinreichend dazu gekauft, kam aber aus dem Waschen kaum heraus. Am Tage zeigte sie an, wenn sie unbedingt bitte und ganz schnell vor den Caravan musste. Und immer ein nasses Ergebnis, wenn ich nicht schnell genug reagieren konnte. Aber Tiffany war ja bemüht, sie konnte nichts dafür. Ehrlich muss ich eingestehen das ich mehrfach mit den Nerven am Boden lag, auf die Kleine schimpfte und sie unfair behandelte. Ja, das tat ich wirklich. Es belastet mich bis heute sehr und die Gedanken daran überrollen mich immer wieder urplötzlich an Tagen und in Nächten.

Ende November fiel der erste Schnee und gleich so viel, dass die Wiese unter einer hohen Decke verschwand. Täglich schaufelte ich Areale frei, damit die alte Tiffany gehen konnte. Zumeist zog ich ihr auch für kurze Momente das dicke Wintermäntelchen über. Es war ein rührender und trauriger Anblick den kleinen weißen Terrier am Tierwagen entlang stolpern zu sehen. Sie war bemüht die Orientierung zu halten, für das weiche Weiß hatte sie nur in den ersten Tagen etwas Aufmerksamkeit übrig.

Tiffanys guter Appetit blieb unverändert und sie bekam nur ausgesuchtes Futter. Ich konnte problemlos kurz treten, brauchte nicht viel zum Dasein. Es war ja für sie.

Die Tabletten und Medizin nahm sie ganz selbstverständlich artig ein. Nicht mehr wie in den vorausgegangenen Jahren, wo ein *Komm`, essen!* und ein Leckerhapps hinterher die Medizin einfach im Mäulchen verschwinden ließ - jetzt tarnte ich mit ein wenig Fleisch, Wurst oder Käse.

An einem Morgen wenige Tage vor Weihnachten wurde ich von der wild hechelnden Kleinen geweckt. Sie glühte vor Hitze und das Thermometer zeigte über 40° Grad Fieber. Sofort fuhren wir in die Tierarztpraxis nach Rostock. Dort wollte Tiffany partout nicht mehr auf den Behandlungstisch, wollte nur auf meinen Arm. Das Fieber war von alleine gefallen, doch es musste eine Ursache gehabt haben. Tiffany erhielt eine Infusion und Medikamente gegen einen Infekt. Die Tierärztin sagte mir auch, das Tiffanys Herzchen schwach schlägt und das wir bald Abschied werden nehmen müssen. Ich trug meinen Schatz zurück ins Auto und wollte nur schnell in die Geborgenheit unseres Zuhauses, fort aus der Praxis und nichts von all dem hören. Auf der Rückfahrt informierte ich die Tierärztin in Pulheim. Sie war mit den Medikamenten nicht einverstanden und organisierte für den nächsten Tag entsprechende Antibiotika bei einem ihr unbekannten Kollegen in einem Nachbarort unseres Stellplatzes. Es musste schnell gehen. Ich hatte nur einmal bei dem Tierarzt ein besonderes Präparat bestellt, weil ich nicht soweit nach Rostock wollte, so kam der Kontakt zwischen den beiden Kollegen über Telefon zustande, gleich mit Anweisungen für eine Behandlung. Als mich unsere Pulheimer Tierärztin abends erneut anrief, war Tiffany wieder aktiv. Unterwegs hatte ich für sie ein Brathähnchen gekauft. Sie liebte Hühnchen und verputzte schmatzend Mengen davon.

Die verbrachte Nacht war voller Unruhe, Tiffany schlief wenig, stand immer wieder hechelnd auf und legte sich erst unter meinem Arm wieder in die Kissen und unter die gemeinsame Decke. Sie atmete tief und ich wusste es geht ihr nicht gut. Vormittags verschlang sie aber wieder ihre Mahlzeit und nahm die Medizin artig per Löffel ein. Dann erneut diese nervenaufreibende Unruhe, dieses nervöse Hecheln im Wechsel mit tiefem Schlaf.

Die Fahrt zum Doktor wurde ein anstrengendes Unternehmen. Es schneite unaufhörlich dicke Flocken, der Winterdienst hatte wieder einmal versagt und ich schlitterte und fuhr durch die bedrohlich steigende Schneedecke. Endlich am Ziel, im dichten Schneetreiben, im bunten Glanz der weihnachtlichen Stadtbeleuchtung, da schien mir alles so unwirklich, war verzerrt wie in einem Albtraum, jenseits aller Realität. Der nette Doktor untersuchte die inzwischen stille Tiffany behutsam und fürsorglich, gab die Spritze und die Infusion. Dann sagte er mir, dass ich Abschied nehmen muss, das Tiffanys Herz schwach und ungleichmäßig schlägt. Ich schämte mich nicht der laufenden Tränen. Wir entschieden, da Tiffany unter Medikamenten stand und keine Schmerzen haben konnte, sie in Ruhe zu lassen und nicht mehr mit unnötigen weiteren Behandlungen zu quälen. Er versicherte mir, dass ich ihn auch an den Weihnachtstagen zu jeder Tages- und Nachtzeit anrufen kann und dass er zum Erlösen zu uns kommen würde. Wenn, dann sollte die Kleine in ihrer vertrauten Umgebung entschlafen, nicht in einer Arztpraxis. Ja, das sagte mir dieser Doktor, der uns kaum kannte.

Abends rief wieder unsere Tierärztin an und riet ebenfalls von weiteren Behandlungen ab. Tiffanys Zeit ist verlebt, ich solle sie in Frieden und Ruhe gehen lassen. Sie hätte doch eine so abenteuerliche Reise auf dieser Erde gehabt und so ein schönes Leben mit und bei mir. Ich verstand nur nicht, warum noch vor zwei Monaten die Blutwerte so gut waren. In einem hohen Alter zählt ein Tag viel, wurde mir erklärt und ihr Herz schlug damals bereits schwach. Nur weil Tiffany eine starke Kondition durch Wanderungen und Spielstunden erarbeitet und sie stets bestes Futter mit wertvollen Zusätzen genossen hatte, war sie überhaupt derart lange fit und konnte das Altern lange besiegen.

Die Nacht wurde wieder unruhig. Vielleicht, so denke ich heute, spürte Tiffany die Trennung und kämpfte dagegen an. Vielleicht wollte sie mich ebenso wenig loslassen, wie ich sie. Wer weiß schon, was in einem kleinen Hundeköpfchen vorgeht. Und nur weil sie vom Alter und von Schlaganfällen geschwächt war, hieß es nicht, dass sie nichts mehr wahrnahm!

Morgens futterte sie dann ein wenig an ihrem Hühnerfleisch herum, ließ zum ersten Mal im Leben das fast gefüllte Schüsselchen stehen, auch gut zureden und Stückchen in das Schnäuzchen schieben waren erfolglos. Als ich sie in den vom Schnee befreiten Wiesenbereich stellte, sah ich ihre deutliche körperliche Veränderung, ihre steife Haltung, zitternd bemüht sich auf den Beinen zu halten und als ich sie aufforderte einen Schritt zu gehen, sackte Tiffany rechts zusammen. In dieser einen hinter uns liegenden Nacht war sie um Jahre gealtert. Ich legte sie in unsere Stammsitzecke und sie schlief fest ein.

Als ich die kleine alte Prinzessin Stunden später weckte und in ihre trüben Augen blickte, erschrak ich über die Leere in ihnen. Es war, als hätte mich Tiffany bereits verlassen. Doch ich stellte sie auf die Beinchen und zog ihr das Mäntelchen an, letztmalig. Draußen, am frühen Heiligen Abend, es schneite erneut ganz wenig, die Sterne funkelten und die Welt war leise, fiel mein Hündchen nach wenigen Schritten im Schnee zusammen. Ich brachte sie in unseren warmen Caravan, in unsere Sitzecke, deckte sie leicht zu und Tiffany schlief wieder. Später kaute sie auf einer ins Mäulchen geschobenen Funtastix-Stange herum, doch ich musste die Bissen entfernen, sie schluckte sie nicht ab. Ich schlief neben ihr ein. Tiffany schlief auch am ersten Weihnachtsfeiertag. Sie sank in jenen Zustand, der irgendwo zwischen Dämmern und Tiefschlaf liegt und voller Erinnerungen und Träume ist. Ich befeuchtete ihr das Mäulchen und die Zunge regelmäßig und hielt sie sauber. Ihr Köpfchen nahm sie nicht mehr hoch. Sie schlief einfach, tief und gleichmäßig atmend. So wurde es Abend und ich hockte stundenlang auf den Knien neben ihr, hatte meinen Kopf an ihre Seite gelegt und lauschte auf jede Veränderung.

Später hob ich das müde Hundemädchen vorsichtig hoch, mühsam, weil das Köpfchen einfach zu schwer geworden war und ich es stützen musste. Wickelte das geliebte Wesen mit ihrem schlaffen, aufgebenden Körper in eine warme Decke, so dass nur eben die geschlossenen Augen und das Schnäuzchen hervorlugten. Ich nahm das warme Bündelchen auf den Arm, drückte es hoch an meine Brust und bedeckte es zusätzlich mit meiner Winterjacke. So traten wir vor die Tür, in die Schneelandschaft, in die klare, eisige Stille der Winternacht. Tiffany hatte den Wechsel der Umgebung gemerkt. Sie bewegte das Köpfchen, öffnete gar ein wenig die Augen, hob ihr Näschen und atmete die frische, kalte Luft tief und gleichmäßig ein. Wir stapften langsam durch den hohen Schnee auf unseren alten Wegen. Der Schnee knirschte hart unter meinen Schritten und zerstörte die tiefe Ruhe um uns herum, nur wenn wir stehenblieben, dann war sie zurück mit ihrer Magie. Wir gingen vorbei am Tierwagen, bis zum Storchennest, an der Pferdekoppel entlang und durch Büsche und Bäume hindurch zurück. Der dunkelblaue Nachthimmel war verschwenderisch mit Sternen übersät. Es schwebten einzelne, wenige Schneeflocken auf meine Kameradin und mich herab, die Kristalle glitzerten im Licht der Außenbeleuchtung. Eine Viertelstunde, vielleicht länger, gingen wir so und dann aus der Frostnacht zurück in die Wärme des Caravans. Tiffany registrierte auch dies und schlief in der Sitzecke gleich wieder ein.

Noch einmal, eine halbe Stunde vor Mitternacht, drehten wir diese kleine Runde. Und wieder nahm Tiffany es wahr, hob die Nase an, schnupperte und sog die Luft tief ein. Ihre Augen öffnete sie nicht mehr.

Wenig später dann, nur Minuten darauf...Sie nahm mir die schwere Entscheidung den Tierarzt zu rufen ab. Selbst das tat sie noch. Selbst das.

Die Kleine wurde plötzlich unruhig, hob mühsam das Köpfchen und atmete stockend. Nur Sekunden, dann schlief sie erneut. Ich streichelte sie, redete leise auf sie ein, erzählte, dass bald wieder Alles besser sein werde und dass ganz sicher Hundefreunde aus wunderbaren Tagen auf sie warten werden. Cassy, der Wirbelwind ihrer Welpenzeit, Brian, ihr starker großer Beschützerfreund und Jonas, der Waldläufer aus Hirschburg. Minuten darauf kam erneut Unruhe in Tiffanys Körper, heftiger als vorher, sie atmete schwer. Einmal fiepte sie leise, öffnete die Äugelein und drängte sich mit nicht mehr erwarteter Kraft tiefer in meine sie fest umschlungen haltenden Arme. Ihren Kopf an mein Gesicht gepresst, nass von Tränen. Ich küsste sie. Dann atmete sie nicht mehr.

Am ersten Weihnachtstag 2010, wenige Minuten vor Mitternacht öffnete sich für Tiffany eine Tür und als sie sich hinter ihr schloss, war ich allein in dieser Welt.

So schüchtern, so ruhig, wie sie als wenige Monate altes Hundekind in Brüssel-Anderlecht in meine Hiersein getreten war und es unbeschreiblich reich, wert zu erleben gemacht hatte, auf unserer verschlungenen und abenteuerlichen Drift, so leise ging sie nach neunzehneinhalb Jahren wieder, in der Abgeschiedenheit und Stille eines mecklenburger Dorfes mit einem Storchennest.

Erst nun, in der Stille und Einsamkeit, begriff ich wirklich das schreckliche Wort „unwiderruflich".

Alles war noch so von ihrer Gegenwart erfüllt…

Komm` in mein Boot, ein Sturm kommt auf und es wird Nacht.
Wo willst du hin?
So ganz allein treibst du davon!
Wer hält deine Hand, wenn es dich nach unten zieht?
Wo willst du hin? So uferlos die kalte See.
Komm` in mein Boot,
der Herbstwind hält die Segel straff.
Jetzt stehst du da an der Laterne, mit Tränen im Gesicht.
Das Tageslicht fällt auf die Seite, der Herbstwind fegt die Straßen leer.
Das Abendlicht verjagt die Schatten,
die Zeit steht still und es wird Herbst.
Komm` in mein Boot, die Sehnsucht wird der Steuermann.
Komm` in mein Boot, der beste Seemann war doch ich.
Jetzt stehst du da an der Laterne, hast Tränen im Gesicht.
So gnadenlos ist nur die Nacht.
Das Feuer nimmst du von der Kerze,
die Zeit steht still und es wird Herbst.
Am Ende bleib` ich doch alleine.
Die Zeit steht still und mir ist kalt.
Kalt. Kalt.
Rammstein

Die Brücke zum Regenbogen

Eine Kerze zündete ich an.

Ich habe Tiffany die Augen geschlossen, sie gereinigt, gebürstet und gemeinsam mit ihren Schätzen weich im Polsterkörbchen gebettet. Und die ganze Nacht neben ihr gesessen, sie gestreichelt bis die Wärme den kleinen Körper verließ. Dann saß ich nur noch. Einsam. Und den folgenden Tag. Tiffany war fort.

Telefonate der Tierärztin aus Pulheim und der Freunde von der Ranch, mehr nicht. Einsamkeit und Schmerz.

Am Abend bahrte ich Tiffany mit ihrem Lieblingsspielzeug und mit Kerzen in unserem Kleinbus, ganz nahe am Caravan geparkt, für drei Nächte auf. Ich konnte mich nicht eher trennen.

Am 29.12.2010 fuhr ich mit meiner ehemaligen, begeisterten Copilotin, nun im Körbchen auf der Rückbank liegend, in dem harten Winter über vereiste und verschneite

Straßen und Autobahnen hunderte Kilometer und viele Stunden zu dem von mir gewählten Kleintierkrematorium und Tierfriedhof "Im Rosengarten" Badbergen zur endgültigen Abschiednahme.

Als ich von der Landstraße abbog in den schmalen Weg, eingeengt von beidseitigen Gebirgszügen aus Schnee, und zwischen Wiesen und Koppeln entlang fuhr, leuchteten bald vor mir Lichtpunkte wie Irrlichter in einem märchenhaften Landschaftsgarten auf und entzündeten ein Funkeln und Glitzern im Schnee. Es war wie das Spiegelbild des Sternenhimmels auf Erden. Tief verschneit lag das wunderschöne Gebäude-Ensemble mit den schmiedeeisernen Gittertoren einsam in der winterlichen Landschaft. Laternen erhellten mit gelblichen Lichtkegeln die Auffahrt, Spots beleuchteten gefrorene Wasserläufe und bunte Windspiele auf dem weitläufigen Gelände des Rosengartens. Soviel Festlichkeit, nur für uns.

Das Team vom Rosengarten begrüßte uns freundlich und herzlich, Tiffany sogar mit ihrem Namen und mit Streicheln und einer dunkelroten Rose. So friedlich in ihrem Nestchen liegend, wurde sie wegen ihres dichten Fellchens und ihrer Größe für ein junges Hündchen gehalten. Sie war ja ein kleines Westie-Mädchen geblieben. Und ich korrigierte zu aller Erstaunen. *Nein. Nein, meine Tiffany lebte mit mir fast zwanzig Jahre.*

In den mit Kunstgegenständen liebevoll gestalteten Räumen, mit unzähligen brennenden Kerzen, Rosensträußen und einer leisen, unaufdringlichen Begleitung seitens des Rosengartens, hatte ich Zeit und Ruhe für Gedanken und Tiffany. Stunden später, im Abschiedsraum mit den vielen Grünpflanzen und einem Meer von Rosen, wurde mir die Zeit geschenkt, die ich brauchte für letzte Worte, letzte Liebkosungen und Berührungen des rauen, dichten, weißen Fellchen des so geliebten Wesens.

Dann hatte ich einen endgültigen Blick durch ein Fenster zu Tiffany, schlafend im Körbchen, vom Rücken bis zu den Hinterbeinchen leicht bedeckt mit einer dunkelroten Decke mit Rosenblüten, mit einem Rosensträußchen neben Kopf und Vorderbeinchen und von Rosen umgeben, hinter ihr ein wogendes leuchtend gelbes Rapsfeld mit einem Baum unter blauem Himmel. Dann fuhr die Kleine allein in die Ewigkeit und fort aus meinem Blick.

Es folgte eine Stunde des Wartens in dem wunderschönen Raum mit den Rosen und Kerzen und Dekorationen. Lange davon stand ich am Fenster und verlor mich im Wechsel der Farben des beleuchteten Rosengartens, den geschwungenen Konturen der unter der Schneedecke liegenden Büsche und Bäume, den Brückengeländern, den Windspielen und in meinen Gedanken. Es schneite weiter. Der Himmel sandte ruhig sinkende, große Flocken.

Nach einem Klopfen betrat eine Dame fast lautlos den Raum, in ihren Händen ein geschmücktes Kästchen, mit goldbeschrifteten Steinchen, einer Rose und der ausgewählten Urne, und sie sagte leise *Ich bringe Ihnen Ihre Tiffany.*

Danke, liebes Rosengarten-Team, das Sie mir so einen würdevollen Abschied, in einer so liebevoll gestalteten Umgebung und Zeremonie ermöglicht haben.

Danke für die vielen freundlichen Worte und Gesten für mich und Tiffany und für

Ihre leise Begleitung.

Es war früher Abend, als ich den Rosengarten verließ. Ich fuhr durch die Nacht "nachhause". Ich hätte auch irgendwo hin fahren können. Es wäre egal gewesen, das Zuhause hatte sich aufgelöst. Das Wichtigste war und ist bei mir. Die kleine Urne, die Halskette mit der Schmuck-Kapsel, gefüllt mit ein wenig Asche, die Spielsachen und meine Erinnerungen an eine außergewöhnliche Gefährtin.

Dann, wenn ich nicht mehr für eine sichere Aufbewahrung sorgen kann, dann wird Tiffanys Reise endgültig im Rosengarten Badbergen beendet sein, bei vielen anderen geliebten Seelen, an der wunderschönen Pyramide unter einem Meer von Blumen, und ein Stein mit ihren Daten und ihrem Bild wird hoffentlich lange nach mir noch an meine kleine Abenteuerin, Weltenbummlerin, Copilotin und einzigartige Weggefährtin erinnern.

Bis heute brennt eine Kerze dauerhaft für Tiffany,
neben ihrer kleinen dunkelblauen Urne mit den vielen goldenen Sternen,
ihren Fotos und Spielsachen
und einer Rose.

Epilog

Im Februar 2012

Erinnerungen - Das unvergessene Hündchen - Pfötchen-Tapsen - Denia/Spa-
nien, vierzehn Jahre nach unserem Dortsein

Leben heißt Erfüllung, nicht Dauer.
Als die Fähre nach zwei Tagen endlich Cádiz anlief, den großen Atlantikhafen Spaniens, als ich endlich aus dieser überfüllten, lauten und schmutzigen Reisemaschine mit dem Spezialtransporter heraus rollen konnte, hatte sich ein Lebenskapitel geschlossen. Ich war jetzt frei von der Last jeglicher Verantwortung.

Mit Schrittgeschwindigkeit wurde ich als Beginn eines Autokonvois durch ein Spalier Uniformierter bis zu dem erwartungsvoll beobachtenden Riesenaufgebot an Zoll und Hafenpolizei gelenkt. Blauer Himmel, Palmen und im Kopf tobte ein Gedankenchaos. Dann musste ich stoppen, mit meinen Grübeleien und dem Auto. Vor ernst blickenden Gesichtern und betont herrischen Gesten.

No, Señor. No alcohol y no cigarrillos beantwortete ich die mir gestellte Frage.

Aber so viel Vertrauen hatten sie nicht, weder zu meiner Beteuerung noch bei meinem Aussehen. Denn, die Schiebetür wurde geöffnet. Und als die Ladungsinteressierten nun in den, hinter tiefschwarzen Fenstern vorher verborgenen, bis auf eine Reisetasche komplett leeren langen Transportraum blickten, vermeinte ich entspannte Minen zu erkennen. Doch nun näherten sich zwei Kampfanzüge mit vierbeinigen Kollegen und diese schlugen schon nach wenigen Schritten neben meinem Auto wild an. In allen Gesichtern zogen sich Augenbrauen zusammen. Ich musste aussteigen, während ein Hund in den Transporter sprang und sich dort wie verrückt aufführte. Beunruhigt erklärte ich den Grund meiner Reise und belegte es mit Dokumenten. Ich hatte meine Krokodile und Riesenschlangen in ihr neues Zuhause transportiert, einem Park auf den Kanarischen Inseln. Damit wurde ich interessant, meine Gegenüber freundlich und undienstlich neugierig. Dem bellenden Mitarbeiter wurde dem Mitspracherecht untersagt und seine Führerin erklärte, dass er auch völlig anders reagiere als beim Finden von Substanzen, für welche er ausgebildet sei. Die unbekannten Gerüche machten ihn nervös.

Ich durfte weiter und im Rückspiegel sah ich eine sich langsam aus dem Heck der Fähre schiebende Autoschlange und die rechts abbiegenden PKW in Richtung der Hundertschaft Uniformierter zur gründlichen Durchsuchung. Na, da viel Spaß! Ich hatte auf der Fähre die vollgestopften Autos gesehen, mit gerade mal Platz auf den Vordersitzen.

Das bogenförmige Hauptportal des Hafens blieb hinter mir und über den Riesenkreisel reihte ich mich ein in den quirligen Stadtverkehr und über kilometerlange breite Straßen hinaus aus Cádiz. Ziel Costa blanca.

Keine dreizehn Monate waren vergangen seit Tiffanys Fortgehen. Damals hatte ich ab Januar keine Veranstaltungen mehr durchgeführt oder angenommen und mich nur um ein neues Heim für die Reptilien bemüht. Eine schwierige Aufgabe, wenn man nicht bereit ist, die Tiere in irgendwelche Hände abzugeben oder über Großhändler an unbekannte Halter. Wenn man schlicht, nach all den gemeinsamen Jahren, die neue Unterbringung mitbestimmen will. Auffallend die arroganten, besserwisserischen Antworten deutscher Zoos. Woher nehmen sich vom Steuerzahler hoch bezahlte Direktoren und mit oder ohne fragwürdigen Doktortitel versehene Kuratoren die Anmaßung mich zu beurteilen? Bei allen Anfragen war dies ein eindeutig deutsches Übel. Seltsam... Im vergangenen Sommer dann der Glücksfall, das ein großer Park sich gleich für alle Tiere interessierte und mich gar einlud mir das zukünftige Heim vorher anzusehen. Schnell wurden wir einig und ich übernahm selbst die Aufgabe des Transportes der Reptilien per Straße und Schiff. Im Dezember konnten alle organisatorischen Fragen geklärt werden und gleich nach Silvester startete das wochenlange Abenteuer.

Schon zu Anfang beschloss ich auf der Rückfahrt einen langen Bogen durch Spanien zu ziehen um die Orte zu besuchen, an denen ich mit Tiffany vor vielen Jahren Lebenszeit verbrachte. Eine Reise der Erinnerungen.

Jetzt lag sie vor mir und mein Herz schlug wild in der Aufregung des Wiedersehens mit Denia! Einen kleinen Umweg nahm ich und meine Route führte über Tarifa, Gibraltar, entlang der Mittelmeerküste, über Estepona, Malaga, ich fuhr auf den Ausläufern der Sierra Nevada über Almeria, Cartagena und Torrevieja. Dann: bekanntes Terrain! Alicante. Benidorm.

Erster langer Halt in Calpe, ganz nahe am Peñón de Ifach.

Der mächtige, steil aufragende Felsen vor dem Strand überragt die Stadt und ist weithin sichtbarer Fixpunkt an der Küste. Januar ist keine Saison. Die unzähligen, hohen Häuser im gleichen Stil, ohne Gesichter und fern jeder Schönheit, nur geschaffen um viele Menschen in sich zu fassen, sind unbewohnt und gesichert. Schön ist die Stadt allein durch ihre Lage in wunderbarer Landschaft und dem Peñón de Ifach.

Ich schlenderte durch fast menschenleere Straßen und auf der Uferpromenade bis auf den bewachsenen Hügel am Fuße des von Seevögeln umschwebten Felsens, mit dem Blick über die Dächer von Calpe auf den Salzsee mit den Flamingos und die Küstenlinie. Öfter spazierten Tiffany und ich hier und unser Weg endete stets genau auf diesem Aussichtspunkt, bei diesen Bänken. Gerne wäre das Terrier-Mädchen weiter gezogen auf dem holprigen Pfad, hoch hinauf auf den Felsen. Für einen Highlander eine Kleinigkeit und ein verlockendes Abenteuer - da den steilen Weg empor, entlang tiefer Abgründe. Einmal versuchte ich ihren Herausforderungen *Los weiter! Komm!* , betont durch hoppelnde Sprünge und Bellen, nachzukommen. Aber nach hundert Metern war Schluss. Den Wunsch meiner kleinen Kameradin konnte ich nicht erfüllen. Im Gegensatz zu ihr beginnt meine Höhenangst schon wenige Meter über Ebene Null. Zu Tiffanys schwerer Enttäuschung kehrten wir um. Aber als Lebenskünstlerin nahm sie die Situation an wie sie war und fand dann eben auch das Sitzen auf der Bank und das Beobachten der Menschen auf dem Parkplatz und der Promenade unter uns interessant. Manchmal gab es dort einen Hund zu entdecken, immerhin! Faszinierend auch die über unseren Köpfen schwebenden Seevögel. Dazu musste sie immer ihr Köpfchen weit heben und der kleine Überbiss machte ihr Gesicht besonders lustig. So saß sie, blinzelte in den Himmel und machte sich ganz eigenen Gedanken zu den kreisenden und mitunter zänkisch lärmenden Federwesen. Was konnte sie für ihren niedlich wirkenden Überbiss? Den hatte Tiffany mit auf diese Welt bekommen und er gaukelte eine harmlose Fassade vor. Aber im Terrier gor der Ärger über den Lärm und der Instinkt auf Jagd, denn tief in der Kehle grummelte es drohend und die spitzen Ohren waren nach hinten angelegt. Das Knurren verstummte nur erwartungsvoll und die Ohren hüpften in Grundposition, wurden gar noch strammer, wenn eine Möwe oder ein ganzer Pulk zu nahe über uns hinwegsegelte. Landeten sie dann in unmittelbarer Nähe, in der Hoffnung auf einen Leckerbissen oder gerne auch mit der Planung auf einen dreisten Diebeszug, sprang die vorher bewegungslose kleine Jägerin weit von der Bank und stürzte sich auf die rotbeinigen Schnabelträger. Die spannten nur die Flügel auf und hoben mühelos vom Landeplatz ab. Tiffany traf stets zu spät im Ziel ein und konnte nur noch mit den kurzen Beinchen in die Luft hüpfen. Sie blieb erfolglos. Doch das minderte keinesfalls ihren Spaß an derartigen Aktionen, eher spornte es sie an. Also zurück auf die Bank und in harmlose Lauerhaltung....

Nur schwer gelang es mir die Gedanken in die Zeitebene der Gegenwart zu holen. Langsam schlenderte ich über die Promenade und blickte oft, ganz oft zurück zu dem Hügel am Felsen, zu der Aussichtsfläche mit unsere Bank. Dann sah ich dort oben einen weißen Hundekopf mit drei schwarzen Knöpfen und wie er die Welt beobachtet. Unwillkürlich stellte sich mir plötzlich die Frage, ob Tiffany wohl oft von irgendwo oben zu mir herunter sieht, mich begleitet auf meinem einsamen Weg im Restleben. Und wenn, ob sie mich so vermisst wie ich sie. Mehrmals musste ich die Augen fest schließen, dann erst war das Köpfchen verschwunden.

Mit dem Auto drehte ich eine letzte Abschiedsrunde in Calpe. Kurz darauf erreichte ich Denia. Das Tageslicht verlosch bereits und mir gelang im Schein der Straßenlampen und Autoscheinwerfer nur mit Mühe die Orientierung. Denia war gewachsen. Nicht zum Vorteil. Durch einen breiten Gürtel von wuchernden Geschäftshäusern für Einrichtungen, Discountern jeder Art, chinesischen Gaststätten mit immer gleichen Namen, amerikanischen Fastfood-Tempeln, Clubs, Werkstätten, Autohändlern und

Dienstleistungsunternehmen erkannte ich endlich einen Kreisel. Als ich das letzte Mal hier fuhr, signalisierte er die Stadtgrenze. Dort drei Ausfahrtstraßen mit Häusern, dort die Carretera Richtung Nationalstraße. Ich tauchte ein in das mir vertraute Denia und befand mich Minuten darauf in den engen Straßen des alten Zentrums. Mein Ziel lag im Hafenbereich, um dort eine Übernachtungsmöglichkeit zu suchen. Nach einigem Pendeln fand ich sie, direkt an der Promenade, zwischen winzigsten Tapa-Bars und ursprünglichen Restaurants. Im zweiten Stock des kleinen Hostal bezog ich ein wunderschönes gemütliches Zimmer mit Balkon und Sicht auf die Promenade, die Marina, den Fischereihafen und den Anleger für die Fähren zu den Balearen. Und, welch ein unglaublich schöner Zufall: unmittelbar vor dem Hostal zierten Steinkugeln die mit Palmen begrenzte Promenade. Unzählige Male führten hier unsere Spaziergänge entlang und niemals kam Tiffany an eben diesen Kugeln vorbei ohne auf eine hinaufzuspringen. Wohl wegen des besseren Überblickes, so vermutete ich, denn worin sollte sonst für sie der Reiz liegen, da oben zu sitzen, nach immerhin nicht wirklich einfachem Erkraxeln und auch Fehlversuchen? Jetzt musste ich schon vor Betreten des Hostals verharren und die kühlen Kugeln berühren, sie streicheln.

Morgens weckte mich sanft die sich steigernde Unruhe des Alltagklanges der Stadt und die Sonne, deren Strahlen die Palmenwedel vor meinem Balkon in das gesamten Spektrum der Goldfarben von gelb bis kupferrot einfärbten, trieb mich aus dem Bett. Die Steinkugeln waren keine Trugbilder meiner übernächtigten Phantasie, waren nicht während meines angenehm ruhigen Schlafes davongerollt. Sie lagen da, wie vor über einem Jahrzehnt. Ein Westie saß nicht auf ihnen. Doch ohne viel Mühen war sie da, die Kleine und drehte neugierig den Kopf, um in ihrem Lebenshunger nicht die kleinste Unbedeutsamkeit zu verpassen.

Mein erster Ausflug führte mich auf der Küstenstraße in Richtung Els Poblets. Ich wollte den Strand finden, an welchem wir einst täglich Stunden mit Spielen, Wandern, Baden und in der Sonne liegen verbrachten. Auch hier hatte sich Denias Umfeld sehr verändert. Orangenhaine waren verschwunden. Eine Residenz mit Ferienwohnungen und obligatorischen, gechlorten Pool - hinter den Dünen und kaum fünfzig Meter vom Meer gelegen -, reihte sich an die nächste. Endlich erkannte ich Gebäudekomplexe und Kreuzungen, sogar noch existierende Geschäfte. Schließlich fuhr ich über den kleinen Rio, dessen Mündung ins Meer immer auf unserem Wege lag. Nach einigen falschen Einbiegungen und Hin-und-Her-Patrollieren fand ich eine schmale Straße zwischen zwei Residenzen hinter einer langgezogenen Kurve. Hier musste es sein! Hier sprang Tiffany stets erwartungsvoll mit den Vorderbeinchen auf die Armaturenkonsole und überprüfte genau, ob ich auch abbiegen würde, auf den holprigen Pfad in den alten, aufgegebenen Olivenhain.

Der Hain war verschwunden, ich aber am richtigen Ort. Mit den hohen Begrenzungszäunen der zu dieser Jahreszeit im verlassenen Dasein schlafenden Residenzen endete der Beton unter den Rädern und die letzten Meter fuhr ich auf Sand der Düne entgegen. Tiffany stand damals dann bereits vor der Tür, um auch bitte unbedingt die Erste sein zu können und während ich die wenige Meter Sand überstieg, tobte sie schon längst in den anlaufenden Wellen. Nun ging ich langsam, voller innerer Unruhe, zwischen den Agaven hindurch. Man hat die Düne durchgeschnitten, einen Weg geschaffen, um den Residenten Bequemlichkeit zum Meer zu bieten. Da lag er tatsächlich vor mir. Unser Strand! Einsam im Sonnenschein. Genau wie früher außerhalb der Saison. Das Wiedersehen mit dem Ort, an welchem wir unzählige Zeit verbrachten, bewegte mich tief und Tränen liefen selbst für mich unerwartet über die Wangen. Weit wanderte ich am Ufer, langsam und immer wieder die Gegend genießend, bis zum Rio. Unverändert entwässerte er als kleiner Bach in das Meer. So wie damals, wenn es in den nahen Bergen leicht geregnet hatte, sonst gab er monatelang nur ein schmales Rinnsal. Auf halber Strecke am Strand lag wohltuend unverändert das alte kleine Dorf, aber es hat seinen Freiraum verloren, wurde von der Übermacht vielstöckiger Residenzen eingekeilt. Fast mutete es an wie ein Fremdling, so, als sei es fehlerrichtet an diesem Platze und nicht die Betonsilos. Ein kleiner struppiger Hund beobachtete mich und antwortete mir, als ich ihm freundliche Worte zurief, mit eindeutigem Bellen das er darauf überhaupt keinen Wert lege. Trotzdem, ich dachte an die kunterbunte Dorfhundemeute, welche uns stets begrüßte, über längere Distanz begleitete und in welcher Tiffany ganz selbstverständlich als Teilzeit-Mitglied aufgenommen wurde. Mir fielen all die Erlebnisse am Meer ein. Tiffanys Mutation von einer Wasserscheuen zur Wasserratte, die Spiele mit Stöckchen, Ball und Steinchenwerfen, unser enges Schwimmen, das Dösen in der Sonne. Unser dicht aneinander Sitzen, beide versunken in Gedanken. Ihre kilometerlange Flucht vor dem Gewitter und der Tsunami. Drei Tage besuchte ich den Strandabschnitt, wanderte die alten Pfade und saß in der Sonne. Bei der Abfahrt von Denia hielt ich ein letztes Mal, machte extra einen Umbogen, und verabschiedete mich.

Vom Meer fuhr ich durch das vormals winzige Els Poblets. Nun fand ich es zuerst nur mit dem von der Küstenstraße abzweigenden uralten Weg durch die Orangenhaine, welcher direkt in das enge Herz des Dorfes führt. In den anderen Richtungen wuchert ein Moloch von Standard-Fincas, kleinen Residenzen und Einkaufszentren. Ampeln müssen den Verkehr durch die überforderten verwinkelten Gassen regeln, welche teilweise keinen Gegenverkehr erlauben. Mühsam nur fand ich die Straße zum nahen El Vergel. Gut, dass es kaum Verkehr gab, denn auch dieses Dorf war schwer wieder zu erkennen. Ich wollte hindurch in Richtung Safaripark Costablanca. Nach minutenlanger Erlebnis-Tour durch die Ansiedlung moderner, ewig gleicher Fincas endlich der Ortsausgang. Ich fragte mich, wie in dieser Monotonie ohne Navigationsgerät eigentlich die eigenen vier Wände zu finden sind und warum nur all die vorher hier existierenden Orangenhaine und Mandelbäume geschliffen wurden. Brauchte die keiner mehr? Werden die Früchte wo anders billiger produziert? Ist die betonierte Eintönigkeit mit den zählbaren, nicht gekappten und nun siechenden Einzelbäumen als Erinnerung an vergangenes Unwürdiges schöner? Die meisten Überlebenden reckten sich ausladend über die Mauern als wollten sie ihrem Gefängnis entfliehen und boten einen traurigen Anblick. Sicher brachte Bauland mehr und einfacher Geld. Und zugegeben, die Monokulturen konnten auch erdrücken. Aber reife Orangen oder leuchtend gelbe Zitronen inmitten dunkelgrüner Blätter, die Blütenpracht der Mandelbäume und die Olivenbäume mit ihren silbrigen Blättern und grünen bis schwarzen Früchten fand ich wunderschön. Die neuen Fincas nicht.

Ich überquerte die Autobahn in Richtung Pego und erreichte den Safaripark.

Die Zufahrtstraße engen ungepflegte, hoch wachsende Hecken und Oleander ein. Früher eine sehr schöne und einladende Auffahrt. Heute sind beide Tore fest verschlossen und die Überwucherungen zeugen davon, dass zumindest auf diesem Wege lange niemand mehr das Gelände befährt. Wie im Dornröschen-Märchen schläft der ehemalige Safaripark unter einer dichten Pflanzenschicht. Hohes Gras erobert den Asphalt, Kletterpflanzen umklammern Tore und Häuser und die von Menschenhand gesetzten Strauch- und Blumeninseln entscheiden alleine über ihren Wuchs.

Eben durch wenige Zentimeter breite Löcher konnte ich hindurchspähen, aber nur erkennen das die Natur hier das Zepter in den Wurzeln hält und die tiefere Sicht in ihr Reich verhindert. Ich wusste dass der Safaripark vor Jahren geschlossen wurde.

Die vielen neu gebauten, ähnlichen Einrichtungen an der Costa blanca, welche sich nun heute, Ironie der Geschichte, selbst gegenseitig das Wasser abgraben und ums Überleben kämpfen, trieben den alten Park in die Insolvenz.

Dennoch hatte ich sehr gehofft irgendwie auf das Gelände zu kommen, um unseren Wohnplatz von damals zu besuchen. Ich ignorierte das Warnschild im drohenden Rot, aber mein Versuch die Tore zu erklimmen scheiterte erbärmlich an dornigen Pflanzen, Stacheldraht und Höhe und so blieb mir nichts, als lange Zeit einfach nur da zu stehen, an das Auto gelehnt, und zu träumen von den vielen, vielen Erlebnissen hier. Von den Papageien, den Seelöwen, den Affen und dem ewigen Ärgernis Tiffanys: den Löwen. Irgendwann stieg ich in den Transporter, wendete und ließ dem geheimnisvollen Ort in und unter dem bunten Dschungel wieder seine Ruhe. Die Erinnerung an die Abfahrt damals von hier, mit neuen Reptilien und Hoffnungen an Bord, wurde wach. Die erwartungsvolle Copilotin neben mir, ging es zu Freunden in Deutschland um wieder einmal neu zu beginnen.

Am zweiten Tag meines Strandausfluges entschloss ich mich zu einem Besuch der Tierärztin, welche liebevoll Tiffany und meine Reptilien betreut hatte. Ihre Praxis fand sie bald wieder. Kurz vor Sprechstundenschluss betrat ich den leeren Warteraum. Die Ärztin kam und fragte mich nach dem Anliegen. Ich stotterte zuerst ein wenig herum, bis ich die vergangenen Jahre verdrängt hatte und die Bilder, wie oft Tiffany und ich hier saßen. Dann sagte ich, mich bei ihr bedanken zu wollen für einen guten Rat, den sie mir beim Abschied mitgab, vor vierzehn Jahren: *Immer im täglichen Wechsel einen Löffel Imker-Honig und gutes Olivenöl übers Futter und sie wird eine ganz alte Lady, du wirst sehen.* Und ich erklärte, dass ich mich bis zu ihrem Fortgehen daran gehalten habe, all die Jahre und das die Kleine wirklich eine *ganz alte Lady* wurde. Ich sah sofort die Veränderung im Gesicht der Doc als ich sprach. Dann kullerten ihr einfach ein paar Tränen, welche sie verlegen eilig mit dem Handrücken fortschob, und sie sagte *Ich erinnere mich wie gestern an das kleine Westie-Mädchen und wie besorgt du immer um sie warst. Nur ihr Name, er ist mir verloren gegangen. Wie, wie bitte, hieß sie?*

Ich hatte vorher nichts von einem Westie erwähnt und sagte nun *Tiffany. Die Kleine hieß Tiffany.*

Tiffany wiederholte die Tierärztin leise und lächelte *Ja, natürlich, der Name war so ungewöhnlich. Es ist viel Zeit vergangen. Sehr viel Zeit.*

Wir saßen lange und redeten von "früher", von Tiffany und von den Reptilien und von ihrer Arbeit. Sie wollte einfach Alles wissen. Sie sagte, wie schön es sei, das ich sie besuche und sie all dies erfahre. Welche Überraschung, wie sie sich freue. Aber sie lächelte auch und meinte, das Tiffany so alt wurde, das lag in erster Linie an ihren Genen, ihrem abenteuerlichen, abwechslungsreichen Leben mit all den Herausforderungen, welches sie jung hielt, und an meiner Fürsorge und Liebe. Naja, eventuell hatten Honig und Öl auch einen kleinen Beitrag geliefert. Ich bin mir da weit sicherer als sie.

Als ich einbog in die Küstenstraße, stand die Tierärztin vor ihrem Haus. Im Rückspiegel sah ich Praxis und ihre Gestalt kleiner und kleiner werden, doch ich bemerkte dass sie lange winkte.

Denia gefiel mir vom ersten Besuch an. Die engen Straßen, der Hafen und Strand, die Promenade, die Burganlage auf dem Felsen mitten im Ort. Dabei ist Denia weder sauber, noch hat es besonders schöne Baulichkeiten zu bieten und ich vermag meine Sympathie nicht zu erklären.

Jetzt wandelte ich allein durch die Stadt. Hier wurden wir einst von den Stieren überrascht, retteten uns eilig und verblüfft in den Eingang des Fotoladens. Es gab ihn tatsächlich unverändert. Ja, hier standen wir und gafften ungläubig auf das Geschehen vor unseren Nasen. Tiffany sicherheitshalber auf meinem Arm und selbst ihr hatte es angesichts des Tumultes von Stieren, Menschen, Sirenen der Polizei- und Krankenwagen und der Musikkapellen die Stimme verschlagen! Ein paar Seitengassen weiter standen wir dann häufig und sahen dem Stier- und Menschenlauf zu, dort gefühlt sicherer, hinter einem Zaun. Tiffany wieder auf dem Arm, aber so hoch stehend wie möglich um ja nichts zu verpassen von dem tollen Spektakel. Und da sie längst ihre Fassung wieder erlangt hatte, feuerte sie voller Begeisterung lautstark das gesamte Durcheinander ordentlich an! Welch eine Sensation, jedes Mal!

Auf- und abwärts, aber doch beständig steiler hinauf, durch enge Gassen und über ausgetretene Treppen, flankiert von uralten niedrigen Häusern, eines an das andere geschmiegt und in seinem Baustil dem Terrain angepasst, strebte ich dem einzigen Tor des stark befestigten Castillo entgegen.

Viele dieser typischen Häuser mit den ebenerdigen Eingängen und den mit Ziergittern versehenen Fenstern stehen leer. Von der Burg ist dies Viertel ein faszinierender Anblick, denn hinter der schmalen Hauswand zur Gasse verbirgt sich ein dazugehöriges, wahrlich abenteuerlich angebautes Räumegewirr mit stets einer Dachterrasse für Wäscheleinen und Pflanzen.

Alte Menschen begegneten mir, welche mühsam ihre Wege bewältigten, abwärts in die Enge und das Leben der unten liegenden Stadt mit ihren unzähligen Geschäften oder hinauf in die Vergangenheit und Ruhe ihrer Häuser am Berg des Castillo. Meine freundlichen Grüße wurden offen und gerne angenommen und ebenso freundlich erwidert.

Viele Touristen verschlägt es selbst in der Hauptsaison nicht in das ursprüngliche Viertel. Treppen und wild-winklige, steile Wege sind mir wohl vertraut. Autos kommen nur auf der Zufahrt zum Burgtor hoch, beim Wenden wird es aber schon dramatisch oder gar bei eventuellem Gegenverkehr. Die Seitengassen wurden nicht für neuzeitliche Bequemlichkeit geplant, sie sind ein Total-Aus für Autos. So scheinen die jüngeren Generationen sich in die Gegenwart geflüchtet zu haben, in all die großen, öden, braunen und grauen Wohnblocks rings um die Altstadt.

Hier, im ältesten Teil von Denia, gingen Tiffany und ich jede Woche mehrmals entlang. Gerne stieg die Kleine mit mir zur Burg hinauf. Fort aus der Gluthitze der Innenstadt, hinein in die Frische unter den vielen dichten Bäumen zwischen den Fundamentresten der inneren Burg und umfächelt von einer angenehmen Meeresbrise. Hier konnte sie auf wild gewachsenen kühlen Rasen robben, sich wälzen und laufen! Dazu die geheimnisvollen Mauerrelikte und die vielen, vielen zu erklimmenden Ebenen auf dem riesigen Areal hinter den mächtigen Außenmauern! Egal wie oft, hier warteten immer Abenteuer auf die Kleine. Hier schien es nie langweilig, immer eroberte sie neue Pfade. Damals durften wir irgendwann kostenlos hinein in diesen Terrier-Abenteuerpark. Tiffany hatte das Herz der jungen Frau im Kassenhäuschen mit ihrem Äußeren und mit vorgeführten Kunststückchen erobert.

Nun kam ich allein, wollte meine Erinnerungen genießen und durchschritt aufgeregt die wuchtigen Zugänge. Da stand das Kassenhäuschen, wie damals, nur abgerückt von der Außenmauer auf die gegenüber liegende Seite der gewundenen steilen Zufahrt. Schon als ich in das Gesicht der Kassiererin blickte, kam mir eine leise Ahnung. Ich war mir nicht sicher, doch mein Puls wurde heftiger. Es konnte doch nicht sein?! Dann begann sie mir die möglichen Wege für eine Erkundung zu benennen, aber ich unterbrach sie bald und sagte, dass ich die Anlage gut kenne, vor vierzehn Jahren letztmalig hier oben war, bevor ich zurück nach Deutschland ging. Und das ich davor viele Monate mehrmals die Woche auf dem Castillo mit meinem kleinen, weißen Hündchen spazieren ging. Da war ich mir sicher die junge Frau von damals vor mir zu haben, ich erkannte es an ihrer Reaktion. Sie sah mich lange an, lächelte verlegen, trat aus ihrem Schließfach und sagte leise: *Du hast dich verändert! Du trugst damals lange Haare. Und die niedliche kleine Hündin - sie hieß Stefanie!*

Tiffany korrigierte ich, mit den Tränen ringend, und konnte nicht fassen, das in den Jahren mit ihren Geschehnissen, das in den Jahren mit den Begegnungen unzähliger Gesichter, diese Frau sich an solche Details erinnerte.

Wir setzten uns und redeten und redeten. Sie wollte so vieles von Tiffany wissen, von den Reptilien und von unseren Wegen. Und sie weinte, als ich ihr von Tiffanys Fortgehen erzählte.

188

Für mich wurde der Rundgang auf dem Castillo ein auf und ab der Gefühle. Ich hatte, verstärkt durch das Gespräch, so realistische Erinnerungen an unsere Erlebnisse hier, hoch über Denia, als wäre es eben geschehen, als müsse ich Tiffany wieder mal zur *Vorsicht!* mahnen, weil sie sich zu meinem Entsetzen zu weit an Abgründe herantraut. Noch auf dem Rückweg zum Hostal und trotz des Erwachens der Stadt am späten Nachmittag, ihrem geräuschvollen Luftholen vor dem abendlichen Leben in den Geschäften, Bars, Clubs und Restaurants, musste ich immer wieder an dieses ungewöhnliche Wiedersehen denken.

Bis heute sehe ich das Burgtor und das kleine Kassenhäuschen deutlich vor mir.

Auch die nachts beleuchteten wuchtigen Mauern, wenn der Fels mit der Dunkelheit verschmilzt und die Burg über der Stadt zu schweben scheint. Möwen umkreisen den höchsten Turm und die nach oben gerichteten Scheinwerfer verlieren sich in der Höhe, aber ihr Licht erfasst die schwebenden Vögel und malt sie schneeweiß vor dunkelblauem Sternenhimmel. Ist die Stadt zur Ruhe gekommen, in den frühen Morgenstunden des jungen Tages, hört man auch ihre Schreie. Wie Wesen aus einer anderen Welt erscheinen sie dann, die ruhig dahingleitenden, weißen Mystikvögel und ihre Stimmen scheinen eine Botschaft zu bringen, die wir vielleicht nur nicht deuten können. Oder sind es Seelen, die unsere Welt mit einem letzten Gruß verlassen?

Es war Zeit Abschied zu nehmen von dem Flecken Erde. Ich musste zurück nach Deutschland. Doch Denia, die Burg, der Strand, die märchenhafte Kulisse des untergegangenen Safariparks, die gesamte Costa blanca verbleiben für ewig in meinem Herzen.

Mir brachte die Reise wunderschöne Erinnerungen an gelebte Zeit mit Tiffany und dazu, völlig unerwartet, die Erfahrung, das die Kleine in Spanien tatsächlich ihre Tapsen tief hinterlassen hat.

Zeit verheilt keineswegs alle Wunden und Narben können schmerzen.

Die freundliche spanische Tierärztin sagte mir in unserem Gespräch, das es eine große Liebe war, Tiffany und ich, und das der Schmerz niemals wirklich vergehen wird.

Mein Leben ist nun ein völlig anderes. Gewollt ohne Verantwortung für eigene Tiere.

Ich probe einen Neubeginn und bin mir bereits sicher, dass er scheitern wird.

Doch erstmal weit fort, unter die Sonne Afrikas.

Tiffany wird bei mir sein. Sie bleibt auf immer mein Besitz, nichts vermag diese Erinnerung auszulöschen. Was konnte ich in meinem Leben mehr erhoffen, als das Wunder einer solchen Begegnung?

Nachwort

Ein altes Manuskript, geschrieben vor vielen Jahren in Spanien als Tiffany fünf Jahre alt war und sich daran erinnert, es wieder gefunden, Monate nachdem sie fortgegangen war und als etwas innere Ruhe einkehrte, bildete die Grundlage dieser Lebensgeschichte. Es ist eine Idee ihr Andenken zu bewahren. Sich an Tiffany und gemeinsame Erlebnisse genau erinnern zu können, diese beim Lesen wieder abzurufen aus dem sicher verschlossenen Kästchen im Gedächtnis und sie farbig und lebendig zu machen. Ein Film von nicht geahnter Schärfe und mit erstaunlichen Details beginnt dann abzulaufen. Die Geschichten sind aus meiner Zweibeiner-Sicht niedergeschrieben, somit ist es ein einseitiger Blick auf das Leben der kleinen Heldin und eine menschliche Interpretation einer wundervollen Tierseele. Das Schreiben bereitete mir viel Freude und in den abschließenden Kapiteln über eine ungewöhnliche Lebensreise fühlte ich die tiefe Trauer erneut. Die letzten Monate ihres Hierseins drohten die vielen, wunderschönen Jahre davor zu überdecken, vergessen zu machen. Jetzt ist diese glückliche und abenteuerreiche Zeit wieder gegenwärtig. So wie Tiffany allgegenwärtig ist, auch heute noch, wo ich dieses Manuskript beende, Monate nach ihrem Fortgehen.

der Autor, im September 2011 und März 2012 (Epilog)

Kapitel-Intros

- o **Wo das Meer das Land berührt**
  Christina Stürmer „Mehr als perfekt", Album „In dieser Stadt" 2009
- o **Am Ende einer langen Reise**
  Rammstein „Ohne dich", Album „Reise, Reise" 2004
- o **Die Brücke zum Regenbogen**
  Rammstein „Seemann", Album „Herzeleid" 1995
- o **Foto-Galerie S. 192**
  aus: Die Toten Hosen „Draußen vor der Tür"
  Album „Ballast der Republik" 2012
- o **Foto-Galerie S. 206**
  Mono Inc. „Nimmermehr", Album „Nimmermehr" 2013

Foto-Galerie

einer kleinen Großen mit außergewöhnlicher Seele

Superspielzeug Wasserflasche, *Denia 1996-1998*

Das ist alles so lange her,
so unendlich weit weg.
Doch es fällt mir nicht schwer mich zu erinnern
wie es beim letzten Mal war, als wir uns sahen,
da draußen vor der Tür.
So wie jetzt habe ich dich früher nie vermisst.
Das ist alles so lange vorbei,
doch die Bilder dieser Zeit
sie sind alle noch hier.
Ein ganzes Jahr ist eine halbe Ewigkeit
und es ist Ewigkeiten her,
da draußen vor der Tür.
Das ist alles so lange her,
so unendlich weit weg
und ich habe kapiert
dass ich dich nie, niemals verlier.
Doch, obwohl du mir bleibst, fehlst du mir sehr.
Die Toten Hosen

Ankunft im neuen Zuhause, *Sommer 1991*

Wiese Elmenhorst, *Sommer 2010*

im Great Belgium Circus
Belgien-Tournee 1991

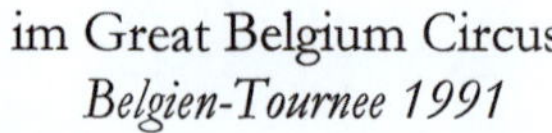

im Great Belgium Circus
Belgien-Tournee 1991

▲ Olmense Zoo & Zirkus ▲
Belgien 1992 und 1993

◄ Family-Park Gent ▼
Belgien, Saison 1994

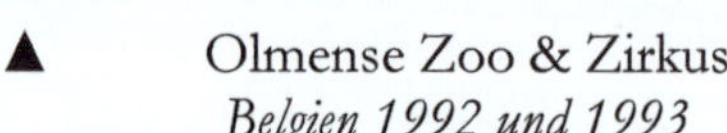

im Zirkus A….
Deutschland-Tournee, ab Herbst 1994 und 1995

im Zirkus Aeros
Deutschland, Frühjahr 1996

▲ beim Rangeln mit Nicky
▼ mit dem besten Freund Brian

Träumen in der Frühlingssonne ▼
ein Abreisetag ▼

Safari-Park Costablanca Denia/Vergel
Spanien 1996 -1998

▲ beim Ausflug

unsere Düne ▲

▲ Castillo Denia

im Safari-Park, *Besuch von zuhause* ▲

▼ Tiffanys magische Kugeln in Denia

Peñon de Ifach in Calpe ▼

unser Strand bei Els Poblets
Safari Costablanca Denia/ Vergel 1996 - 1998

▲ der kleine Rio

Wasserratte Tiffany

▲ Ausnahme: Tiffany ist müde getollt
Playa Els Poblets

◄ unsere Nachbarn im Safari Costablanca
und Tiffanys Ärgernis Nr. 1 für Jahre

▲   Hirschburger Wiesen und Forst   ▼
ab 1999

Typisch Tiffany, *2006*

▲ *unser* Strand bei Graal-Müritz, *ab 1999*

▲ auf Kontroll-Gang vor und in der
     Reptilien-Ausstellung
▼ *Alligator's World 2006 - 2008*

Hirschburg *2007*

mit Aimee, *Alligator's World 2007* ▲

◄ nach einem Schläfchen, *2009*
und am Bernsteinsee, *2010* ▼

▲ vorm Zelt, Wiese Klockenhagen, *2009*   im Hirschburger Forst, *2010* ▲

Immer noch voller Freude über Schnee
Bernstein-See, Winter 2009/2010

▼ *unsere* Wiese Elmenhorst, *Frühling 2010*   die kleine Alte, *Sommer 2010* ▼

Rosengarten Badbergen

Die Zeitebenen, sie sind oft derart verflochten und gedreht,
dann existiert kein Gestern, kein Heute, kein Morgen,
alles scheint ein Ganzes. Zeit? Zeit ist nur eine Illusion.
S. Vega

Im Spätsommer 2013
wurde Tiffanys Urne
an der Rosenpyramide
beigesetzt

Tiffany
Böckmann

Und du wirst schön sein. Und du wirst stark sein.
Und da werden Lieder sein, die Wärme bringen mit Sonnenstrahlen aus Gold.
Und du wirst heil sein. Und du wirst hell sein. Und mit den Sternen ziehn und nie verglühn.
Und du wirst glücklich sein, wenn du träumst.
Schließ die Augen, wenn du jetzt gehst. Ich werd dich wieder sehn, in deinem Himmel.
Und du wirst laut sein. Und du wirst leicht sein.
Denn du bist heimgekehrt und unbeschwert. Mein Licht in dunkler Nacht.
Und du wirst froh sein. Und du wirst frei sein.
Und du wirst vorwärts schaun, befreit von all der Last.
Schließ die Augen, wenn du jetzt gehst. Bewahr einen Platz für mich, in deinem Himmel.

Es wird still sein. Und es wird kalt sein.
Und es wird Regenzeit, im grauen Kleid. Hier unten, ohne dich.
Ja, es wird lang sein und es wird hart sein.
Doch ich hoff irgendwo im Morgenrot, dort wartest du auf mich.
Ich schließ die Augen und träum mich fort.
Bewahr einen Platz für mich in deinem Himmel…

Oh schließ die Augen, wir sehn uns dort
und leiden nimmermehr, in deinem Himmel.
Mono Inc.

Mein Dank

meine Mutter
Ursula Beckmann
1923-2004

Tiffanys enge Hundefreunde Cassy, Brian und Jonas

Dora für ihre Geduld mit uns

Für besondere tierärztliche Betreuung:
Dra. Roohmartinez, Denia
Dr. Noel, Lübeck

Ganz besonders für die liebevolle, verständige, kompetente Betreuung
und die vielen freundlichen Worte:
Dr. Goldbeck, Pulheim
auch dir Danke Fee

Für Betreuung der Reptilien, Hilfe, Verständnis und Freundschaft:
Gaby & Olaf

Für das Ermöglichen eines schönen letzten Sommers für Tiffany inmitten der Natur
auf einer herrlichen, ruhigen Wiese mit einem Storchennest:
Elke, Ralf & Sally

und
Für die herzliche, so persönliche und so würdevolle Begleitung:
Rosengarten-Team, Kleintierkrematorium Badbergen
besonders
Frau I. Kuhl

Anmerkung zu Kapitel *Zirkus Aeros*

Staatszirkus der DDR

Vorgeschichte

Den Frieden 1945 im Osten Deutschlands erlebten, neben zahlreichen mittleren und kleinen Unternehmen, drei Großzirkusse mit mehr oder weniger schweren Verlusten.

Zirkus Barlay, 1935 von Harry Barlay (Reinhold Kwasnik) gegründet

Zirkus Busch, 1910 von Jacob Busch gegründet, geführt von dessen Pflegesohn Fritz van der Heydt (Johann Heidt)

Zirkus Aeros, 1942 von Cliff Aeros gegründet

Nur wenige Wochen nach Kriegsende nehmen die drei Unternehmen einen provisorischen Spielbetrieb unter freiem Himmel auf. Barlay eröffnet neben dem Reisebetrieb Weihnachten 1948 zusätzlich einen hölzernen Festbau in der Berliner Friedrichstrasse (heute Standort Friedrichstadtpalast). Auch Aeros öffnet Weihnachten 1945 einen hölzernen Festbau auf dem Gelände des zerstörten Kristall-Palastes in Leipzig, ab 1949 geht sein Reiseunternehmen auf Tournee. Busch startet 1946 mit neuem Chapiteau seine erste Nachkriegs-Tournee.

Neubeginn

Im Mai 1950 wird Zirkus Barlay, nach H. Barlay`s Verlassen des sowjetischen Sektors, dem Magistrat von Berlin unterstellt.

Im Dezember 1951 wird Zirkus Busch, nach dem plötzlichen Tod von F.v.d. Heidt (Jacob Busch verstarb 1943) zuerst kommunales Unternehmen der Stadt Magdeburg, ab 1956 direkt dem Ministerium für Kultur Berlin unterstellt.

Im Februar 1952 wird Zirkus Aeros, nach dem plötzlichen Tod von C. Aeros kommunales Unternehmen der Stadt Leipzig.

Geschichte des Staatszirkus

1960 wird der VEB Zentral-Zirkus Berlin mit Zirkus Barlay und Zirkus Busch gegründet, 1961 kommt Zirkus Aeros dazu. 1963 entsteht in Berlin-Hoppegarten das größte und modernste Winterquartier Europas mit Stallkomplexen, Probemanegen, Werkstätten, Unterstellhallen, Kantine und Wohnheimen.

Aus Barlay wird 1962 Zirkus Olympia und dieser 1968 in Zirkus Berolina umbenannt. Er wird der modernste Reisezirkus der DDR.

1980 wird aus dem VEB (Volkseigener Betrieb) Zentral-Zirkus Berlin der Staatszirkus der DDR.

Berolina hatte ein Chapiteau für 1.900, Busch und Aeros für 2.600-3.000 Plätze.

Die drei Zirkusse bereisten in Saison-Tourneen (bis zu 10 Monate) regelmäßig die CSSR und die Sowjetunion (bis nach Asien), unregelmäßiger Polen, Ungarn, Rumänien und Bulgarien, der komplette Zirkus Berolina 1983 Griechenland. Neben den Tourneen gab es zahlreiche Ensemble-Gastspiel in Zirkusbauten der gesamten Sowjetunion, in der BRD, den Niederlanden, der Schweiz, in Frankreich, Österreich, Griechenland und Japan. Einzeldressuren reisten durch Japan, durch mehrere Länder Südamerikas und mehrjährige Tourneen führten durch die USA (zwei Jahre E. & Chr. Samel, Gemischte Raubtiergruppe, sechs Jahre U. Böttcher & M. Horn mit ihren Eisbären). Engagements einzelner Artisten und Dressuren wurden in insgesamt 39 Länder der Erde vermittelt, davon 28 im „nichtsozialistischen Wirtschaftsgebiet".

Von 1960 bis 1989 wurden die Eigenproduktionen der drei Unternehmen von 60.416.879 Zuschauern besucht.

Der Staatszirkus der DDR hatte in der Gesamtbelegschaft mit knapp 10% Mitgliedern in der SED (Sozialistische Einheitspartei Deutschland), davon nur 5% in den drei Reiseunternehmen (der überwiegende Teil somit in der Generaldirektion Berlin), eine außergewöhnliche, extrem niedrige Quote. Eine Betriebsgruppe des in der DDR obligatorischen kommunistischen Jugendverbandes (FDJ) existierte überhaupt nicht.

Verlöschen

1990 wird der Staatszirkus der Treuhand zugewiesen und in vier Einzel-GmbH Aeros, Busch, Berolina und Winterquartier aufgespalten. Bereits im August 1990 stellt Busch den Spielbetrieb ein. 1991 werden die Unternehmen wieder in der neu gegründeten Berliner Zirkus Union GmbH zusammengelegt. 1992 verfügt die Treuhand die Auflösung des Zirkus Aeros, der (in Kooperation) reisende Busch-Berolina wird für 1 DM verkauft und für die Berliner Zirkus Union GmbH die Liquidation eröffnet. Chr. Samel erwirbt 1992 das Namensrecht für Aeros und geht mit dem gepachteten Material des Zirkus Aeros und ehemaligen Staatszirkusleuten auf Tournee. 1997 muss sie aufgeben, das Namensrecht kauft jetzt Zirkus Arena (G. Frank). Zirkus Busch-Roland kauft das Warenzeichen Busch. 1993 muss die Treuhand den hochverschuldeten Busch-Berolina von der pleite gegangenen Selekta Zirkus Entertainment GmbH Essen rückführen, die Liquidation wird eröffnet. 1999 kauft B. Spindler das Warenzeichen Berolina. Tiere und Material werden durch den für die Bundesanstalt für vereinigungsbedingte Sonderaufgaben tätigen Liquidator zu Spottpreisen verramscht. Der laut vorgetragene Grundsatz einer selbsternannten „Sachverständigen für Tierproblematik", kein Tier werde an einen Zirkus abgegeben, verlief sich schnell im diffusen Nebel ihrer engsten Kontakte zu Berliner Zoo und Politik. Gewachsene Tiergruppen wurden getrennt und mit finanziellen Anreizen für die Übernehmenden versehen. Eisbären landeten gar im mexikanischen Zirkus Suarez Bros. und wurden zwei Jahre später bei dessen Gastspiel in Puerto Rico von den US-Behörden wegen der katastrophalen Haltung beschlagnahmt.

1999 wird das Winterquartier-Gelände verkauft.

2000 erfolgt Totalabriss und Schleifung, die Liquidation ist abgeschlossen.

Quellen: D. Winkler „Zirkus in der DDR" (Edition Schwarzdruck), „Wie beerdigt man einen Zirkus?" (BoD Norderstedt), B. Liese „Auf 2000 Rädern durchs Land" (BoD Norderstedt), B. Liese & D. Winkler „Es kamen 60 Millionen" (BoD Norderstedt)

Shawn Ayahuasca Vega

Galaxien und Labyrinthe, *Part 3*

Monster´s Ball

Von Reisen durch Ebenen der Zeit,
von Erinnerungen, Begegnungen und Schwarzen Feen

Die Zeitebenen, sie sind oft derart verflochten und gedreht, dann existiert kein Gestern, kein Heute, kein Morgen – alles scheint ein Ganzes.

Während einer langen Reise verwischen an einzelnen Stationen die Grenzen der Zeit und Geschichten von dem kleinen Hundemädchen Tiffany, den Elefanten des Staatszirkus der DDR und den eigenen Krokodilen und Riesenschlangen werden ebenso gegenwärtig, wie dunkle Geschehnisse anderer Epochen im Teutoburger Wald, in Waterloo, Orleans, Spanien, Peru und Amazonien. Sie führen in entscheidende Lebensphasen u.a. von Varus, Napoleon, Jeanne d`Arc, Kolumbus, Pizarro, Orellana und springen zurück in das Jetzt. In reizvolle Landschaften und zu Treffen mit Walen vor Afrika. Greifbar ist das Nicht-Alltägliche, das Wiedersehen nach Jahrzehnten mit Elefantin Jana in Amiens, ist die Begegnung mit Lynn in der staubigen Hitze der Extremadura und die unvergessliche Zeit zusammen in Andalusien. Die Episoden wechseln in den Zeiten, sind ein wilder Trip durch Realität und Fantasie, erzählen von Apokalypsen, verlorenen Nächten, von Freisein, Schönheit und Glück, von Monstern und Schwarzen Feen.

„…Könnt ihr innehalten, den Augenblick von Zeit befreien? Seid ihr offen, hinter der Sinne Illusionen zu blicken, über den Horizont des Sichtbaren? Dann atmet ruhig und formt die Hände vor dem Antlitz zu einer fragilen Schale. Spürt ihr den warmen Hauch? Seht ihr, wie das Glitzern im Halo sich zu einer Galaxie ordnet? Nur leise, leise…Und unter dem Lichtband wird eine Sphäre klarer. Seht! Dort…“

ISBN 978-3-8370-7049-1
bei BoD Norderstedt
Paperback, 180 Seiten
- auch als E-Book -

bei Buchshop BoD Norderstedt,
bei Amazon, allen anderen Online-Buch-Shops und in jeder Buchhandlung

Shawn Ayahuasca Vega

Galaxien und Labyrinthe, *Part 2*

Mit dem Staatszirkus der DDR durch Europa

Unterwegs mit Elefanten

Geschichten vom persönlichen Erleben des Staatszirkus, dem Arbeiten und Reisen mit der Elefantengruppe kreuz und quer unter dem Eisernen Vorhang hindurch und von Abenteuern und Freundschaften mit den "dicken Mädels".
Dazu eingebundene Fakten zu dem Unternehmen von Weltruf, dessen Mitarbeiter in den drei *Betriebsteilen* Zirkus AEROS, Zirkus Busch und Zirkus Berolina ihre Arbeit als Berufung und Leben sahen. Und von zwei Staaten, die nicht mit seiner Art und Kunst umgehen konnten. Dem einen, der alten DDR, war das eigensinnige Völkchen mit seinen Freiheiten nicht ganz geheuer. Dem neuen, dem Selbstherrlichen, war der Staatszirkus unnützer Ballast und er ließ ihn gründlich von seinen Vollstreckern schleifen.
Mit Lebensdaten aller gehaltener Elefanten, Tourneen der Unternehmen, Entstehung und Geschichte des Staatszirkus und umfangreicher Farbfoto-Galerie.

ISBN 978-3-7431-0272-9
bei BoD Norderstedt
Paperback, 236 Seiten
- auch als E-Book –

bei Buchshop BoD Norderstedt,
bei Amazon, allen anderen Online-Buch-Shops und in jeder Buchhandlung